辽宁省高等学校就业与创业指导系列教材

大学生职业发展与就业创业概论

（修订版）

辽宁省教育厅　组编

大连理工大学出版社

图书在版编目(CIP)数据

大学生职业发展与就业创业概论/辽宁省教育厅组编. —3 版
大连:大连理工大学出版社,2010.8
(辽宁省高等学校就业与创业指导系列教材)
ISBN 978-7-5611-4312-4

I.大… Ⅱ.辽… Ⅲ.大学生—职业选择—高等学校—教材 Ⅳ.G647.38

中国版本图书馆 CIP 数据核字(2008)第 108729 号

大连理工大学出版社出版
地址:大连市软件园路 80 号 邮政编码:116023
发行:0411-84708842 邮购:0411-84703636 传真:0411-84701466
E-mail:dutp@dutp.cn URL:http://www.dutp.cn
大连美跃彩色印刷有限公司印刷 大连理工大学出版社发行

幅面尺寸:148mm×210mm 印张:11 字数:360 千字
2008 年 7 月第 1 版 2010 年 8 月第 3 版
2010 年 8 月第 3 次印刷

责任编辑:汪会武 责任校对:齐 跃
封面设计:波 朗

ISBN 978-7-5611-4312-4 定 价:20.00 元

辽宁省高等学校就业与创业指导系列教材
编审委员会

《大学生职业发展与就业创业概论》编委会

再版序

人才是指具有一定的专业知识或专门技能，进行创造性劳动并对社会作出贡献的人，是人力资源中能力和素质较高的劳动者。人才是我国经济社会发展的第一资源。高校毕业生是宝贵的人才资源，是我国建设创新型国家的重要智力支持。同时，大学生就业问题关系到千家万户的切身利益，受到全社会高度关注。面对日益严峻的就业形势，各级政府和高校都在积极创新工作思路，研究就业对策，提高服务水平。

高等教育大众化和双向选择的就业制度，让我们深刻地认识到解决大学就业问题的根本就是要从大学生自身着眼，全面提升大学生就业的核心竞争力，大学生就业指导就显得格外重要。教育部明确要求，要把就业指导纳入人才培养工作，作为高等教育的一项重要内容。辽宁省教育厅要求全省各高校把就业指导纳入人才培养工作，开设就业指导公共必修课程。《辽宁省促进普通高等学校毕业生就业规定》规定，高校应当将就业创业指导作为教育管理的重要组成部分，将就业指导课程建设纳入日常教学工作。

辽宁省教育厅于 2008 年组织专家编写了这本教材，2009 年进行了修订。教材出版两年来，我们始终在了解学生的就业状态，掌握大学生在就业指导方面的需要，主动学习钻研，认真听取各方意见和建议，以期进一步完善教材，在提高大学生就业竞争力，实现全面发展和终身发展方面提供有益帮助。

2009年再版的教材得到了省内高校教师和学生的高度认可与好评，他们一致认为，教材在体系、内容、结构方面的创新，特别是增加了大量的鲜活案例和权威资料，使得教材既有指导意义，又有可读性、实用性。同时，大家也结合教学实践，给我们提出了一些建设性的意见。结合各方意见，我们再次组织专家修编了教材，新版教材着重突出以下几个特点：

第一，努力贴近学生求职、择业、创业实际。这本教材的读者大都是“85后”毕业生，因此，在案例选择上，我们力求精选辽宁省内高校毕业生成功就业和创业的事迹，告诉同学们，成功并非遥不可及，而是近在咫尺。在语言运用上，力求贴近学生生活，减少理论说教，让学生感觉到这本教材离他们很近。今年，教材中的部分案例和资料进行了更换，重点挑选了符合当代学生就业特点的案例和资料，启发和引导学生，让他们在体验和感悟中实现成长。

第二，准确地把握了当前高校毕业生面临的形势和任务。教材中准确地分析了国际金融危机对中国经济的影响，分析了当前我国就业形势的基本特征和发展趋势，着重分析了辽宁省高校毕业生的就业形势，并对未来发展趋势进行了科学预测，帮助大学生把握整体就业形势。

第三，力求体现出最新政策、动态信息和科研成果。国家高度重视毕业生就业工作，多次召开会议，研究就业良策，出台促进措施。辽宁省政府结合辽宁省实际制定了一系列有效政策，充分调动社会各界力量，积极促进大学生就业创业，我们把这些内容都简要地呈现给学生，把党和政府的关怀传递到每个学生心中。在就业权益保护方面，对2009年辽宁省出台的全国首部地方性促进就业的规章《辽宁省促进普通高等学校毕业生就业规定》作了详细阐述，还增加了《劳动合同法实施条例》等内容。

大学生就业不仅仅受到政府的重视和社会的关注，也成为学术界研究的热点课题，涌现了大量的科研成果。高校在研究企业人才需求的核心素质，企业在构建员工胜任力特质模型，政府在研究促进就业工作的科学框架，这些内容都在教材中有所体现。

大学生就业指导教材建设是一个不断完善的过程，靠的不是一次性的飞跃，而是点滴的积累和细微的变化。实现教材跨越式发展，需要全省乃至全国同仁共同努力，为了共同的愿景奋斗。我们只有总结经验，不断创新成果，才能在就业指导学科建设的道路上迈出坚实的步伐，才能不断为全省高校毕业生呈现出精品成果。知识在更新，形势在变化，发展无止境，我们要不断深入钻研，把就业指导当成事业一样，不断追求，不懈探索，才能摘取就业指导学术上的桂冠。

当今世界正处在大发展、大变革、大调整时期。世界多极化、经济全球化深入发展，科技进步日新月异，知识经济方兴未艾，给我们带来了前所未有的机遇和挑战，大学生们要不畏艰难，找准自己的位置，敢做时代的弄潮儿！

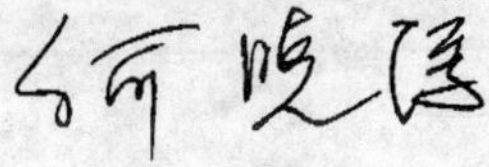

2010 年 8 月

目录

第一章 职业基础知识

本章提要 职业是每个社会人赖以生存、发展的根本。本章简单介绍了职业的概念与发展理论；分析了职业的特点及职业与职位的关系；阐述了职业的功能和职业评价的各种要素；结合当代职业发展趋势，介绍了职业资格证书及其种类。希望本章内容能够帮助同学们认识职业，为规划职业生涯做好准备。

第一节 职业与职业发展

求职，是人生必经的一个门槛，而社会职业对第一次求职者来说，又是一个五光十色、带有神秘色彩的未知领域。认识职业、了解职业，才能在职业选择的道路上找准方向。

一、职 业

(一)职业的定义

职业是人们从事相对稳定的、有收入的、专门类别的社会劳动，是对人们的生活方式、经济状况、文化水平、行为模式、思想情操的综合反映，是一个人的权利、义务、职责，也是一个人社会地位的一般特征。从词义学的角度来说，“职业”一词，由“职”和“业”构成，“职”，即职责、天职、权利和义务；“业”，即事业、行业。职业，意即一种承担了某种责任、义务的行业性、专门化的活动。从社会劳动学的角度来说，职业是劳动者所能从事的稳定的有酬工作；是劳动者稳定地从事某项有酬工作而获得的劳动角色。不同的职业，通常意味着不同的发展机会与空间，也决定了不同的生活方式。职业包含下列含义：

第一，职业是人的生活方式。人的一生中，有着长达三四十年的职业生活期，它与家庭生活一样，都是人的生活方式之一，是关系着每个社会成员一生的重大问题。

第二，职业是人的社会角色。有了劳动分工，也就产生了种种职业。社会越发展，职业种类也就越多。人一般都在某种职业岗位上工作，这使每个人都成了"职业"这个社会劳动大机器的一个部件，受到社会方方面面的影响，同时又在社会的运转中扮演一种特定的职业角色。

第三，职业是关系各层面的大事。职业是一种重要的社会现象，在人类的各个层面中都有其重要性：

职业是关系个人前途的大事 从个人的角度看，职业是一个人的生存方式，是其生活的物质基础，同时也是个人从事社会活动的主要领域。在适宜的条件下，职业及其活动内容可能成为个人奋斗的目标和为之奉献的事业。

职业是关系家庭状况的大事 从家庭的角度看，职业是需要做出重大选择的事情，甚至是家庭得以建立和维系的重要因素。例如，父母大多希望子女有前途、有成就，即有一个好职业。

职业是关系用人单位绩效的大事 从用人单位的角度看，职业是各单位吸收社会人力资源的具体岗位，也是用人单位使用人力资源的具体方式。解决好人员的选拔使用和组织成员的个人职业发展问题，是各单位的重要工作。

职业是关系社会局面的大事 从社会的角度看，职业构成社会运行的具体方式，也构成社会成员的阶层划分与社会地位的归属，职业涉及人们从事社会生活的动力；涉及人的社会关系；涉及社会的矛盾和冲突；涉及社会财富和利益的分配；涉及人的价值观与整个社会风气；涉及一个社会的平等与效率选择。

(二)职业的相关概念

职业、职位与工作

从定义上看,职位(Position):一个组织中个人所从事的一组任务;是由一系列重复出现或者持续进行的任务相伴随的一个工作单元。它是和分配给个人的一系列具体任务直接相关的一个位置。工作(Job):在一个特定的组织中,有一个或者多个具有一些相似特征的人所从事的活动或者任务。简单来说,就是人们所从事的任务和活动,由一系列相似的职位组成。这里的工作一般指带薪工作。

从职位的概念可以看出,它包括如下几种含义:(1)职位就是工作岗位,是因工作需要而设立的;(2)职位是责任、权力、利益三者的有机统一体,这是职位的本质内容,既没有无责任的职位,也没有无利益的职位;(3)职位有高低之分。从社会需要角度看,职业无层次之分,也无贵贱之分,但职位则有高低之分,如"高校教师"这一职业,按职位的高低划分为教授、副教授、讲师、助教等。

从职业和职位的基本概念可见,二者的联系表现在:职业是职位划分的基础。一般而言,有职业就有职位划分的存在。二者的区别主要体现在:职业是一种社会劳动,职位是具体的工作岗位;职业无贵贱之分,而职位有高低之别;同一种职业,对应则有多个职位。

我们要举几个例子来区分一下职业、职位和工作。三者中,职业是最顶层的,职位和工作是具体的。举个最简单的例子,我的职业是什么——教师,我的职位是什么——党委副书记,我的工作是什么——学生工作和党务工作。再比如,姚明,他的职业是什么——职业篮球运动员,他在火箭队的职位是什么——中锋,他的工作是什么——中锋的职责。

从另一个角度讲,职位往往是组织所有的,工作是职位所要求和提供给个人所从事的。职位和工作可以理解为:人们失去或者得到工作,组织设立或者撤销职位。

职业、专业与志业

专业是指在人类社会科学技术进步、生活生产实践中,用来描述职业生涯某一阶段、某一人群,用来谋生、长时期从事的具体业务作业规范,也指高等学校根据社会专业分工的需要设立的学业类别。一般来说，专业有广义、狭义之分：

广义的专业是指某种职业不同于其他职业的一些特定的劳动特点；狭义的专业主要指某些特定的社会职业，这些职业的从业人员从事的是比较高级、复杂和专门化程度较高的脑力劳动，一般人所理解的专业，大多就是指这类特定的职业。

在现代社会中，专业是通过特殊的教育或训练掌握较为系统的科学知识，具有一定的基础理论和特殊技能。专业是职业的基础，现代社会大多职业都需要人们具备一定的专业知识，特别是那些知识含量比较高的职业。职业活动又对专业起到深化和提高的作用。如果没有专业就等于没有职业优势，这样的学生将很难就业。从事专门职业需要以掌握系统的专业知识和技能为前提，按照科学的理论和技术行事；而从事普通职业无须专门的知识和技能，只需按例规行事。专业与职业相比，更多地提供一种特有的、范围明确的、社会不可或缺的服务，在自主的范围内对自己的专业行为与专业判断负有责任，以高质量的专业服务获得报酬，并且把服务置于个人利益之上。专业人员一般具有较高的职业声望。

志业就是你奉命要做之事。奉谁或什么之命呢？就是你自己，这个命令发自你内心深处，你的无上喜乐就是你的志业。任何一种工作在本质上都不是志业，也没有任何一种工作在本质上不能变成志业。志业和职业的基本差异并不在工作的内容与本质，而在于工作的动机。它最重要的、最先决的条件是，做这件事情时，你能够展现发自内心深处的热情。每个人都有志业，只是你可能还没有发现它，或者你已经领悟到，但却鼓不起勇气去追寻它。每个人都有志业，你也不例外。它就在眼前等着你。

志业有以下几个特点：

(1)志业是一种对内心深处的召唤的反映。

(2)志业吸引的是你整个人、身体和灵魂，你的性格、价值观、热情和能力都会投入其中，奉献给你生命中最有意义的事物。

(3)工作若是你的志业，它就是在表现你的精髓，也就是整体的你。有时候，你的自我、独立意识似乎都已消失，整个人完全投入到当时的活动中。你往往会惊讶地发现，时光转瞬即逝，心中充满宁静感。通俗地说就是“着魔”——正是志业的精髓，它完美地捕捉了一个观念——人与工作之间不再有间隔，而是一个整体。什么样的人，就做什么样的事。

(4)追随志业，必会使你进入自我发现之旅。

(5)奉行志业，原本沉重的工作负担只会使你快乐。每一件工作都会给你自我发现与自我表达的机会，你会与工作有一种一致性和融合感。由于这种一致性和融合感，你的精力会源源不绝，保持精力充沛。

(三)职业的基本特征

基础性

职业是个人和社会发展的基础，因为职业给人们解决了生活的经济来源问题。为了生存，人们必须从事职业活动。人们的各种社会活动、人文活动，大多建立在职业的基础上，“仓廪实而知礼节，衣食足而知荣辱”，有了职业生活，才有其他一切社会生活的基础。

广泛性

职业问题涉及一个社会的大部分成员，也涉及社会经济、心理、教育、技术、政治、伦理等许多领域，因而它具有广泛性。就个人而言，一个人生活的方方面面，都与职业世界发生着联系。

由于职业范畴的广泛性，诸多的学科如社会学、经济学、管理学、心理学、教育学、政治学、各种工程技术学科、生理学与医药学等，都研究本领域内的职业问题。

时代性

职业是一个社会历史范畴，随着社会生产力和劳动分工的不断发展，在特定的社会历史发展阶段，职业的性质和内容是有一定差别的。职业因而具有时代性特点：一是不同时期会出现不同的职业，如在封建社会，随着农业经济和社会的发展，冶铁、纺织、陶瓷、造纸、印刷、造船、酿酒、制茶等手工业，商业和自然科学、文学艺术领域等也都有了很大的进步，于是又出现了诸如艺术家、诗人、文学家、科学家、医生、教师等新的职业。此外，在新行业产生与兴旺的同时，旧的、落后的行业逐渐消失，如青铜制造行业，因而旧的职业也随之消失。二是相同名称的职业在不同的时期会有不同的内容，某些职业甚至发生了根本的变化，一部分新职业产生，代替了一部分过时的职业。三是每一个社会都有自己的时尚职业，即该社会中人们所热衷的职业。个人与时代的关系，往往也反映在人的职业取向上。

同一性

某一类的职业内部，其劳动条件、工作对象、生产工具、操作内容、人际关系等都是相同的或相近的。由于情境的同一性，人们就会形成同一的行为模式，有共同的语言，容易彼此认同。

正是基于职业的同一性，才构成工会、同业公会、行会等社会组织，才有从业者的利益共同体。职业的这种同一性，往往会被打上社会印记，例如，张三是侦探，人们会认为他精明；张三改行搞文艺，人们就会认为他活泼浪漫；张三又去当作家，人们则认为他有学问等。

差异性

不同职业之间，可能在职业劳动的内容、职业的社会心理、从业者个人的行为模式等方面有着巨大差异。职业的领域非常广泛，并且数量巨大，种类繁多。我国古代就有“三百六十行”之说，现代职业更是成千上万，并且不断分化出新的职业。各类职业间大相径庭，隔行如隔山。职业的这种差异导致了不同职业者的不同社会人格，以及人在职业转换中的矛盾与困难。每一种职业都需要特定的知识和技能，人只有符合了这些特定的要求，才能胜任所从事的职业。

随着劳动分工的细化、技术的进步、经济结构的变动和社会的发展，新职业不断产生，其数量要大于被淘汰的职业。当今社会，职业差异还在继续加大。

层次性

众多的社会职业，可以区分成不同的层次。尽管从社会需要的角度来看，职业间不必区分“高低贵贱”，但现实社会中对不同职业的社会评价的确存在差别。这种职业评价的层次性，根源于不同职业体力、脑力付出的不同、工作复杂程度的不同，以及工作的轻松性、在工作组织权力结构中的地位、工作的自主权、收入水平、社会声望等方面的差别。因此，即使同一种职业，也有层次之分。

职业的差别是一种客观存在，而非人的主观意愿，因此，认识到职业的层次性是非常重要的。现代社会应该承认职业的层次性,要通过平等竞争、自由择业的社会环境,促进个人发展和社会进步。

二、职业发展

职业是不断变迁发展的。

(一)影响职业变化发展的因素

社会及管理的变革。20世纪末期,我国社会经济发展进入了转折性的历史时期。新型的社会主义市场经济体制的建立为我国经济的发展注入了新的活力与生机。许多计划经济时代的职业处于变革之中,如传统的人事管理职业更新为现代的人力资源管理职业;再如由于人事制度的改革,就业由传统的政府安排转变为自主择业和就业。

技术变革。随着先进科学技术的广泛应用,企业生产工艺不断创新,形成了以IT产业为代表的高科技产业,还出现了专业技术人员的职业细化,它标志着我国职业类别又有了新的发展与变迁。随着IT技术的发展,出现了许多新的职业,如网络工程师,网管人员等。

经济发展。伴随着经济发展的结果是服务业的快速发展,从而形成了新的社会分工和新的职业,如送水工,宠物护理师、色彩顾问、会展员等。

产业及行业的演变。伴随着传统产业更新以及科学技术的发展,现代服务业快速诞生,新的社会分工和职业生产者不断涌现,促使我国的职业领域不断拓宽。数控机械制造、现代生物、电子商务与现代金融业的兴起,职业劳动者队伍迅速扩大,形成了不同职业类别的劳动大军。具有代表性的是被称为"灰领"的高技能操作工人,如数控机床操作技师、高级技师。

(二)我国职业变化发展态势

由单一基础向跨专业、复合型转化。从目前招工、就业的情况分析,职业岗位的要求和劳动方式逐步由简单向复杂方面转化,过去单一技能就能胜任的工作,现在职业内涵发展扩大了,往往需要相关专业的许多知识和技能,更多地需要跨专业和复合型人才。例如,许多职业的作业人员都要求具备一定的英语能力和计算机技能。

由封闭型向开放型转化。随着改革开放的深入,职业岗位工作的范围和面向的服务对象越来越广泛,接受信息的渠道也必须加大,人们相互之间的协作须加强，所以要求人们具有开放的观念和心态，彻底摆脱封闭的状态。另外，开放型体现在职业岗位工作的性质上，也出现了一些以人与人之间联络、沟通、信息咨询和交易为表现形式的内容。例如，许多职业都需要借助互联网从事职业活动。

由传统工艺型向信息化、智能型转化。传统工艺型职业在科技含量上相对滞后，在技术更新速度方面比较缓慢，有时跟不上时代前进的步伐，生产力发展的关键之一是增加职业岗位科技含量，改善劳动组织和生产手段，提高劳动生产率。能熟练应用信息管理方法的智能型操作人员，是今后职业岗位更新、工作内容更新需要的新型人才。如传统的仓库管理工作，由于需要及时提供库存信息而向物流师方向发展。

由继承型向知识创新型转化。知识经济的到来，要求社会成员不断树立创新意识，在自己职业岗位上进行创造性劳动。今后，只有创造型人才才能更好地胜任岗位职责。如舞台灯光设计师、个人形象设计师等。

服务性职业向知识技能化发展。社会生产水平的提高，解放了劳动力，人们越来越多地需要社会服务为他们排忧解难、提供方便。第三产业在劳动者数量增加的同时，对从业人员质量的要求也在不断提高，产生了知识型服务性职业，而且是吸纳社会劳动力的主要渠道。如传统的职业介绍演变为职业指导或猎头服务，实际上是原先的简单提供信息或中介活动发展为利用知识提供信息咨询服务。劳动力市场预测专家认为，未来的新职业会越来越多地出现在服务部门，特别是与健康、通信和计算机相关的行业。

（三）最新发展的热点职业

多媒体专家

如果说20世纪是电子计算机的世纪，那么21世纪就是多媒体的世纪。国际网络迅猛发展，超前投人，成为有关多媒体的行家或多媒体软件的行家，将会使你很抢手。

房地产、小轿车、保险业务推销员

随着我国住房制度的商品化发展和商品房信贷业务的日益红火，购买商品房已成为绝大多数国人继家电后的首选投资，房产商之间的竞争

也越来越激烈，其中最有效的促销手段就是聘用大量推销员。随着小轿车的大幅度降价和国民收入的逐年增加，小轿车在21世纪进入三分之一以上的中国家庭已不是神话，需要大量的营销人员推进。随着国民人均财产的增加和国民对保险业好处的领悟，以及保险业在我国的规范，保险正越来越受人看重；上门推销保险将逐渐像目前上门推销化妆品一样常见。

电视节目主持人和物业管理人员

电视节目主持人的学识、口才、仪态等越来越重要，要求也越来越高，"电视台易建，好主持人难觅"的现象越来越明显。物业管理这一名词在我国出现是近几年的事。据悉，不少名牌大学已在考虑增设物业管理专业。

职业企业家和外方代理人

在现代企业中，一个优秀企业家的作用超过100个优秀工程师、1000个优秀工人。目前，我国越来越多的转换企业产权、机制以及企业法人实行招标制、年薪制，实际上就是将企业的管理大权交到真正的企业家手中的过程。据我国近三年的资料统计，外方代理人以每年500％以上的速度在递增，在不少大城市已经形成一个职业阶层。不管是外资企业，还是国有企业，高层管理人员的价值越来越看涨。

环保和能源专家

最近一个世纪，石油、煤炭、天然气等能源的用量较前一个世纪增加了400％，环境污染增加了250％，致使不少动植物在这个世纪绝迹或濒临灭绝。不少国家在上新的项目之前都要考虑是否节能、环境污染是否超标等。因此，有关环保和能源的专家将越来越受人欢迎。

金融工程师

金融工程师指利用金融技术设计新型金融工具并创造性地解决金融问题的专业人才。金融工程师通过基本的金融工具如股票、债券、期货等，依据客户的要求设计加工，使收益、币种、风险和期限形成合理的组合，构成较复杂的金融创新产品，以提高收益，降低风险。

网上主持人

为使网上交谈走出无聊，走向深入，形成围绕某一主题的信息交流站点，类似于电台、电视台节目主持人的“网上主持人”必不可少，且其需求量呈上升之势。

网络警察

有那么一些“网迷”无法无天，他们破译密码，擅闯政府情报机构；致使系统瘫痪，造成不可估量的损失。“网络警察”便应运而生。据相关消息，我国已着手培养专门对付“网上犯罪”和破坏计算机安全系统的保安人员，已有近百人获得专业资格证书。

时尚观测员

一些较知名的时装公司和广告策划公司设有薪酬丰厚的时尚观测员，其任务就是逛街，观察行人的穿着打扮，从中获得灵感。当然，这些“观测员”都是具有较高的文化层次，善于通过“观察”捕捉灵感，并创意、制作出时尚产品。

案例

合适的种子

高中毕业时，张楠没考上大学，于是到当地的一所初中教书。可是，没过一周的时间，她就被学生轰下了讲台，狼狈不堪地回了家，原因是她解不出一道数学题。母亲听完她的哭诉，轻声道：“教书这事，有人做得来，有人做不来，用不着这样伤心。也许有更合适你的事情做，再找找吧。”后来，张楠与本村同乡去城里打工，结果同样糟糕。没几天的时间老板就把她轰了出来，原因是她的手脚太慢，一天只做得出两件衣服，还不及别人的一半，质量也过不了关。母亲再次安慰女儿：“裁衣这事，有人做得好，有人做不好。而且别人干了那么多年，你刚开始干，怎么能比得了？”说着，又为女儿收拾行李，准备送她去其他地方试试。

之后的几年张楠漂泊于几个城市，做过打字员，当过文秘，干过促销员。和以前的经历相同，她都没做多长时间就被轰走了。唯一不变的，是家中母亲慈祥的面容和贴心的安慰。直到有一天，张楠当上了一所聋哑学校的辅导员。这一次，她终于找到了如鱼得水的感受，得到了学生的爱戴。她能与学生很好地交流，凭借的全是自己诚挚的爱心以及对哑语特殊的天赋。几年以后，她开办了属于自己的残疾人学校；又过了几年，她的残疾人用品连锁店开遍了祖国的各大城市。现在的她已经成为一位女老板—— 一位同时拥有财富与爱心的女老板。

不过，有一个问题张楠始终不明白：在自己连连受挫完全失去自信时，母亲为什么对自己还抱有那么大的希望？年迈的母亲回答得很简单："每一块地总有适合它的种子——不要去埋怨地里长不出果实，要去寻找适合它的种子。"

答案原来如此浅显：有合适的种子，就会有属于它的一片收获。

点评

故事中的母亲不是哲学家，可她那朴实的话语中蕴藏着很深的哲理，与现代人力资源开发的理念有异曲同工之妙：很多人之所以失败，不是因为别的，其最原始的、最初的原因就是他没有选准适合自己的领域……如果你做的是自己适合并擅长的事，会是这个样子吗？

资料

中国未来职业发展趋势展望

21 世纪中国急需的人才

专家对我国科学技术的发展进行了分析和预测，随着我国经济、社会文化和科学技术的发展，我国的产业机构将发生根本的变化。未来 10 年有较大的发展潜力的行业和急需的人才主要有：电子技术、生物工程、航天技术、海洋开发与利用、新能源、新材料、信息技术、机电一体化、农业科技、环境保护技术、生物工程研究与开发、工商与国际经贸、律师等方面的人才。

在未来 10 年中，我国科学技术方面有重大发展潜力的领域有：

(1)生物技术。生物技术主要是基因工程、蛋白质合成工程以及生物制品开发为核心的研究领域,将对21世纪人类社会的发展产生重大的影响。生物技术的发展将使人类从根本上解决威胁人类的疾病,改善人类的生产、生活,甚至人类未来的命运。

(2)以信息技术为主导的高技术,该领域的主要技术包括计算机和互联网技术、人工智能技术等。在1998年至2000年两年的时间里,以计算机技术和国际互联网技术在世界各国得到迅速发展,以这些技术为主的公司和企业,其技术和资产得到了迅猛的发展,代表高技术发展的美国纳斯达克股票和计算机、互联网的股票价格成倍上涨,中国香港和内地的网络股票和从事计算机生产和经营的股票也大幅度上涨。尽管2000年下半年至今,代表计算机和互联网技术的股票大幅度回落。但是,从信息技术的未来发展趋势看,信息技术在未来的科学技术领域仍将飞速发展,并逐渐将当前知识经济中存在的"泡沫"不断平息,使信息技术真正引到世界经济与技术发展的潮流。

(3)新材料科学领域。材料科学是与人们日常生活和科学技术发展密切相关的应用科学领域。人类生产生活中需要各种特殊的高性能的材料,如工业和高科技领域需要的各种合金材料、超导材料、用于制造各种芯片的半导体材料、生活中的各种高分子合成材料(用于服装、洗涤用品、美容保健品等)以及最近成为新材料技术热点的纳米技术,这些新材料科学技术的发展带来的高技术产品,给人类的生活带来了方便,提高了人类的生活质量和效率。在未来发展中,新材料科学仍将成为科技发展的主导领域。

(4)新能源及相应技术开发领域。作为传统能源的石油、天然气、煤炭等能源用尽的时候,而人类生产生活的主导能源仍是这些能源,人类将无法生存。在未来的发展中,人类必须寻找新的能源替代这些即将耗尽的能源。其中,核聚变能、太阳能、海洋能源、风能、水电能源等将成为未来能源开发的主导领域,并在此基础上,寻找和开发新的能源。

(5)空间技术。21世纪将是人类开发外太空的时代,空间技术的发展将为人类开发和利用太空资源提供技术手段。随着科学技术的发展，人类对太空的利用也越来越多，效率也不断提高，如遍布于地球外层空间的用于通讯、军事、地理遥感、天气观测、天文观测等领域的各种卫星，用于做各种材料合成实验、科学实验和太空中转站的太空站，在地球以外空间进行空间探索的宇宙飞船，等等。在未来的发展中，人类还将对太空进行进一步的开发。如建立太阳能太空发电站，在太空建立人类居住的太空城，开发外太空的行星、天然卫星、小行星等天体上的矿物资源和能源等，这一切都需要先进的空间技术支持。

(6)海洋技术与海洋资源开发。海洋资源是人类赖以生存的重要资源库，它是人类的食品和原材料的重要来源，而目前人类对海洋资源的开发是非常有限的，对海洋资源的合理开发和利用将对人类社会经济与技术的发展产生重要的影响。

专家预测，上述六个领域的技术在未来的社会发展中可以形成九大科技产业，这些产业包括：生物工程产业、生物医药产业、光电子信息产业、智能机械产业、软件产业、新材料开发与制造产业、核能与太阳能等新能源开发产业、空间技术与开发产业、海洋技术与开发产业。

21 世纪中国社会的主导职业

我国的人事管理机构根据全国各类专业协会的有关统计资料，对我国未来急需人才进行了分析和预测。分析结果认为，我国未来世纪的主导职业包括：会计、计算机、软件开发、环保、健康与保健医药、咨询服务、保险、法律、老年医学、服务、公关与服务、市场营销、生命科学、咨询与社会工作、旅游管理与服务、人力资源管理等 16 个行业。这 16 种职业的基本情况及相关专业如下：

(1)会计类职业。随着社会经济的发展和财务管理规范化，社会上的各种企业事业单位对会计的需求也大大提高，会计也将成为各行业中的一个热门专业，社会地位和收入也较高。该行业的从业者应具有助理会计师、会计师和高级会计师等不同职称或专业资格认证的专业人才，一般需要具有会计专业、财经专业、统计学专业等专业的学历或学位，并通过国家的各等级的会计师资格考试，取得会计师上岗的各种资格证书。

(2)计算机技术类。随着计算机技术的发展和广泛应用，计算机硬件、软件的开发、应用和维护成为社会各行业工作的重要组成部分，并配置部分计算机技术人员从事计算机软硬件方面的安装、调试和维护工作。因此，在各行业(如银行、医院、政府部门、企业等)对计算机技术方面的专业人才的需求也越来越大，待遇也比较优厚，这些行业需要的专业人才包括计算机硬件工程师、程序员、网络管理员、系统维护专家及数据库管理人员等，这些专业人员一般需要获得计算机、信息技术、电子技术或相关专业的学历或学位。

(3)计算机软件开发类。计算机技术的普及促进了计算机软件业的飞速发展，软件开发成为计算机行业的重要开发领域，软件设计专家成为软件开发业热门人才。软件开发专家主要从事操作系统、开发工具、应用软件等计算机软件的开发工作，要求具有计算机软件专业或相关专业的学历或学位，并具有一定的软件开发经验。这项职业在未来相当长的时间里，将成为社会上的高技术和高待遇的职业。

(4)环境保护类。随着环境污染的加重和国家与公众环保意识的增强，社会对环境保护类专业的人才需求将呈直线上升趋势。环境保护具体包括环境监测、环境质量评价、环境治理(环境工程)和环境卫生等方面的工作，需要环境科学、地理学、生物学、环境化学、环境工程学等方面的专业人才。

(5)中医和健康医学类。改革开放以来，我国的人均收入和生活水平有了大幅度的提高，人们对自己的生活状态和健康状况也越来越关注，健康医学也应运而生，医用保健品的市场也越来越大，中医学和健康医学成为一个受大众关注的领域。由于西医对一些疑难病症的疗效不大，而中医在辨证治疗和整体治疗方面具有独到之处，而且与当今的生物制药领域有密切的关系。因此，社会对中医师和健康医学人才的需求量将逐渐增加。

通常这方面职业从业者需要获得生物医学或中医学专业方面的学历或学位。

(6)咨询服务类。当今的社会是一个信息膨胀的社会,信息获取已经成为科学技术发展和商业运作的关键环节。社会分工的精细化和专门化促进了信息咨询和相关咨询行业的发展,并成为社会发展和进步的一个主导职业。目前社会上的咨询行业有企业咨询、心理咨询、信息咨询(包括各种信息服务咨询)、教育咨询等等。从事咨询业需要具有教育学、心理学、管理学、信息科学、经济学等方面的学历或学位。

(7)保险类。社会经济结构的变化和各种不可预期的因素给人们的工作和生活增添了很多不确定的因素,这就需要有完善的社会保障体系。社会保障体系不断完善促进了保险业的发展,保险业的发展将人们生活中的不确定因素造成的损失降低到最小的限度。社会对保险业务员、管理人员、精算师和索赔估价员的需求量也不断增加,这些职业的待遇也高于一般的职业。一般从事保险业的人员需要具有保险专业、金融专业、经济类专业、管理类专业的学历或学位。

(8)法律类。随着社会的发展和进步,法律法规也不断健全和完善,国家颁布的各种法律法规将越来越多、越来越详细,一般的老百姓对众多的法律条文不可能了解得很清楚,从事司法工作的政府机构(如法院、检察院)也需要高素质、高学历的法律人才。同时,为了更好地开展法律咨询和处理各种刑事和民事案件,律师在社会上的需求量将越来越大,律师行业将成为一个高智力高社会地位和高收入的职业。从事律师行业需要具有法律或其他任何专业领域的学历或学位,并获得国家的律师资格证书。

(9)老年医学类。人口老龄化是全世界和我国面临的一个严峻的问题。随之而来的就是老年人的医疗、社会保障、心理问题等一系列社会问题,如何解决这样一个庞大群体上述方面的需求成为一个重要的、急待解决的问题。其中老年医疗和保健是最突出的一个问题,从事老年医学方面职业的社会需求也将大大提高。社会将急需医学、老年医学、健康保健和护理等方面的专业人才，从事老年人医疗保健事业。如此大的社会需求也将为这个行业的从业者带来丰厚的经济回报，同时也将为保持老年人的身心健康做出贡献。

(10)家庭护理和服务类。社会生活和工作节奏的加快使家庭成员的压力加大，照顾病人、老人和孩子成为年轻和中年父母的沉重负担，家庭护理的需求量也因此大大提高。相关的热门人才为幼儿教师和家庭服务人员，这类人员通常不需要很高的学历。但是，对于这个行业的管理者，则需要具备社会服务、管理学等方面的学历或学位的专门人才。

(11)专业公关类。公关和企业形象设计对一个公司或企业的发展是至关重要的，公关行业因此成为极有发展前景的职业，该职业的从业者一般需要获得公共关系学、社会服务类专业、经济贸易类专业、管理类专业的学位，并具有相关的工作经验。

(12)市场营销类。市场营销对企业产品销售公关是非常重要的一个环节，在当今和未来社会发展中，产品的独立承销商和销售网络的建立将成为企业运作的主要形式。这些承销商和销售网络同时负责为公司进行广告宣传和相应的技术或销售服务。证券及金融业、通讯、医疗器械、计算机与网络设备、一般的商业机构(如商场)等以经营商品或某一产品的企业或公司均需要市场营销方面的人才。从事这方面的人员一般需要具有市场营销学、管理学、经济类专业的学历或学位。

(13)生物化学和生物技术类。生物化学和生物技术是近些年科学研究与生物技术开发的一个热门领域，该领域在生物制药、保健品开发、治疗疑难病症的药品的研制、人工蛋白质的合成等方面有巨大的发展潜力。目前的新药主要是生物化学家与生物技术专家开发出来的，并对治疗和预防疾病起到了主要的作用。该领域的从业者一般需要具有生物化学、生物技术、生物医学、分子生物学等专业的学位。

(14)心理学类。我国已经将心理学列为21世纪重点发展的十几个学科之一。自1997年起，国家教育部在北京师范大学、浙江大学、华东师范大学等重点院校建立了心理学理科基础研究人才培养基地。此后，国家在心理学领域的投入力度逐年加大，心理科学也逐渐成为一个受国家和社会关注的专业，在社会各行业中的需求量也不断提高。如从事市场研究、人力资源开发、心理咨询与心理治疗、学习障碍的矫正、教育、心理学研究、人机交互作用的研究等等均需要大量的心理学人才。在中国，心理学作为一个新兴的学科，也得到国家政府部门、社会各行业的广泛关注和重视，并在社会的各领域中得到广泛应用。从事心理学方面的职业需要获得心理学专业或应用心理学专业的学位。

(15)旅游类。随着收入水平和生活质量的提高，人们对户外娱乐、休闲和旅游活动在经济和时间上的投入也逐渐增加，并促使旅游业迅速发展。旅游业是投入少收益高的行业，获取的利润较为丰厚，在21世纪旅游业将迅速发展。人们在旅游方面的消费也将大幅度提高，随之对旅游代理公司的需求也将大幅度增加，同时也将带动相关产业的迅速发展，如航空公司、出租车公司、客轮公司、商业、宾馆和餐饮业等。旅游业的发展将促进社会经济的全面发展，旅游业也将成为国家重点开发的产业之一。该职业的从业者一般需要具有旅游管理或管理学、地理学或相关专业的学位或学历。

(16)人力资源类。未来社会的竞争是人才的竞争，谁拥有人才谁将在激烈的竞争中拥有立足之地。在近几年的发展中，无论是政府机构还是企业，都建立了专门负责招聘人才的人事机构或人力资源部。其职能已不再是传统的人才的档案管理，其主要的职能是招聘和培训员工，使人尽其才，物尽其用，最大限度地开发人力资源的潜力，创造最大的经济效益和社会效益。人力资源管理也因此备受企事业单位的重视，并成为政府机构和企业的重要职能机构。如国家人事部考试中心有专门负责公务员和企业人力资源开发方面的中心，在国内的企事业单位人才选拔和安置方面做了大量的工作，开发了一系列人才选拔方面的工具。在国内的新兴的大型企业和国外的大公司中也都设有专门的人力资源部，负责企业和公司的各级人才的选拔和员工培训。如国内北大方正和联想公司,国外的 IBM、NOKIE、MOTOROLA 等著名的公司均有专门的人力资源部门和人力资源专家。在未来社会发展中,对人力资源专家的需求也将不断增加。从事这方面职业需要具有人力资源管理、心理学、管理学等方面的学历或学位。

21 世纪中国最有发展前景的行业

根据社会学家和经济学家的预测,随着中国市场经济的发展和经济结构的调整,各行业在社会发展中的地位和发展潜力也在发生变化。某些行业社会需求加大促进了这些行业的蓬勃发展,并成为未来社会发展的主导产业。据有关专家的预测,21 世纪巨大发展潜力的行业主要有:

(1)网络信息咨询与服务业。当今的时代是一个信息时代,信息网络技术的发展使人们对网络信息的依赖也越来越大,网络信息服务也成为社会上一个重要的行业。这个行业包含网上购物、商业信息服务、广告媒体服务、技术信息咨询与服务等等。

(2)房地产开发业。随着住房政策改革和住房的商品化,房地产开发业成为一个繁荣兴旺的行业,购房也成为每个家庭的一件头等大事,房地产开发业也因此面临无限的商机,并因此带动了与之相关的房地产开发、咨询、销售业务、物业管理、租借、二手房转让行业的迅速发展。房地产开发具有巨大的市场,也具有较高的利润回报,因此,成为众多房地产投资者的青睐。

(3)社会保险业。随着国家经济的进步和社会保障体系的不断完善,人们的安全防护意识也不断提高,保险意识越来越强。对于一般的家庭来说,他们都意识到了花少量投入,保证家庭财务和成员的生命财产安全。因此,保险业也日益受到人们的重视。

(4)家用汽车制造业。由于国家经济的飞速发展和人们物质生活水平的不断提高,家庭对汽车的需求量也呈不断上升趋势,个人对家用汽车的需求将在今后相当长的时间内持续上升,给家用汽车制造业带来前所未有的机会,商家也将从中获得丰厚的利润。同时，家用汽车市场的发展还将带动汽车配件、维修以及相关的技术产品生产业等行业的发展。

(5)邮政与电讯业。在当今的快节奏高效率的时代，人们对信息传递快捷性、同步性的要求越来越高，对相关通讯产品（如电话、手机、传真机）以及通讯服务的需求也越来越高，目前中国的电话与移动电话人均拥有率远低于世界平均水平，中国通讯市场的开发潜力巨大，这将给通讯业带来新的机遇和丰厚利润。

(6)老年医疗保健品业。随着中国逐渐步入人口老龄化的社会，老年人比例的增加带来很多医疗、保健、社区服务等方面的需求的增加。因此，从事老年人保养品、药品、生活必需品、社区服务等将具有很大的发展前景，并形成一个独特的产业。

(7)妇女儿童用品业。随着人们对生活质量要求的提高，尤其是女性朋友和儿童对服装、化妆品、洗涤用品以及她(他)们生活中的一些必需品的需求也越来越大。在这些用品上的投入也比较高，并带动相关产业的迅速发展，在未来的社会发展中，这一行业仍然有巨大的发展潜力。

(8)旅游休闲及相关产业。人们生活水平的提高以及节假日数量的增多，外出旅游休闲成为人们生活中的一件很平常的事情。人们旅游休闲的机会也越来越多，这不仅带动了旅游业的发展，同时也带动了服务业、运动产品、体育场馆、旅行社、旅游产品等行业的繁荣发展，形成了一个促进经济发展的强大产业。

(9)建筑与装潢业。国内城市居民住房的商品化，带动了装修业的发展，室内装饰产品和装修工程承包业成为一个获利丰厚的行业。据有关部门的统计资料表明，当前城市居民装修住房的投入大约在2万～5万元不等，并促进了装饰材料业的发展。

(10)餐饮、娱乐与服务业。社会生活节奏的加快使人们对快餐业的需求增加。虽然国外的西式快餐业在中国迅速发展，但是，西餐式的快餐业更多的是针对儿童市场。对于中国人来说，更习惯于中国式的快餐，因此中式快餐业在未来社会发展中将占有重要的地位。

第二节　职业素质与职业道德

一、职业素质

所谓素质是指人在先天生理条件的基础上，通过环境和教育的影响而形成和发展起来的相对稳定的内在品质。

职业素质就是指劳动者在一定的生理和心理条件基础上，通过教育、劳动实践和自我修养等途径而形成和发展起来的，在职业活动中发挥重要作用的内在基本品质。职业素质具有专业性、稳定性、内在性、整体性、发展性等自身特征，主要由思想素质、职业道德素质、科学文化素质、专业技能素质、身心素质等各种素质构成。

（一）职业素质的构成

健康素质

就业是大学生人生发展中的重大转折点，是大学生从“自然人”向“社会人”过渡的重要阶段。健康素质包含两个方面，即身体健康和心理健康。从“身体是革命的本钱”这句话中，我们能体会到身体对于初入职场的大学生的重要性。以前我们看到的创业者是“年轻时用健康换钱，老时用钱买健康”，这是错误的做法。身体在人发展的每个阶段都是重要的，要时时保持身体健康。

部分学生自我心理调节能力相对滞后，面对“供需见面”、“双向选择”就业方式的现实，表现出社会化程度低、自抑程度低、人际协调力低、抗挫能力低等特征。大学阶段，心理发展正处于成长期，就业又是人生发展的关键时刻，因此，大学生要注意培养和谐心态，敢于面对挫折，提高就业竞争力。

能力素质

一般能力(即智力)　智力是人的基本能力，包括感知力、记忆力、思维力和想象力四个方面。联合国的“21 世纪全球开发计划”指出：“智力

(intelligence)并非是一个单向度概念，除了基本智商(IQ，Intelligence Quotient)，它还包含人的更多能力：成就智商(PQ，Performance Intelligence Quotient)、德商(MQ，Moral Intelligence Quotient)、情商(EQ，Emotion Quotient)、逆商(AQ，Adversity Intelligence Quotient)……”

特殊能力 包括组织能力、管理能力、领导能力、控制能力、语言能力、数学计算能力、空间判断能力、动作协调能力(眼、手动作协调)、特殊从业能力等，如飞行员除了“视力好”以外，还要求对空间距离的判断非常准确，两眼的深度感要好。

道德素质

道德素质的培养主要是培养自身的道德认识、道德情感、道德意志、道德行为、道德修养、组织纪律观念等，也就是通常所说的要有职业道德感。

专业素质

扎实的专业基础知识和过硬的专业技能是用人单位选才的重要因素之一。对专业素质的培养要着重培养专业知识、专业理论、专业技能、必要的组织管理能力等。

社会交往和适应素质

“人脉”是大学生创业的重要基础，也是大学生事业成功的重要保证和依据。大学生要主动与他人交往，并学会人际交往艺术，不断使自己进步。适应是生存的前提，当今社会节奏快，压力大，因此，要在压力中学会适应，实现成长，所谓“有压力才会有动力”就是这个道理。社会交往和适应素质的培养应着眼于语言表达、社交、社会适应能力三方面。

学习、创新方面的素质

学习是一个终身的任务，创新意识和能力来源于不断地学习。当今科技发展日新月异，为了走在时代的前列，就必须终身学习，主要是培养和提高学习能力、信息能力、创新意识、创新精神和创新能力。

审美素质

社会不是缺少美，而是缺少发现美的能力。审美素质是一个人高层次需要的体现，是陶冶情操、提升生命品质的重要素质，体现在职业方面就是在职业选择中发现美、体验美的能力。审美素质的培养应着重培养美感、审美意识、审美观、审美情趣和审美能力等五个方面。

(二)职业素质的特征

专业性 职业素质的专业性是指劳动者具有专门的业务能力,具体表现在业务工作中的知识、能力和方法上。职业素质的专业性来源于扎实的科学基础理论知识、深厚的专业基础知识和广博的专业科技知识,以及专业技能。大凡在职业领域有所建树的人,都是有很强的专业知识和技能的,在当今社会更是如此。要从事某种社会职业必须经过专门的职业训练,这个训练过程就是职业素质养成过程。这要求大学生要勤奋踏实地学习,努力培养获取知识、运用知识和创造知识的能力,以适应时代和社会的发展。

稳定性 职业素质的稳定性是指职业素质一经形成,便会在劳动者的个性品质中稳定地表现出来。这是因为扎实的理论知识和专业技能一经形成,便以某种机能固定下来,形成概括化了的东西,在相当长的一段时间内保持下去。如军人的气质、警察的风度等,没有特殊原因不会自动丧失。

整体性 职业素质的整体性是指劳动者的知识、能力和其他个性品质在职业活动中的全面表现。一个劳动者在职业中要有所成就,不仅要具备一定的知识、技能,而且还要具有一定的信念、社会责任感以及良好的自我控制能力、人际沟通能力和抗挫折能力等。这些因素之间相互作用、相互制约,形成完整、协调的统一体。

发展性 职业素质的发展性是指随着社会的发展和科技的进步,不同的社会历史发展时期,对劳动者的职业素质会提出不同的要求。如果一个劳动者不具备符合时代要求的职业素质就有可能失业。为此,劳动者必须从时代发展的需要出发,不断地提高和完善自身的职业素质,在竞争日趋激烈的社会中获得可持续的发展。

(三)社会职业所需的专业素质

管理型职业应具备的专业素质

管理型职业是指企事业、机关、团体和其他组织机构中从事组织、决策、管理等事务的职业活动,主要包括国民经济管理、企业管理、金融管理、外贸管理、行政管理等工作。从事管理类型职业的人员应具备的素质结构主要包括：一是忠实贯彻党的方针政策并能灵活运用，有高度的公仆意识和职业道德观念；二是具备坚实的管理专业理论和实践知识，同时掌握自然科学知识和社会科学知识的复合型知识体系结构；三是具备决策判断能力、组织实施能力和知识更新能力和效能，这是选拔、任用及培养管理人才的内在依据。

科研型职业应具备的专业素质

科研型职业是指对基础理论、信息情报、学科应用技术等的研究、调查、分析以及实验等工作，包括自然科学研究、社会科学研究和软科学研究三大类。科研工作是一种创造性劳动，科研人员应该具备以创造力为核心的知识结构。具体说来：一是在知识结构方面，具备宽厚扎实的基础知识，既要有专长又要有博识，达到专门与广博的有效结合；二是具备创造力、熟练的基本技能和理论应用判断能力以及将这三者融会贯通、有机结合的整体素质；三是具备独立思考、勤于实践、崇尚真理、不怕挫折的良好心理素质。

工程型职业应具备的专业素质

在我国的高等院校中，工科院校所占比重最大，大部分工科院校毕业生走上工作岗位后，都将成为工程技术人员。从各行业的工程技术应用岗位的要求来看，工程技术人员更应具备良好的专业素质：一是要有不辞劳苦、艰苦奋斗的创业精神和严肃认真、一丝不苟的求实态度；二是要谦虚谨慎，深入工作第一线，能和同事密切合作；三是在牢固掌握专业知识的基础上，对相近专业的知识也要比较了解，有较好的外语水平、计算机应用能力、语言表达能力和理论应用于实践的能力；四是在发展方向上，本科以下层次可向应用技术型发展，而本科以上可向技术开发型发展。

事务型职业应具备的专业素质

事务型职业是指与组织机构内部日常的制度性、规范性、信息传播等事务处理有关的职业活动，如打字员、档案管理员、办事员、秘书、图书管理员等。

事务型职业对就业的专业素质要求，在知识方面侧重于基础文化知识，要求具有一定的学历，对于职业技术专门知识有较具体的要求，如掌握计算机、会使用办公室自动化设备，要懂得统计、档案管理知识、熟悉专门法规和规章条例，一些涉外单位对外语也有较高要求。事务型职业中不少岗位要求员工遵纪守法，严守机密，有的还有礼仪方面的特殊要求。在能力方面要求具有较强的社交能力、语言表达能力和干练的办事能力等。

文化型职业应具备的专业素质

文化型职业是指从事文化创作，为社会成员提供精神产品的职业活动，如作家、音乐家、舞蹈家、摄影家、书画雕刻家、服装设计师、广告设计师等。文化型职业在知识和能力方面对就业者的专业素质要求：一是能博采众长和广泛涉猎；二是敏锐的观察力；三是丰富的想象力；四是坚强的毅力；五是得天独厚的艺术天赋；六是创新精神，保持创作灵感。

(四)职业素质的培养

从生活的点滴做起 人的素质能在日常的生活习惯中得以展现和流露，习惯也是个人素质的真实写照。所以，培养自己的职业素质就必须从日常的生活点滴做起，看过汪中求先生写的《细节决定成败》的人都知道细节的重要性。

在专业学习和实习中锻炼 专业学习和实习是大学生锻炼的平台，是提高专业素质及其他素质的重要机会。大学生要把握好每次机会，不要害羞，不要胆怯，不要怕丢面子，在实习中要做到胆大、心细、“脸皮厚”。

在社会实践和体验中提高 大学生可以利用假期参加社会实践，无论是否从事与专业相关的工作，这都是培养职业素质的好机会。每一次实践体验都会使自己的某一方面素质得到提高，使自己的职业素质得到升华。

二、职业道德

(一)职业道德的内涵和特征

职业道德：它是指从事一定职业劳动的人们，在特定的工作和劳动中以其内心信念和特殊社会手段来维系的，以善恶进行评价的心理意识、行为原则和行为规范的总和，它是人们在从事职业的过程中形成的一种内在的、非强制性的约束机制。

职业道德的特征:(1)范围上的有限性。(2)在内容上的稳定性和连续性。(3)在形式上的多样性。

(二)职业道德与人自身的发展

人总要在一定的职业中工作生活,因为:(1)职业是人谋生的手段。(2)从事一定的职业是人的需求。(3)职业活动是人的全面发展的最重要条件:①职业活动是人生历程的重要环节。②职业活动是人获得全面发展的重要途径。

职业道德是事业成功的保证,因为:(1)没有职业道德的人干不好任何工作。(2)职业道德是人事业成功的重要条件。(3)每一个成功的人往往都有较高的职业道德(职业品格包括:职业理想、进取心、责任感、意志力、创新精神等)。

人的职业道德品质反映着人的整体道德素质。人的道德素质是人的综合素质的一个方面,它自身包含丰富的内容。从道德的结构来看,人的道德素质包括:道德认识、道德情感、道德意志、道德行为等内容。从道德可能涉及的领域来看,则包含恋爱、婚姻、家庭道德、职业道德。人内在的根本的道德价值观念,在人的整个道德素质中,居于核心和主导的地位。

人的职业道德的提高有利于人的思想道德素质的全面提高。在家庭道德、公共道德和职业道德三个领域中, 直以家庭道德为中心。代替以"孝"为核心的道德体系,"服务意识"将成为新的核心理念。从职业道德的角度来讲,"服务意识"表现为服务态度和服务质量。

提高职业道德水平是人格升华最重要的途径:

(1) 只有经过严格职业训练和生活磨炼的人才能获得有用的知识和智慧。

(2) 一个想成就事业的人必须经受得住诱惑以及考验。

(3) 最伟大的人物无一不是经过严格职业训练,无一不是历经千辛万苦取得辉煌成就的。

(三)职业道德与爱岗敬业

爱岗敬业作为最基本的职业道德规范,是对人们工作态度的一种普遍要求。爱岗就是热爱自己的工作岗位,热爱本职工作;敬业就是要用一种恭敬严肃的态度对待自己的工作。敬业可以分为两个层次:功利的层次和道德的层次。

爱岗敬业是中华民族的传统美德 从业人员踏上工作岗位以后，碰到的第一个问题就是职业态度问题。所谓职业态度是指人们在职业地位、思想觉悟、道德品质、价值目标影响下形成的对自己所从事工作的认识及其劳动态度。

爱岗敬业是现代企业精神 劳动者素质是一个多内容、多层次的系统结构，主要包括：职业道德素质和专业技能素质。在社会主义市场经济条件下，爱岗敬业的具体要求主要是：树立职业理想、强化职业责任、提高职业技能。

当前严峻的就业现实要求人们爱岗敬业，因为：

(1)求职者是否具有爱岗敬业精神是用人单位挑选人才的一项非常重要的标准；

(2)爱岗敬业是企业对从业人员的职业要求。

(四)职业道德修养的必要性

职业道德修养的含义

职业道德修养就是指从事各种职业活动的人员，按照职业道德基本原则和规范，在职业活动中所进行的自我教育、自我锻炼、自我改造和自我完善，使自己形成良好的职业道德品质和达到一定的职业道德境界。

加强职业道德修养是非常必要的，是从业人员形成良好道德品质的必要手段、个人成才的重要条件。良好的道德品质主要取决于自我教育和自我改造。职业道德修养的过程为：自我教育、自我改造、自我磨炼、自我完善＝良好的道德品质。

职业道德修养方法：学习、反省、慎独。

职业道德修养的途径：树立正确的人生观是前提，从培养良好行为习惯入手，用先进人物的优秀品质激励自己，与旧思想、旧意识和不良现象作斗争。

(五)树立职业理想

所谓职业理想是指人们对未来工作部门和工作种类的向往和对现行职业发展将达到什么水平、程度的憧憬。

职业理想的三个层次:初级、中级、高级

(1) 初级层次职业理想:大部分人的工作目的首先是为了维持自己家庭的生存,过安定的生活,这是人对职业的最初动机、最低要求,是职业理想的基本层次。初级层次的职业理想具有普遍性。(2) 中级层次职业理想:主要是通过特定的职业,施展个人的才智,这是职业理想的中级层次。中级层次职业表现出因人而异的多样性。(3) 高级层次职业理想:人们工作的目的是承担社会义务,通过社会分工把自己的职业同为社会、为他人服务联系起来,同人类的前途和命运联系起来。概括地说,这三个层次即:谋求生存、发展个性、承担社会义务。

职业理想形成的条件

职业理想形成的内在因素有:年龄增长、环境的影响和受教育程度。职业理想形成的客观依据是社会发展的需要。职业理想形成的重要基础是个人自身所具备的条件。

强化职业责任

职业责任是指人们在一定职业活动中所承担的特定的职责,它包括人们应该做的工作和应该承担的义务。

职业活动是人一生中最基本的社会活动,职业责任是由社会分工决定的,是职业活动的中心,也是构成特定职业的基础,往往通过行政的甚至法律方式加以确定和维护。

案例

为梦想打工

在一个一贫如洗的美国乡村家庭.齐瓦勃出生了。由于贫困,他没能上多少学。15 岁的时候,齐瓦勃就做了一名山村马夫。尽管如此,渴望成功的雄心却推动着他时刻寻找着新的机遇。

几年过后,齐瓦勃得到了一份在建筑工地的工作。这块工地属于当时的钢铁大王卡耐基。自从踏入工地的那一天起,齐

瓦勃就坚定地对自己说:"我一定要成为最优秀的工人。"当工友们诅咒着繁重的劳动时,当工友们抱怨着微薄的收入时,他默默地积累着工作经验,专心地自学起建筑知识。

一天夜里,公司经理到工地检查。他发现除了齐瓦勃躲在角落里看书之外,其他工人都在闲聊。经理瞧了瞧齐瓦勃手中的书,又翻厂翻他的笔记,什么话也没说地走了。

第二天,齐瓦勃被叫到经理的办公室。"你为什么要学那些东西?"经理问。

"因为我发现公司里全是打工者,但紧缺既有专业知识又懂实践工作的管理人员或技术人员。他们才是公司真正的需要.对吗?"齐瓦勃认真地回答。

经理心中暗吃一惊,不由得用赞许的眼神重新审视起眼前这个年轻人。

没过多久,齐瓦勃就被晋升为技师。对于工友中一些人嫉妒的言语,他很坦然:"我打工不是单纯为了挣钱,或者是讨好老板,我是在为自己的梦想打工,为自己远大的前程打工。我们都必须在辛勤劳动中提升自己的业绩,让自己的价值远远高于自己拿到的薪水。只有这样,才能被委以重任,才能得到发展。"

正是这种信念,支撑着齐瓦勃,使他一步步地登上总工程师的职位。到了25岁时,他已经成为这家钢铁公司的总经理。几年以后,已是卡耐基钢铁公司灵魂人物的齐瓦勃又被卡耐基亲自任命为钢铁公司的董事长。正是凭借着非凡的毅力,齐瓦勃成为了卡耐基钦点的接班人。

点评

问问自己,你到底在为什么工作?是为老板工作,以从他那里换取工资吗?不是!你是在为自己工作,因为它不仅仅让你获得薪水,还教给你经验、知识,让你提升自己,变得更有价值。所以,在踏入职场的第一步,就要给自己选定一个奋斗方向——你要成为什么人,你要坐到什么位置上。

资料

职业人的——德、才、能、拼

你的最大责任就是把你这块材料铸造成器。

——易卜生

职业人的德——宽容

有一个男孩脾气很坏，于是他的父亲就给了他一袋钉子，并且告诉他，每当他发脾气的时候就钉一根钉子在后院的围篱上。第一天，这个男孩钉下了37根钉子。慢慢地，每天钉下的数量减少了。他发现控制自己的脾气要比钉下那些钉子来得容易些。终于有一天这个男孩再也不会失去耐性、乱发脾气。他告诉他的父亲这件事，父亲告诉他，从现在开始每当他能控制自己的脾气的时候，就拔出一根钉子。一天天地过去了，最后男孩告诉他的父亲，他终于把所有钉子都拔出来了。父亲握着他的手来到后院说："你做得很好，我的孩子，但是看看那些围篱上的洞。这些围篱将永远不能恢复成从前的样子。你生气的时候说的话就像这些钉子一样留下疤痕。如果你拿刀子捅别人一刀，不管你说了多少次对不起，那个伤口将永远存在。"话语的伤痛就像真实的伤痛一样令人无法承受。

人与人之间常常因为一些彼此无法释怀的坚持，而造成永远的伤害。如果我们都能从自己做起，开始宽容地看待他人，相信你一定能得到许多意想不到的收获……帮别人开启一扇窗，也就是让自己看到更完整的天空……

职业人的才——活到老学到老

如何增加自己的知识？在企业中增加知识的方法，有一个最重要的观念——不会就要问，不耻下问，远自孔夫子以来就是我们的美德，不要担心职位在你之下的员工会讥笑你。

不管你在公司的职衔是什么，你总会有不明白的地方，不明白就要问。

即使全部的人都会，只有你不会，你也要问，这样才能增加自己的知识。

封闭的心像一池死水,永远没有机会进步。

——卡耐基

职业人的能——贯彻到底、解决问题

工作就是行动与热情,只有贯彻到底,才能解决问题。

真正的能力是贯彻到底、解决问题。最近有一种管理叫做“剥五层皮”,也就是任何问题问五次。例如:

问:“机器为什么坏掉?”

答:“电源开关坏了。”

问:“电源开关为什么坏掉?”(第二问)

答:“电源开关中的保险丝断掉。”

问:“保险丝为什么断掉?”(第三问)

答:“材质不好。”

问:“材质为什么不好?”(第四问)

答:“因为掺了杂质。”

通常问了四五次之后,大概都可以摸清楚问题症结所在。这种贯彻的能力是工作执行中最重要的能力。

职业人的拼——拼命工作

有拼才有赢,做得多,学得更多。

曾经有一位新来的员工,他是一个很优秀、很有效率的人,但他对公司一些部门总是要加班很不理解。

有一天,他对我说有一个问题要向我请教,他说:“你觉得没有效率地工作12小时好呢,还是很有效率地工作8小时比较好呢?”

我当然知道他不是真的要请教我,我微笑地注视着他说:“你既然知道什么叫有效率地工作8小时,为什么不有效率地工作12小时呢?如果做得到,那你不是可以远远超过别人吗?”

人跟人差距并没有我们想象的那么大,每个人都是有着同样的器官和同样的每天24小时。工作是一个学习的过程,也是一个遗忘的过程,有效率地每天工作12小时,其结果不只是工作8小时者的1.5倍,而是学得更多、忘得更少。几个月之后,两者的距离就拉远了。

在这竞争的时代，要对社会做更大贡献，就要拥有这种精神。

【存在的证明】 罗马不是一天建成的(Rome wasn't build in a day)！大凡成就人士，都有一种对人生与工作的执著。

看看人类史上那些杰出者，哪一位不是以一个崇高的追求为载体，而以生命潜力的证明为终极？大道通天，如果牛顿、爱因斯坦对现在的年轻人太抽象，我们不妨就看看比尔·盖茨，这个被拜金主义者们扭曲成“世界首富”的人。

盖茨是个典型的自我实现者，从少年起，就进入一个令他激动的事业中，并逐渐达到“人剑合一”的境界。以金钱来解释他的动机是不合逻辑的，因为他是全球首富，钱早已多得花不完。那他为什么还要每天辛苦工作十四五个小时？他已经“前无古人”了，那么他还要追求什么呢？他要“后无来者”！他要以对自己潜力的不断挖掘和孜孜的努力来垒九尺高台，让未来的挑战者望而生畏，他要证明：这才是生命的极限！

而现在号称第×代的“盖茨终结者”们已迅速逼近，这些1963年以后出生的网络时代的弄潮儿们正在凭自己的天才和狂热，向以盖茨和乔布斯为代表的个人电脑时代发起挑战：早已是亿万富翁的YAHOO掌门人杨致远，一直坚持每天早上7:00到晚上10:00的超负荷工作，包括每周两到三天的空中飞行；全球500强之一SUN公司的总裁SCOTT McNealy每周工作七天，每天工作15个小时，员工们和总裁对工作一样重视，公司里即使到下班以后还很难找到停车位；被公认为“行业最有影响力的女人”的Esther Dyson，现任Edventure Holding公司董事长，大部分时间在旅途中度过，整个世界就是随身携带的大帆布箱；Dell更是把成功的秘密归结为两个字：速度！

所有的这些超级成功者们都明白——要想在发展飞速、竞争激烈的高科技行业生存下去，就必须遵守葛洛夫法则：“只有偏执狂才能生存(Only the paranoid survive)！”在他们身上，生存和存在达到了统一。

第三节　职业评价与职业资格证书

职业本质上并无高低贵贱之分，都是一定社会不可缺少的、既有区别又相互依赖的组成部分。但由于不同职业间在工作内容、强度、收入状况、从业水平、专业技能等方面的差异，使人们对不同职业的地位具有不同看法和态度，形成了对职业的评价。

一、职业评价

职业评价主要与职业声望的评价因素和职业评价的各种影响因素两方面有关。

（一）职业声望的评价因素

职业声望是职业地位在人们头脑中的主观反映，反映了一定时期人们对职业的态度。研究者一般选取具有代表性的公众和代表性的职业，通过调查数据来排列职业声望，反映职业地位。具有权威性的是美国诺思（Cecil North）和哈特（Paulk Hatt）的设计。他们精选 90 种职业，对其职业声望进行评价，此量表成为职业声望的范例，不断地用来作为同类调查的参照系。我国近年来也不断地有职业声望量表公布，反映某个地区或几个地区的对比或综合情况。

大学生的职业声望一般受社会职业声望的影响，但对个体来说也有各自的态度，反映的是对职业地位资源状况，如权力、工资、晋升机会、发展前景、工作条件等的主观判断。值得正视和关注的问题是，大学生往往以某一因素作为判断的依据，这就容易发生偏离。一般来说，决定职业地位高低的因素主要有四项：职业社会功能、职业社会报酬、职业自然条件和职业要求。

职业社会功能　职业社会功能是指一定的职业对社会的作用，它由责任、权利、义务体现出来。功能大的职业，任职条件高，职业层级就高。

职业社会报酬　职业社会报酬是指任职者的工资收入、福利待遇、晋升机会、发展前景等。这是一个比较综合的指标，如工资收入高，并不一定福利待遇高，也不一定晋升机会就多，发展前景就好。因此，不同的人以不同的认识来评判。

职业自然条件 职业自然条件是指与职业活动相关的自然工作环境，如技术装备、劳动强度、安全系数、卫生条件等。职业自然条件好，职业社会层级也就高。

职业要求 职业要求是指一定的职业对任职者各项素质的要求，要求越高，被人替代的可能性越小，职业社会层级也越高。

职业声望是以上四项因素的综合反映和综合作用的结果，任何单项因素都不能全面地反映职业声望的状况。有的职业的从业者经济收入高，但社会地位并不高，如个体工商业者。当然，职业声望是职业社会地位的主观反映，是主、客观的结合，因此不可避免地受到个人偏见及社会环境等各种因素的影响。因此，毕业生在择业时，应客观分析，结合自身特点，科学认识、评价职业。

（二）职业评价的各种影响因素

由于职业声望是人们对职业社会地位的主观反映，因此，不可避免地带有个人的偏见以及受社会环境、舆论氛围等其他因素的影响，使职业声望和社会地位表现出一定的差异性。

个人偏好 因个人好恶，形成对某一种或某一类职业的好与坏的心理定式，只以职业声望的个别因素为评价依据，缺乏全面性和客观性，必定得出片面的结论。

社会环境 人是一定社会环境中的人，人们对职业的评价往往被社会上出现的某类个别现象所引导，如时尚性、趋利性等。尤其是一定社会的政治和文化背景，直接左右着人们对职业的评价。

舆论氛围 一定时期内大众舆论所造成的具有倾向性认同的职业，虽然职业地位不高，但因其收入等其他因素，会使评价者对某一种或一类职业产生心理倾向性。

性别差异 职业社会调查结果显示，男女对职业声望的总体评价大致相同，但在绝对分值中，则显示了性别的差异性。

教育程度 受教育程度的不同，使人们对职业声望的评价也不尽相同。

国家和地区 不同国家和不同地区的人们，在职业声望比较中，也显示出了差异性。

职业声望是现实的，也是历史的、发展的。在农业社会，对农民的评价高于商人；工业社会崇尚科学家与企业家，对商人的评价高于农民。从就业上来说，人们一般都愿意选择声望高的职业，或者是从职业声望较低的职业流向职业声望较高的职业。但是，有时也会出现一些非常规现象，如把收入高或地区好作为择业的单一指向，而不顾及职业的社会功能和个人的能力特长。事实上，职业虽然有地位上的差别，但对社会贡献只是分工不同而已，淘粪工人时传祥一样能做出令人敬佩的业绩。对大学生来说，掌握职业声望的评价因素及影响因素，避免出现从众、攀比、不顾个人实际和追求虚荣的择业现象，是做好择业准备的重要条件。

二、职业资格证书

职业资格证书是表明劳动者从事某一职业所必备的学识和技能的证明。《职业教育法》、《劳动法》要求实行学历证书和职业资格证书并重制度。

（一）职业资格证书的概念

职业资格证书是政府认定的考核鉴定机构，按照国家规定的职业技能标准或任职资格条件，对劳动者的技能水平或职业资格进行客观公正、科学规范的评价和鉴定的结果，是劳动者具备某种职业所需要的专门知识和技能的证明。与学历文凭证书不同，职业资格证书与某一职业能力的具体要求密切结合，反映特定职业的实际工作标准和规范，以及劳动者从事这种职业所达到的实际能力水平。

我国技术性职业（工种）的职业资格证书，分为“初级技能”、“中级技能”、“高级技能”以及“技师”、“高级技师”五种，由人力资源和社会保障部统一印制，人力资源和社会保障部或国务院有关部门按规定办理和核发。职业资格证书是劳动者具备的学识和技能的证明，是劳动者求职、任职、开业和用人单位录用劳动者的主要依据，也是境外就业、对外劳务合作人员办理技能水平公证的有效证件。

（二）职业资格证书的种类

中华人民共和国 1995 年 1 月 7 日颁发的《职业资格证书制度暂行办

法》规定：职业资格包括从业资格和执业资格。相应的，职业资格证书可分为《从业资格证书》和《执业资格证书》两类。

从业资格和执业资格

从业资格是指从事某一专业（工种）的学识、技术和能力的基本要求、起点条件。我国从业资格考试和证书颁发主要由人力资源和社会保障部负责管理。

执业资格是对某些责任较大、社会通用性强、关系公共利益的专业（工种）的从业人员，依法独立开业或从事某一特定专业（工种）的学识、技术和能力的必备条件的要求。中国的执业资格考试和证书颁发主要由人力资源和社会保障部负责管理。目前已开始实施执业资格考试的有：建造师（一级、二级）、监理工程师、注册建筑师、注册结构工程师、执业药师（执业中药师）、房地产估价师、注册会计师、造价工程师、珠宝玉石质量检验师、注册税务师、拍卖师、企业法律顾问、矿产资源储量评估师、假肢与矫形制作师、注册城市规划师、棉花质量检验师等。

《从业资格证书》和《执业资格证书》

《从业资格证书》是建立在从业资格确认的基础上。从业资格确认工作由省、自治区、直辖市人事部门会同业务主管部门组织实施，通过学历认定或考试取得。

《执业资格证书》是经执业资格考试合格的人员，由国家授予。执业资格考试的报名条件、考核标准、考试内容，不同的专业各不相同，一般都是由人力资源和社会保障部门管理和实施。

职业资格证书的等级要求

目前，国家职业资格证书等级分为初级（五级）、中级（四级）、高级（三级）、技师（二级）、高级技师（一级）五个等级，各级别具体要求如下：

国家职业资格五级（初级）：能够运用基本技能独立完成本职业的常规工作。

国家职业资格四级（中级）：能够熟练运用基本技能独立完成本职业的常规工作；在特定情况下，能运用专门技能完成技术较为复杂的工作；能够与他人合作。

国家职业资格三级(高级):能够熟练运用基本技能和专门技能完成较为复杂的工作,包括完成部分非常规性的工作;能够独立处理工作中出现的问题;能指导和培训初、中级人员。

国家职业资格二级(技师):能够熟练运用专门技能和特殊性技能完成复杂的、非常规性的工作;掌握本职业的关键技术技能,能够独立处理和解决技术或工艺难题;在技能方面有创新;能指导和培训初、中、高级人员;具有一定的技术管理能力。

国家职业资格一级(高级技师):能够熟练运用专门技能和特殊技能在本职业的各个领域完成复杂的、非常规性的工作;熟练掌握本职业的关键技术技能;能够独立处理和解决高难度的技术问题或工艺难题;在技术攻关和工艺革新方面有创新;能组织开展技术改造、技术革新活动;能组织开展系统的专业技术培训;具有技术管理能力。

(三)职业技能鉴定

个人要获得职业资格证书,必须通过职业技能鉴定。职业技能鉴定是职业资格证书制度的重要组成部分,是一项国家考核制度。职业技能鉴定是依据职业技能标准,由政府劳动行政部门认定的考核鉴定机构对劳动者技术水平、工作能力或职业资格进行的评价与认证的考核活动。

国家实施职业技能鉴定的主要内容包括职业知识、操作技能和职业道德三个方面。这些内容是依据国家职业(技能)标准、职业技能鉴定规范(即考试大纲)和相应教材来确定的,并通过编制试卷来进行鉴定考核。

职业技能鉴定分为知识要求考试和操作技能考核两部分。知识要求考试一般采用笔试方式进行,技能要求考核一般采用现场操作加工典型工件、生产作业项目、模拟操作等方式进行。计分一般采用百分制。两部分成绩都在 60 分以上为合格,80 分以上为良好,95 分以上为优秀。经鉴定合格者,由国家人力资源和社会保障部门核发相应的职业资格证书。

职业技能鉴定分为:初级鉴定、中级鉴定、高级鉴定、技师鉴定和高级技师鉴定。申报职业技能鉴定,首先要根据所申报职业的资格条件,确定自己申报鉴定的等级,各学校每年会根据学校开办专业的实际情况,分期、分批、分班举办并开设专业相关的各类工种的职业技能培训班,学生可根据自己所学专业、兴趣及知识结构的实际情况报名参加培训班学习。申请职业技能鉴定的人员，可向当地职业技能鉴定所（站）提出申请，填写职业技能鉴定申请表，报名时应出示本人身份证、培训毕（结）业证书，经鉴定机构审查符合要求的，由鉴定所（站）颁发准考证。参加考试时必须携带准考证和本人身份证，否则不能参加考试。

目前职业技能鉴定已形成了社会化管理体制，是根据国家的方针政策和法律法规，由政府劳动保障部门认定的鉴定考核机构，按照国家职业标准对劳动者职业技能水平进行客观评价和认证，并且对考核场所、试题、考评人员、考务和证书核发实施有效管理。职业技能鉴定社会化管理体系包括政策法规、组织实施、质量保证和监督检查四个系统。

职业技能鉴定的政策法规系统

1987 年以来，我国在职业技能鉴定和国家职业资格证书制度方面先后颁布了一系列法律、法规和规章。《中华人民共和国劳动法》第八章第 69 条规定：“国家确定职业分类，对规定的职业制定职业技能标准，实行职业资格证书制度，由经过政府批准的考核鉴定机构负责对劳动者实施职业技能考核鉴定”，从而确立了职业技能鉴定工作和职业资格证书制度的法律地位。其后，劳动保障部相继颁布了《职业技能鉴定规定》和《职业技能鉴定工作规则》，对职业技能鉴定的组织管理、鉴定场所、考评人员、试题、考务、证书核发与管理等做了具体规定，明确规定了鉴定质量控制核心环节的工作程序和相关部门的工作职责。2000 年，劳动保障部颁布了第 6 号令《招用技术工种从业人员规定》，规定了从事技术复杂以及涉及国家财产、人民生命安全和消费者利益的从业人员，必须取得相应的职业资格证书才能上岗。

职业技能鉴定的组织实施系统

职业技能鉴定的组织实施系统包括两部分：一是行政管理系统，二是技术支持服务系统。省级劳动保障行政部门负责社会通用工种职业技能鉴定的组织领导、监督检查，省级职业技能鉴定指导中心负责社会通用工种的组织实施、技术指导服务；各级国家职业技能鉴定所承担通用工种的具体鉴定实施工作。国务院有关行业部门的劳动保障工作机构及其职业技能鉴定指导机构负责行业特有工种职业技能鉴定的组织、实施和技术指导服务。

职业技能鉴定的质量保证系统

质量是职业资格证书的生命线，为实现职业技能鉴定“客观、公正、科学、规范”的质量标准，国家建立了包括鉴定所（站）管理、考评人员管理、鉴定命题管理、考务程序管理和资格证书管理五个方面的质量保证体系，对鉴定所（站）实行许可证制度，对考评人员实行资格认证制度，建立和完善国家题库网络系统，统一考务管理和证书核发程序，五个方面互相联系又互相制约。

职业技能鉴定的监督检查系统

监督检查系统是对职业技能鉴定行政管理和技术指导、组织实施工作环节实行监督检查，包括执行法律法规的行政督查与鉴定过程的技术督查。国家通过对鉴定过程的督导、定期检查和投诉查处相结合的方式，加大监督检查力度，从而保证职业技能鉴定的质量，树立国家职业资格证书的权威。

案例

证书多少并不决定求职中“敲门砖”的轻重

某高校女研究生杨某，在校期间考了多张文凭、证书：经济师、ACCA国际财会证书、工商硕士学位，还考了注册会计师，通过了司法考试。周围的熟人对她敬佩之余，觉得有点奇怪，那些文凭、证书一则不是那么容易考的，二则好像与她所学的专业没有什么直接的关系，却花费这么多时间、精力，何苦呢？

杨某对此有自己的看法。她认为现在的职业发展，一是靠人际关系；二是靠能力；三是靠文凭。这些文凭、证书就是敲门的砖头，“这扇门敲敲，那扇门敲敲，口袋里多放几块砖头，终有一扇门是能够敲开的”。

点评

在求学者眼中，证书含金量的最大体现就是企业是否认同某项证书持有者的能力，并据此对其职业发展以及薪酬待遇等方面作出承诺。然而专家指出，一纸证书本身并没有多少价值，关键在于求学者到底能掌握多少专业知识和具备的能力。

杨某能够取得这么多的证书、文凭，令人佩服，但是她的观点及做法值得商榷。如果日后她从事的是财务管理的工作，她考取MBA、CPA和ACCA与自己的职业还很相关，至于法律知识，则可请教专业人士，而不必考取专业证书。

资料

职业新概念——“五领”

金领 拥有“金领”这个称谓，不仅让人羡慕，也令人敬畏。这一称呼是社会对这些人的知识结构、公关能力、团队协调能力、管理经营能力、社会关系资源等综合素质的认可。金领们是脚踏实地的实干家，善于独立解决问题，富于冒险和挑战未来，渴望有一个更大的发展空间，渴望有一个属于自己的事业领域。在公众心目中，除董事长、总经理外，注册会计师、律师、精算师、高级电路工程师、管理咨询工程师和注册建筑师，当为“最受百姓宠爱的金领职业”。金领的月薪在1万美元以上。

白领 “白领”大多受过良好的教育，因一技之长而被老板聘用为管理层或做一些文职的事。他们工作上能独当一面，面对无常的世事显得更加达观，处理问题的方式也更趋实用。白领们追求生活的多样化及高质量。目前，白领阶层的主体是25～40岁的人群。按美国的标准，白领是指年薪在8万美元以上，从事纯粹脑力劳动的人。

粉领 “粉领”是指那些在家工作的自由职业者，她们凭借电脑、电话和传真与外界联系。她们多出自“食脑”阶层，从事自由撰稿、广告设计、服装、珠宝、陶艺及各类工艺品设计、产品营销、进出口贸易、管理咨询等工作。她们大多是受过高等教育的年轻人，寻求个性价值、追求劳资公平、接受市场挑战是她们的共同特点。因从事这方面工作的多为女性，故又称“粉领丽人”。

灰领 “灰领”是最近出现的一种职场称谓，一般是高职学校毕业的大专生。他们是既掌握较高的现代科学知识，又具有较高的操作技能的复合型人才。“灰领”原指负责维修电器、机械的技术工人，因为他们经常穿灰色制服工作而得名。如今“灰领”的范畴已扩大，包括电子工程师、软件开发工程师、装饰设计工程师、绘图工程师、喷涂电镀工程师等职业。“灰领”是一种新型的人才，是一个有独立的智能结构、职业特征的人才类型，他们有较高的学历、丰富的专业知识、较强的动手操作能力。

蓝领 “蓝领”主要指产业工人，他们靠支付自己的体力来获取报酬，建筑工人、钢铁工人、家电制造工人、水电管道维修工人、装修工人、卡车司机等职业是蓝领的典型职业。蓝领的本质特征在于具有统一的生产技能和职业规范，具有一定的组织化水平。当前在工业、农业和第三产业中，均存在一定规模的蓝领群体。技术工人、推销员与售货员、出租车司机与物流运输工人、保安公司中的保安人员、高标准卫生条件约束下的厨艺人员、运用现代农技知识进行机械化作业的农民等，也都属于现代蓝领。

学习与思考

1. 什么是职业和职业素质？
2. 什么是职业道德？它对自身发展的作用有哪些？
3. 职业资格证书的作用和种类有哪些？

第二章

职业生涯规划

本章提要 本章简要介绍了职业生涯规划的基本概念，阐述了大学生职业生涯规划的意义，并详细分析了性格、兴趣、能力与职业的关系，重点介绍了大学生职业生涯规划的内容、步骤和操作方法，旨在帮助大学生在认清职业、认知自我的前提下，科学规划职业生涯。

第一节 职业生涯规划概述

职业生涯规划能使学生掌握职业生涯发展规律，科学地规划人生，实现人生价值，提升生命品质，促进个人职业生涯的顺利发展。

一、职业生涯的含义

(一)生涯

生涯在英语中与职业是同一词(career)，有人生经历、生活、道路、职业、专业、事业的含义。一般意义上说，生涯就是生活，比如日常生活也是一种生涯。美国国家生涯发展协会是这样定义生涯的：所谓生涯是指个人通过从事工作所创造出的一个有目的的、延续一定时间的生活模式。生涯涵盖了人一生从事的各种活动，是个人终其一生所扮演的角色的整个过程。生涯主要由三个层面构成：第一层是指个人的年龄或生命的时程，又可细分为成长、试探、建立、维持、衰退等时期；第二层是广度或范围，指每个人一生所扮演的各种不同角色；第三层指深度，即个人投入的程度。

生涯的发展以个人为中心，统合了人一生中扮演的各种职业和生活角色，并由此表现出个人独特的自我发展形态。

（二）职业生涯

职业生涯是指一个人一生连续担负的工作职业和工作职务的发展道路。与职业不同，职业生涯是一个连续的、发展的概念，即将个人的职业生活看作是一个动态的过程，具有浓厚的个人色彩。它不仅包括过去、现在和未来那些可以实际观察到的职业发展过程，而且还包括个人对职业生涯发展的认识和期望。

简要地说，职业生涯就是一个人终生的工作经历，是一个人一生中所有与职业相联系的行为与活动，以及相关的态度、价值观、理想、愿望、气质、能力、动机、发展取向等连续性的经历过程，也是一个人一生中职业、职位的变迁及工作理想、人生目标实现的过程。

具体地讲，职业生涯是以心理开发、生理开发、智力开发、技能开发、伦理开发等人的潜能开发为基础，以工作内容的确定和变化，工作业绩的评价，工资待遇、职称、职务的变动为标志，以满足需求为目标的工作经历和内心体验。职业生涯是人生中最重要的历程，是追求自我实现的重要人生阶段。人生过程分为少年、青年、成年、老年四个阶段，而成年阶段时间最长，是人们从事职业生活最重要的时期，是人生全部生活的主体。简要地说，在职业社会中，人的生涯即是职业生涯。人的职业生涯具有独特性、发展性、阶段性、整合性、互动性等特点。

二、职业生涯规划

（一）职业生涯规划的含义

职业生涯规划亦称职业生涯设计，是指在个人发展与组织发展相结合的基础上，个人通过对职业生涯的主客观因素进行测定、分析、研究和总结，确立个人最佳职业奋斗目标，并为实现这一目标而预先进行职业生涯发展系统安排的活动或过程。

职业生涯规划是一个长期过程。按照规划的时间跨度划分，它一般包括短期规划、中期规划、长期规划和人生规划。短期规划是指两年以内的职业生涯规划，规划的主要目的是确定近期目标，制定近期应完成的任务计划；中期规划是指 2～5 年内的职业生涯规划，这是最常用的一种职业生涯规划；长期规划是指 5～10 年内的职业生涯规划，规划的主要目的是设定比较长远的目标；人生规划是指对整个职业生涯的规划，时间跨度可达 40 年左右，规划的目的是确定整个人生的发展目标。

比较理想的职业生涯规划是中期规划，其次是长期规划，既便于根据实际情况设定可行目标，又便于随时根据现实的反馈进行修正和调整。

制定职业生涯规划应具有清晰性、挑战性、可行性、长期性、适应性、一致性、可评价的特征。

(二)职业生涯规划的要素

职业生涯规划的五大要素是：知己、知彼、抉择、目标、行动，它们之间的关系如图 2-1 所示。

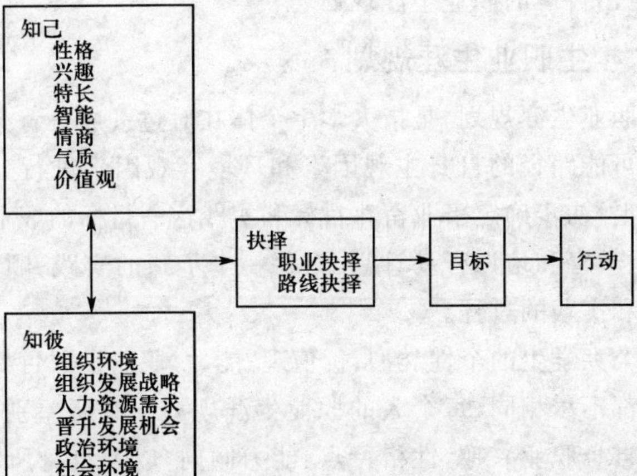

图 2-1 职业生涯规划要素的关系

知己 知己就是自我认识与自我了解，了解自己的兴趣、能力、价值观、个性、性向，以及父母、学校与社会教育对个人产生的影响等。

知彼 知彼就是熟悉周围的环境，探索外在的世界，特别是与职业生涯发展相关的工作世界，主要了解职业的特性、所需的能力、就业渠道、工作内容、工作发展前景、行业及职业的薪酬待遇等。

抉择 抉择是在知己知彼的基础上,能够充分发挥自己的专长和强项,并做出与现实相符合的选择。抉择包括抉择技巧、抉择风格,以及抉择可能面临的冲突、阻力、助力等。

目标 抉择之后就是确定目标,考虑自己职业生涯的前景,确定切合实际的目标,并以此指导行动。

行动 行动是极其重要的一个环节,即使前面的所有工作都做得很好,但如果没有付诸行动,这些规划只不过是空中楼阁而已。

以上五个要素是相互关联的:知己是了解自己本身的特性,知彼则是了解工作本身的特性;应做到知己知彼,使确定的个人职业生涯目标符合现实,而不是一厢情愿;自己对所从事的职业很感兴趣,而不是被动地工作;所从事的工作发挥了自身的特长和优势,能够适应工作环境,游刃有余。知己知彼是抉择、确定目标和付诸行动的现实基础,只有做到知己知彼,才能制定出科学的职业生涯规划。

(三)大学生职业生涯规划

大学生职业生涯规划,是指大学生个体在对过去成长背景、目前资源条件和将来可能路径的自身主观因素和环境客观因素进行分析、总结和测定的基础上,初步确定事业奋斗目标和实践这一目标的职业,并编制出相应的学习、教育和培训行动计划,对每一个步骤的实践、顺序和方向做出合理安排和实践的过程。

由于每个大学生的个性类型、价值观、能力、职业生涯目标、对成功评价的标准等都不尽相同,每个人的职业生涯规划会有所差别。这就需要大学生根据自身职业兴趣、性格特点、能力倾向,以及自身所掌握的专业知识技能等因素,同时考虑各种外界因素,经过综合权衡后,把自己定位在一个最能发挥自己长处的职业目标岗位上,使其最大限度地实现自我价值。职业生涯规划没有一套固定的模式,只能由个人根据自我的实际情况,参考他人的建议进行规划。

大学生职业生涯规划的主要类型

有学者将大学生的职业生涯规划类型分为依赖型、直觉型、理性型三类,具体详见表2-1。

表 2-1 大学生职业生涯规划主要类型

类 型	主 要 特 点
依赖型	依赖父母、朋友、老师或遵从书本
直觉型	凭自己的知觉,依自己的喜好做出决定
理性型	综合考虑个人、职场等方面因素决定

大学生职业生涯规划的基本特征

总的来说,大学生的职业生涯规划有以下几个基本特征:

可行性 职业生涯规划必须根据个人及所处环境的现实来制定,从而使其成为能够实现和落实的计划方案,而不是没有根据或不着边际的幻想。

适时性 职业生涯规划是对未来职业生涯目标及对未来职业行动的预测。因此,各项活动的实施都应有时间和顺序上的安排,以便作为检查行动的依据。

灵活性 规划未来的职业生涯目标与行动会涉及许多不确定因素。因此,规划应有弹性,应随着外界环境及自身条件的变化,及时调整自己的职业生涯规划方案,以增加其适应性。

持续性 职业生涯目标是人生追求的重要目标,职业生涯规划应贯穿人生发展的每一个阶段,通过不断的调整与持续的职业活动安排,最终实现职业生涯目标。

三、影响职业生涯规划的主要因素

职业生涯是个人发展的基础,也是个人发展的历程体现。在这个重要而又漫长的过程中,每个人的职业生涯都会受到教育、家庭、性格、价值观、性别、健康状况、社会环境、机遇等主客观因素的影响。

(一)教育程度

教育是赋予个人才能、塑造个人人格、促进个人发展的社会活动,它奠定了一个人的基本素质。一个人通过接受教育或培训,形成了自己特有的知识结构、能力和才干。

◆ 获得不同教育程度的人在职业选择与被选择时,具有不同的能量,这不仅关系到一个人职业生涯开端与适应期是否良好,还关系到以后的发展、晋升是否顺利。从一般规律看，有较高教育水平的人，在就业以后会有较大的发展，即使工作不尽如人意，其流动能力也相对较强。

◆ 人们所学专业及职业种类，对其职业生涯有着决定性影响。一专多能者、专业水平和应用技术俱佳者，往往能够得到更多的机会，在职业生涯发展中处于主动地位。

◆ 人们所接受的不同等级的教育，所学的不同门类的学科，所在的不同院校及其不同的教育思想，会使受教育者形成不同的思维模式，从而采用不同的态度来对待自己、社会和职业生涯的发展。

（二）家庭

一个人的家庭也是造就其素质以至影响其职业生涯的主要因素之一。人从幼年起，就会受到家庭潜移默化的影响，形成一定的价值观和行为模式。有的人还从家庭中自觉或不自觉地获得某些职业知识或技能。此外，一个人的家庭成员，在其择业或就业后的流动中往往给予一定的干预，也会对人的职业生涯产生很大的影响。

（三）性格因素

性格与一个人的职业生涯有极大的相关性。只有从事与自己性格相适合的工作，才能充分施展自己的才华，全身心地投入，取得良好的绩效。如果性格与工作不适合，再好的能力也难以发挥。

（四）价值观

个人的需求与动机以及个人的追求、价值观、行为方式等，都会直接影响职业生涯的发展。同样的工作对不同的人有着不同的价值，而同一个人对不同的职业会有不同的态度与抉择。在择业时，人们会根据对不同职业的评价和价值取向来选择自己的职业。人们在不同的年龄阶段和不同的阅历、不同的职业经历状况下，都会针对自己的主客观条件，在对职业的选择和调整方面有不同的动机和需求。

（五）社会环境及组织

社会环境及组织也是影响职业生涯的重要因素。首先，社会的政治经济形势、社会文化与习俗、职业的社会评价等，这些大环境因素决定了社会职业岗位的数量与结构，决定了其出现的随机性与波动性，也决定了人们对不同职业的认定和步入职业生涯、调整职业生涯的决策。其次，除非你自己创办公司，否则一个人的职业空间就应该来自于组织。因此，组织的用人机制、管理行为及管理者的水平，也是影响个人职业生涯的重要因素。

（六）性别因素

虽然男女平等的观念已普遍被现代社会所接受，但“性别因素”仍然影响着个人的职业生涯。事实上，很少有人能完全漠视性别问题。因此，每个人都必须合理地考虑自己的职业生涯目标，以便充分发挥自己的性别特色，并使自己获得成功。

（七）身心健康状况

身心健康状况是不容忽视的因素。健康对于职业选择特别重要，几乎所有的职业都需要健康的身心。

（八）机遇

在个人职业发展过程中，不可避免地要受到某些被称为机遇的偶然性因素的影响。有时候，这些影响的作用是巨大而难以抵御的。然而，有所准备的人总是要比那些缺乏准备的人更容易掌握主动权，并获得机遇的青睐。

四、大学生职业生涯规划的意义

人的生命价值在一定意义上说，就在于其职业生涯方面的成就和成功，只有拥有成功的职业生涯，才能实现完美的人生。事业的成功，是实力与机遇共同作用的结果，而机遇往往倾慕那些有准备的人。职业生涯规划就是为大学生提供走向成功的方法与方向。

（一）有利于明确职业奋斗目标

没有明确目标的职业生涯规划是很难成功的。通过职业生涯规划，大学生在充分认识自己、社会和客观环境的基础上，确立正确的人生目标，科学地选择职业，并采取有效的措施，克服职业生涯中的困难和阻力，就可能获得事业的成功。

（二）有利于实现职业理想

大学生在学习期间只有认真做好职业生涯规划，全面剖析自己，科学地确定自己职业发展的目标和方向，并不断开发自己的潜能，才能合理掌舵自己人生的航向，实现职业理想。大学的学习时间虽然是人生中短暂的四五年，但因其处于人们青春最炽热的年华而影响深远。事业成功的核心是职业生涯规划的成功。事业成功，除了国家、社会、学校创造必备条件外，个人努力是非常重要的因素，而在个人努力过程中，及时、恰当地进行职业生涯规划则是其中的关键环节。

（三）有利于适应社会发展的需要

由于职业生涯规划是从发展和未来的角度来看待人生，因此，它力求使个体能够尽力适应社会的快速变迁，适应社会职业变化的方向，更好地规划和实现个体职业生涯发展的目标。职业生涯规划立足时代变革，重视和强调人对未来发展的适应性，这就促使大学生更快的成长。从社会发展的角度看，在循序渐进地进行职业生涯规划的过程中，大学生有意识地培养职业意识，随时以社会对人才的要求为参照，激励自己对职业技能保持永不松懈的追求，有利于适应社会发展的需要。

（四）有利于促进个人努力学习和工作，并树立终身学习的观念

任何工作和事业都必须经过艰苦的努力方能获得成功。因此，一旦制定职业生涯规划之后，一方面明确了努力的目标，同时也不断地督促并鞭策自己努力学习和工作。随着规划内容的逐步实现，又增强了自己对目标的成就感，进一步促进自己向新的目标前进。同时，自己的思想方式和工作方式又会不断地完善和发展。随着科学技术的发展，新的行业、新的工作岗位提出新的要求，所以终身学习成为必然，每个人都需要在工作之中不断学习新知识，适应新岗位。职业生涯规划是一个长期的学习和不断完善的过程，学习也需要不断调整方向和内容，终身学习成为现代职业的必然要求。

（五）有利于激发个人潜能

一个人的潜在能力是无限的，需要我们充分挖掘。并不是任何人在某些方面都具有非凡的天赋，唯有善于激发个人潜能，并努力学习，才能实现能力的提高和锻炼。在大学期间，并不是每一个学生都在组织协调、

操作技能等方面具有优势，但是相当一部分学生在这些方面都有很大的潜能。因此，一旦赋予这些学生以明确的工作任务和目标，调动他们内在的激情，他们就会通过努力学习，充分激发内在的潜能，很好地完成工作和学习任务。因此，通过职业生涯规划，个人的潜能得到发挥，可以实现事业发展，帮助一个平凡的人成长为一个出色的人。

（六）有利于提升大学生应对竞争的能力

市场经济充满着竞争，物竞天择，适者生存。要想在竞争中脱颖而出并立于不败之地，大学生必须做好自己的职业生涯规划。只有明确目标，并将规划付诸实践，才能在职场竞争中获得成功。

案例

何去何从

小Z，女，22岁，本科学历。

基本情况：上海某财经类大学毕业，国际会计系，应届生。

同学评价：刻苦，有上进心，性格坚强，学习能力强。

个人职业目标：高级财务经理。

面临问题：收到英国某大学的offer，主修行政管理专业；同时收到四大会计师事务所之一的普华永道的offer，做审计师。小Z必须做出选择，先留学还是先就业？

职业设计意见：先就业，去普华做审计师，然后再选择合适的机会出国深造。

设计理由：小Z原本希望出国进修工商管理类课程，但国外大学对申请工商管理类专业的学生都有工作经验要求，所以最后只收到了行政管理专业的offer。小Z学的是会计，喜欢商务，对行政管理兴趣不大，若为出国而放弃原有兴趣并不明智。专家认为：先工作或先出国其目的都应该是为了将来有更好的职业发展前景，违背个人兴趣和职业理想，为出国而出国，从个人职业发展看并不可取。

从职业发展考虑，普华位列国际四大会计师事务所之一，有完善的培训计划，良好的工作氛围，规范的工作机制，对职业技能发展大有好处，出国学习行政管理硕士一年课程所获专业资质资历和在普华工作一年之经历技能积累相比，前者在职业市场上之价值未必比后者高。

普华是专业的国际性会计师事务所，审计工作与小Z大学所学基本对口，且小Z勤奋刻苦，事业心强，意志坚定，加上名牌大学毕业生的综合素质，保证了小Z在工作中必会有所表现。

（案例来源：中国劳动力市场信息网监测中心）

点评

小Z的困难看上去似乎是个“二选一”的表面问题，但同时，小Z面对的也是一个人生抉择的问题，小Z应该根据自己的兴趣、特长、职业目标、发展前景等进行综合考虑。

资料

“达姆洛斯”成功公式

美国学者达姆洛斯提出了成功的公式。该公式为：成功$=[(EE+CT+SP)\times DD]^{b}$，其中，EE指教育和工作经验；CT指创造性思考；SP指推销自我的能力；DD指目标的驱动力；指数b指个人的机遇。显而易见，前面三个因素(EE、CT、SP)对人的成功都有一定的作用，但并不是绝对必要的，如果缺少一至两个因素，成功的水平将会大打折扣。而DD则是不可缺少的，因为该因素为0时，整个公式的数值也为0，绝无成功可言。指数b则可大可小，也可能为0。在b大于1时，机会就能够发挥较大的作用。

第二节　认识自我

在古希腊的阿波罗神庙中，刻着为智者们所赞同的一句格言：“认识你自己”。这句话激励着人们不断探索自我、实践自我、超越自我。庄子曰:“知人者智,自知者明。”赖怀敏说,“在生活中没有找到位置的人,多半是因为没有找到自己”。但是,认识自我并非易事,认识自我的过程艰难而曲折,并且贯穿人的一生。

一、自我认知

自我认知是指个人对自己的了解和认识、对自己的情绪和感受的认识与调节,以及自我评价、自我规划的能力等,其中包括认识自己的优点与缺点,认识并调整自己的情绪、意向、动机和欲望,并对自己的行为进行控制和反省。下面围绕个人的性格、兴趣、能力与职业价值等个性特征,介绍一下与其相对应的职业。

(一)我是谁——性格与职业

性格是指一个人在先天素质的基础上,在社会实践活动和不同环境熏陶下,逐渐形成的、对现实较为稳固的心理特征。它一经形成就具有一定的稳定性。职业心理学家的研究表明,不同职业对从业者的性格要求也不同。如果一个人从事的职业与他的个性相适应,工作起来就会得心应手,心情舒畅,容易取得成功;如果性格与职业不相适应,就会阻碍工作的顺利进行,使从业者感到被动,缺乏兴趣,感到倦怠,力不从心,精神紧张。因此,在进行职业选择规划时,要选择与性格相适应的职业。

此外,个人的性格类型究竟是先天还是后天形成的,这在学术界上仍有争议。外向与内向是相对而言的,没有确切的标准。因此,我们不能轻易给自己的性格类型作结论,还应通过咨询和自我测验来确认自己的性格类型。

美国职业心理学家霍兰德(Holland. J. L)根据性格特征与职业选择的类型关系,把性格划分为:现实型(Realistic Type)、研究型(Investigative Type)、艺术型(Artistic Type)、社会型(Social Type)、企业型(Enterprising Type)和常规型(Conventional Type),这六种性格类型分别对应六种职业类型。

近年来,国内一些教育学、心理学研究人员根据我国的实际情况,将职业性格及其适合的职业分为九种基本类型(见表 2-2)。

表 2-2　　性格类型与对应的职业

性格类型	类型特征	适合的职业
变化型	在新的和意外的活动或工作情境中感到愉快，喜欢有变化的和多样化的工作，善于转移注意力	记者、推销员、演员
重复型	适合连续从事同样的工作，按固定的计划或进度办事，喜欢重复的、有规律的、有标准的工种	纺织工、机床工、印刷工、电影放映员
服从型	愿意配合别人或按别人指示办事，而不愿意自己独立做出决策，担负责任	办公室职员、秘书、翻译
独立型	喜欢计划自己的活动和指导别人的活动，或对未来的事情做出决定，在独立负责的工作情境中感到愉快	管理人员、律师、警察
协作型	在与人协同工作时感到愉快，善于引导别人，并想得到同事们的喜欢	社会工作者、咨询人员
劝服型	这类人喜欢设法让别人同意他们的观点，一般通过谈话或写作达到目的。对于别人的反应有较强的判断力，且善于影响他人的态度、观点和判断	辅导人员、行政人员、宣传工作者、作家等
机智型	在紧张和危险的情况下能自我控制、沉着应付，发生意外和差错时不慌不忙，出色地完成任务	驾驶员、飞行员、公安人员、消防员、救生员
自我表现型	喜欢表现自己的爱好和个性，根据自己的感情做出选择，通过自己的工作来表现自己的思想	演员、诗人、音乐家、画家
严谨型	注重工作过程中各个环节、细节的精确性。愿意按一套规划和步骤工作，尽可能做得完美，倾向于严格、努力地工作以看到自己出色完成工作的效果	会计、出纳、统计、校对员、图书档案管理员、打字员

(二)我喜欢做什么——兴趣与职业

兴趣是一个人力求认识、掌握某种事物，并经常参与该种活动的心理倾向。兴趣可分为物质的兴趣、精神的兴趣和社会的兴趣。物质的兴趣表现为对物质的迷恋和追求，与人的需要相关联，例如收藏的兴趣；精神的兴趣主要指对文化、科学、艺术的迷恋和追求，例如写作、绘画、书法、摄影、发明创造等；社会的兴趣主要指对社会工作的组织活动等。

兴趣是一个人积极探索某种事物的认识倾向，是引起和维持注意的一个重要的内部因素。职业兴趣是一个人对自己所从事职业的一种积极态度。职业兴趣的发挥要经历三个阶段：有趣、乐趣、志趣。当乐趣与一个人的社会责任感、理想、奋斗目标结合起来的时候，乐趣就成了志趣。

兴趣是成功的起点，可以开发人的智力和能力，激发人们积极地进行探索和创造，可以增强人的职业适应性，兴趣是工作的原动力。由此可见，兴趣对人生事业的发展至关重要，所以进行职业选择规划时，要考虑选择与兴趣相匹配的职业或岗位。为便于大学生根据自己的兴趣选择合适的职业，这里向同学们介绍加拿大职业分类词典中各种职业兴趣的特点与对应的职业（见表 2-3）。

表 2-3 兴趣类型与相应职业

兴趣类型	类型特点	相应职业
愿与事物打交道	喜欢同事物打交道，不喜欢与人打交道	制图、勘测、工程技术、建筑、机器制造人员，出纳、会计等
愿与人接触	喜欢与人交往，对销售、采访、传递信息一类的活动感兴趣	记者、推销员、服务员、教师、行政管理人员、外交联络员等
愿干有规律的工作	喜欢常规的、有规律的活动，习惯于在预先安排好的程序下工作	邮件分类、图书管理、档案管理、办公室工作、打字、统计人员等
喜欢从事社会福利和助工工作	乐意帮助人，试图改善他人的状况，帮助他人排忧解难	律师、咨询人员、科技推广人员、医生、护士等
愿做领导和组织工作	乐意掌管一些事情，希望受到众人尊敬和获得声望，他们在企事业单位中起着重要作用	各级各类组织领导管理者，如行政人员、企业管理干部、学校领导和辅导员等
喜欢研究人的行为	对人的行为举止和心理状态感兴趣，喜欢谈论人的问题	从事心理学、政治学、人类学、人事管理、思想政治教育等研究工作以及教育、行政管理工作
喜欢从事科学技术事业	对分析的、推理的、测试的活动感兴趣，长于理论分析，喜欢独立地解决问题，也喜欢通过实验得出新发现	从事生物、化学、工程学、物理学、地质学等研究及相关工作
喜欢抽象和创造性工作	对需要想象力和创造力的工作感兴趣，大都喜欢独立地工作，对自己的学识和才能颇为自信。乐于解决抽象的问题，而且急于了解周围的世界	从事科学研究工作和实验室工作，如社会调查、经济分析、各类科学研究、化验、新产品开发等
喜欢操作机器的技术工作	对运用一定技术、操作各种机械、制造新产品或完成其他任务感兴趣。喜欢使用工具，特别是喜欢大型的、马力强的先进机器，喜欢具体的东西	飞行员、驾驶员、机械制造者、建筑人员、石油和煤炭开发人员等
喜欢具体的工作	喜欢很快看到自己的劳动成果，愿从事制作能看得见、摸得着的产品的工作，并从完成的产品中得到满足	室内装饰员、园林师、美容师、理发师、手工制作者、机械维修工、厨师等

(三)我能做什么——能力与职业

能力是指直接影响人们活动效率,使活动任务得以顺利完成的个性心理特征。人在其一生中要从事各种各样的活动,必须具备多种能力与之相适应。人与人之间存在着能力类型差异和水平差异。能力类型差异表现在个体能力发展方向的差异、能力发展早晚的差异上。能力水平差异指能力有四级:能力低下、能力一般、才能、天才。在进行职业选择规划时,要注意考虑两个方面的匹配:一是能力类型和职业相匹配;二是能力水平与职业层次一致或基本一致,这样才能在所从事的职业中有所作为并不断进步。

职业能力可分为九种,即一般学习能力(智力)、语言表达能力、算术能力、空间判断能力、形态知觉能力、事务能力、动作协调能力、颜色分辨能力及手指灵活度。这些能力在一个人的身上表现或强或弱,选择职业时,要选择与之相匹配的职业。职业能力也要与相应的职业层次匹配。一般把职业按照所要求的能力和责任度分为五个层次,即非技能性工作、半技能性工作、技能性工作、高级专业性工作和管理性工作。在根据自己的能力确定工作后,还应该根据自己的能力决定自己从哪个层次上开始工作,以及想要达到的层次目标。

(四)我工作为了什么——职业价值观

价值观是一种内心的尺度,是我们认识和处理事物的一套价值体系,也就是我们在生活和工作中所看重的原则和标准。它凌驾于整个人性之上,支配着人的行为、态度、观察、信念、理解等;支配着人认识世界、明白事物对自己的意义和自我了解、自我设计等。价值观在人们的职业生涯发展中起到极其重要的并且是指导性的作用,甚至超过了兴趣和个性对自己的影响。由于个人的身心条件、年龄、阅历、教育状况、家庭影响、兴趣爱好等方面的不同,人们在职业选择中的目标和要求也是不相同的。

综上所述,性格、兴趣、能力和价值观对一个人的职业决策都有影响,它们在某些方面是互相关联的:兴趣根源于更深的价值观;兴趣与能力也是密切相关的,人们喜欢从事自己擅长的活动,而通过实践,他们可能在喜欢的活动中变得更加熟练。因此,在认识自我的时候,要将性格、兴趣、能力和价值观统一成有机的整体,真正认识自己内在的需求,这样才可以积极掌握自己的命运。

二、职业心理测评

(一)职业心理测评的含义

所谓职业心理测评,就是以现代心理学和行为科学为基础,通过心理测量等技术手段,对人的职业心理素质状况和发展潜力进行客观测量和科学评价。由此可见,职业心理测评由职业心理测量和职业心理评价两部分组成,其中职业心理测量是基础,是决定职业心理测评是否科学的核心环节;职业心理评价是对职业心理测量结果的综合分析、判断和推理。

换句话说,职业心理测量是采用某种被认为能反映人的职业心理素质的标准化尺度,对人的心理行为表现进行划分,以推断其心理特征结构在职业生涯发展上所具有的指向和潜力价值。有了心理测量的结果,职业心理辅导人员就可以据此进行综合分析,诊断出个体在兴趣、价值与生涯规划等方面的特质,协助他们评估自己的长处与短处,并预测其在教育培养、职业技能训练以及未来工作中的表现和发展潜力。

(二)职业心理测评的方法

职业心理测评是心理测量学在职业心理领域的应用,其方法主要来自心理测量学。目前,职业心理测评中除了沿用心理测量学以外,还拓展了笔试法、面试法等,这些方法同学们可以通过查阅专业书籍、测试和训练来掌握,这里不再赘述。

(三)职业心理测评的具体内容与工具

职业心理测评的内容涉及面比较广,但大量的研究发现,认知能力、职业兴趣和人格与个体职业发展的关系比较密切,因此常见的职业心理测评也主要集中在这三个方面。(具体的测评内容可参见“网上心理测验”网站:http://www.psy-test.net)

认知能力测评

认知能力是人们从事任何一种职业所不可或缺的基本能力,或者说是从事不同职业的人之间的共同能力要素。认知能力测评就是对个体顺利完成工作所需要的基本心理能力的测量与评估,常见的测验项目主要有感知觉能力测验、语言与逻辑思维能力测验、心理运动能力测验、机械能力测验、文书能力测验、艺术能力测验、专业能力倾向测验等。这类测验比较常见，较适合于没有实践经验者。

职业兴趣测评

职业兴趣作为心理素质的一部分，它在人的职业活动中起着重要作用，这表现为对人的职业定向和选择、潜能开发、职业适应性和稳定性的增强等方面。因此，职业兴趣的研究与测评也得到了人们的广泛重视。目前，职业兴趣测评中使用范围最广的是霍兰德(Holland)职业兴趣测验。

职业人格测评

职业人格测评是职业心理测评工作的重要方面，也是职业心理咨询不可缺少的手段。职业人格测评的方法有多种，其中自陈问卷调查法应用较为普遍，并已有许多成熟的量表可供选用，这里重点介绍国内外人才市场应用比较广泛的两种，即大五人格测验和卡特尔16种人格因素测验。

大五人格测验　大五人格测验是美国著名心理学家Costa和McCrae在1992年编制的，该测验的中文版由中科院心理研究所著名心理学家张建新教授修订。大五人格模型是目前最主要的人格理论，它从外向性、宜人性、谨慎性、神经质和开放性五个方面描述一个人的人格。

◆ **外向性**的显著标志是个体对外部世界的积极投入。外向者乐于和人相处，充满活力，常常怀有积极的情绪体验。而内向者往往安静、抑制、谨慎，对外部世界不太感兴趣，喜欢独处。内向者的独立和谨慎有时会被错认为不友好或傲慢。

◆ **宜人性**反映了个体在合作与社会和谐性方面的差异。宜人的个体重视和他人的和谐相处，因此他们体贴友好，大方，乐于助人，愿意谦让。不宜人的个体更加关注自己的利益，他们一般不关心他人，有时候怀疑他人的动机。不宜人的个体非常理性，很适合科学、工程、军事等要求客观决策的情境。

◆ **谨慎性**指我们控制、管理和调节自身冲动的方式。冲动并不一定就是坏事，有时候环境要求我们能够快速决策。冲动的个体常被认为是快乐的、有趣的、很好的玩伴。但是冲动的行为常常会给自己带来麻烦，虽然会给个体带来暂时的满足，但却容易产生长期的不良后果，比如攻击他人、吸食毒品等，因此冲动的个体一般不会获得很大的成就。谨慎的人容易避免麻烦，能够获得更大的成功。人们一般认为谨慎的人更加聪明和可靠，但是谨慎的人可能是一个完美主义者或者是一个工作狂。极端谨慎的个体让人觉得单调、乏味、缺少生气。

◆ **神经质**指个体体验消极情绪的倾向。神经质维度得分高的人更容易体验到诸如愤怒、焦虑、抑郁等消极的情绪。他们对外界刺激的反应比一般人强烈，对情绪的调节能力比较差，经常处于一种不良的情绪状态下，并且这些人思维、决策以及有效应对外部压力的能力比较差。相反，神经质维度得分低的人较少烦恼，较少情绪化，比较平静，但这并不表明他们经常会有积极的情绪体验，积极情绪体验的频繁程度是外向性的主要内容。

◆ **开放性**描述一个人的认知风格。开放性得分高的人富有想象力和创造力，好奇，欣赏艺术，对美的事物比较敏感。开放性的人偏爱抽象思维，兴趣广泛；封闭性的人讲求实际，偏爱常规，比较传统和保守。开放性的人适合作家等职业；封闭性的人适合警察、销售、服务性等职业。

卡特尔16种人格因素测验　卡特尔16种人格因素测验，是目前世界上最完善的个性心理测验之一，该测验的设计者为美国著名的心理学家卡特尔。他通过对各种生活情景、行为事件进行观察、测验，并对所得数据采用数理统计的因素分析法，将人的个性抽取出16种基本特征或称16种个性因素：乐群性、聪慧性、稳定性、恃强性、兴奋性、有恒性、敢为性、敏感性、怀疑性、幻想性、世故性、忧患性、实验性、独立性、自律性和紧张性。这16种个性因素在一个人身上的不同组合，就构成了一个人不同于其他人的独特人格，相当完整地反映了一个人个性的全貌。由于其信度、效度高，实施简便，因而得到了广泛的应用，在人才素质测评、人力资源管理、职业生涯设计、心理诊断、教育指导及心理咨询方面均有相当的实用价值。

案例

一个成功的“转身”

于晓丁是辽宁某大学2008届汉语言专业的本科毕业生，出色的外表、落落大方、口齿伶俐的她本来可以有机会到一家外企工作。但是，在择业的那一刻，处于一个十字路口的她，却开始犹豫了，最终放弃了去外企工作的机会。因为父亲建议她从事会计行业，考虑到考取注册会计师后收入会相对高一些、工作更加稳定一些，所以毕业后晓丁按照家长的要求在一家公司做会计。开始工作时，她觉得自己对会计这个职业不是很感兴趣，但做得还可以。工作一年来，工作过程使得她郁郁寡欢，始终没找到一个适合自己职业的方向。工作久了，晓丁就感觉工作很烦、没有成就感，慢慢地对工作的热情也降低了。于是她辞去了会计的工作。晓丁的梦想是成为一名媒体记者，经过一段时间的应聘准备，晓丁如愿以偿地得到了当地一家报社记者的 offer letter。由于晓丁对记者的工作非常感兴趣，经常利用多种渠道熟悉工作内涵，结合自身优势发挥专业特长，很快地适应了工作角色，并成为团队中的核心骨干。

点评

兴趣是一个人积极探索某种事物的认识倾向，是引起和维持注意的一个重要的内部因素。兴趣是成功的起点，可以激发人们积极地探索和创造，可以增强人的职业适应性，是工作的原动力。因此，在职业规划时，应该考虑选择与兴趣相匹配的职业或岗位。否则，就会为自己将来增添苦恼。

资料

帮你正确认识职业测评

如果你真的想借助测评工具达到认识自我的目的，应该选择科学的职业测评工具。科学的职业测评工具必须符合三个条件：效度，测验结果的准确性；信度，测验结果的稳定性；常模，指有代表性的样本在测验上的分数分布情形。科学的职业测评工具是客观化、标准化的问卷，它的科学性、客观性、可比较的功能是其他自我了解的方法不具有的。

职业测评已经得到了越来越广泛的运用，甚至不少杂志、网站、电视上也会出现各式各样的职业测评。但是我们必须清楚，在传媒上看到的职业测评大多数都不是严格意义上的职业测评，只能将它们当做娱乐。在使用测评工具时应明确以下几个问题：

• 职业测评只是了解自我的众多方法中的一种，如果你确信对自我有全面深入的了解，可以不用职业测评。

• 不确定是否要用职业测评时，应寻求专业咨询人员及心理学工作者的帮助，不要任意滥用。

• 选择具有良好的效度、信度和合适的常模的职业测评。如果测评本身不具有良好的效度、信度，或者选择的常模不正确，测评的实施与解释都是浪费时间。

• 如果没有办法判断效度、信度和常模，就选用在世界或国内知名的职业测评。

• 职业测评的实施与解释应寻求专业咨询人员及心理学工作者的协助，尽量避免人为的误差。

• 一次职业测评不要超过三个，过多的话会造成体力与心理的负担。

• 职业测评以个人测评为佳，这样才能针对个人需要。

• 职业测评需要在安静的环境中凭第一印象完成。

• 职业测评结果只是一个参考，测评结果与自己的特质有明显不同时，有必要持怀疑态度。

• 如果是通过专业咨询机构进行职业测评，测评结果是要保密的，任何人无权散布你的隐私。

（选编自百度百科）

第三节　大学生职业生涯规划

大学生涯是职业生涯的准备阶段，大学阶段的职业生涯规划是人生职业生涯规划的基础，对于大学生的健康成长具有重要意义。

一、大学生职业生涯规划的内容

大学生职业生涯规划应该包含职业理想规划、职业选择规划、学习目标规划。

(一)职业理想规划

人生理想最重要的组成部分就是职业理想。职业理想指人们对未来职业表现出一种强烈的追求和向往,是人们对未来职业生活的构想和规划。任何人的职业理想必然会受到社会环境和社会现实的制约。社会发展的需要是职业理想的客观依据,凡是符合社会发展需要和人民利益的职业理想都是高尚的、正确的,并具有现实的可行性。一个人选择什么样的职业,以及为什么选择这种职业,通常都是以其职业理想为出发点。大学生树立职业理想的过程,便是进行职业生涯规划的过程,一旦有了理想职业,就要依据职业理想的目标,去规划自己的学习和实践,并为获得理想职业而去做各种准备。职业生涯规划是根据一定的职业目标而进行的,是为了实现这个目标而做的设想和打算。大学生的职业理想应把个人志向与社会需要有机地结合起来。

(二)职业选择规划

个人的社会价值和人生价值主要体现在职业生涯中,选择了一种职业,就确定了个人的社会角色和人生角色。因此,职业选择至关重要。按照成功心理学的理论,判断一个人是否成功,最主要看他能否最大限度地发挥自己的优势。而最大限度地发挥自己的优势,也正是职业生涯规划成功的重要依据。因此,若想获得职业的成功,首先要学会识别、发现自己天生的才干与优势。成功者的成功事实也向我们证明:在自己的职业生涯规划中,如果能根据自身长处选择职业并尽情发挥自己的优势,就会如鱼得水,事半功倍;如果选择了与自身爱好、兴趣、特长相背离的职业,那么,即使后天再勤奋弥补,也只能是事倍功半。因此,在选择职业的过程中,要充分考虑性格、兴趣、气质、能力与职业的匹配。良好的职业选择是以自己的最佳才能、最优性格、最大兴趣等诸多信息为依据进行的。因此,大学生在进行职业选择规划时,要充分考虑自己的性格、兴趣、能力、气质、价值观以及所学专业。

(三)学习目标规划

大学生想要胜任今后的工作,并通过这份工作实现自己的人生目标,就必须充分了解未来所选择职业的要求,并制订出一个可行的知识和能力储备方案。它包括:未来职业的要求,自身素质状况,未来职业要求与自身素质的差距,需要加强学习和锻炼的项目,学习方式、方法、途径和时间安排。按照大学生的基本素质结构及高校教育的基本模式,大学生应该加强以下几个方面的素质和能力培养:专业知识修养及专业技能提高;职业价值观修养及职业技能训练;情商、意商等的自我完善;潜能开发;思想道德素质教育和培养;创业意识和能力的培养。

二、大学生职业生涯规划的原则

正确的职业生涯规划能使一个人走向成功之路,不正确的职业生涯规划也可能使一个人误入歧途。因此,在学习掌握职业生涯规划的步骤与方法前,应明确职业生涯规划的以下原则:

目标性原则　一定时间内达到具有一定规模的期望值就叫目标。以目标为导向是个体进行职业生涯规划的重要原则,目标促进行动,目标引领未来。制定职业生涯规划,必须要有职业目标作为导向。

全程性原则　全程性原则也称系统性原则,即对职业生涯发展的整个历程作全程考虑,同时将职业生涯规划实施当成一个系统工程,并纳入到个人的发展战略之中。也就是说,应该考虑到自身发展的整个历程,从整体的角度全盘考虑。

阶段性原则　它主要指在进行职业生涯设计时,要充分考虑自身所处的不同阶段,有目的、有步骤、有计划地调整和安排各个阶段的职业生涯规划。职业生涯规划主要划分为短期、中期和长期 3 个阶段。

发展性原则　它主要指在制订和采取职业生涯的具体实施措施时,要充分考虑变化发展性因素,如目标或措施是否能依环境及组织、个体的变化而作调整;调整跨度及范围有多大;目标或措施是否具有弹性或缓冲性。

具体性原则　由于每个个体所处具体的职业发展阶段不同,能力、性格、职业发展愿望等特点因人而异,每个人所处的组织环境也有所差异,因此在进行职业生涯规划时不能照抄其他人的职业发展模式,必须要因人而异,职业生涯规划各阶段的划分与安排,必须具体可行。

现实性原则　设定职业生涯目标以及实现职业生涯目标的途径有多

种，在进行职业生涯规划时，必须要考虑到个体自身的特征、社会环境、组织环境以及其他相关因素，选择切实可行的途径，提高成功几率。

清晰性原则 职业发展目标以及接近与达到目标的措施必须是清晰而明确的，实现目标的步骤也应清晰、明确。

可度量原则 职业生涯规划不但应该规划出总的职业发展目标，还应制定具体的阶段性步骤，要有明确的时间限制和标准，以便在实现职业生涯目标的过程中随时进行阶段性的度量和检查，随时掌握执行情况，为职业生涯总目标的调整提供信息。

三、大学生职业生涯规划的步骤与方法

完整有效的职业生涯规划应包括自我分析、环境因素分析、确立职业生涯目标、实施方案的制订和评估与反馈五个环节。

（一）自我分析

自我分析就是对自我作全面准确的分析，通过各种方式认识自我、了解自我，也就是职业生涯规划要素中的“知己”这个环节。只有认识自我，才能在职业发展中作出最佳抉择。自我分析的内容包括自己的兴趣、特长、性格、能力、学识、技能、智商、情商、思维方式、思维方法、道德水准等，具体的操作方法见前文。

（二）环境因素分析

环境因素对个人职业生涯发展的影响非常巨大，作为社会生活中的个体，只有顺应内外部环境的需要，趋利避害，最大限度发挥个人优势，才能实现个人目标。主要分析社会环境及行业环境。通过分析社会环境了解所在国家或地区的政治、经济、科技、文化、法制建设、政策要求与发展方向，以寻找各种发展机会。对社会环境的分析一般来说包括经济发展水平和发展前景、科学技术的发展、政治体制的影响、社会文化环境和主流价值观的影响等。行业环境直接影响企业的发展状况，进而影响个人的职业生涯发展。行业环境分析包括企业发展的现状和优势、国际和国内重大事件对该行业的影响，以及行业的发展前景预测。通过分析和了解影响职业生涯规划的这些行业因素，选择有发展前途的行业和职业，便于个人目标更好地实现。

在分析职业环境时,要分析仔细、透彻,要认清所选择的职业在社会大环境中的发展状况、技术含量、社会地位、未来趋势,以及当前热门职业有哪些,发展前景如何,社会发展趋势对所选职业有哪些要求,等等,分析后要形成报告材料。

(三)确立职业生涯目标

确立职业生涯目标是未来职业生涯规划的重要组成部分,是个人职业生涯规划的核心,是在完成了自我评估和环境分析之后进行的。在选择职业生涯目标之前,必须先确定自己的职业发展路线。

职业生涯发展路线的选择

所谓职业生涯发展路线,是指职业生涯向专业技术方向发展还是向行政管理方向发展,或者自主创业。不同的发展路线对从业者的素质要求不同,对今后的发展阶梯的影响也不同。在作发展路线抉择时,首先要问自己三个问题:第一,我想往哪一路线发展;第二,我适合哪种路线;第三,我可以走哪条路线。

职业生涯发展路线包括一个个职业阶梯,可以由低阶至高阶步步上升,例如,大学教师的职业生涯发展路线通常是:助教—讲师—副教授—教授。个人的素质不同,志向不同,所适应的路线也不同。

确立职业生涯目标

职业生涯目标包括人生目标、长期目标、中期目标和短期目标,相应的规划时间,即为短期目标 1～2 年,可以分为日目标、周目标、月目标、年目标;中期目标2～5年;长期目标 5～10 年。人生目标是最终理想,是职业生涯的导航灯,是事业成功的基础,人生目标必须经过实现短期目标、中期目标、长期目标而逐级实现。

◆ 树立正确的人生目标

人生目标取决于个人的价值观。树立正确的人生目标,就必须有正确的价值观,并弄清这样几个问题:我的人生目标是什么?为什么设定这个目标?设定这个目标能否实现我的人生价值?

不同的人生阶段会有不同的人生理想,什么理想才是自己最需要的?结合自己的价值观,追随自己的梦想,就能找到自己内心真实的需要。方法是:(1)将自己所有的理想写出来;(2)将理想按照时间排序;(3)将理想按照强度排序;(4)找出持续时间最长、程度最强烈的理想。

◆ **确定适合自身发展的职业目标**

(1)分析自身优劣势

SWOT 分析法最早是美国旧金山的管理学教授在 20 世纪 80 年代初提出来的,是一种强大的分析工具,是检查个人技能、能力、职业喜好、职业机会的有用工具。运用这个方法,有利于人们对个人或组织所处情景进行全面、系统、准确的研究。我们可以利用 SWOT 分析法对自我进行分析,其中,S 代表 strength(优势),W 代表 weakness(劣势),O 代表 opportunity(机会),T 代表 threat(威胁);S、W 是内部因素,O、T 是外部因素(图 2-2),逐一分析后填上自己的分析结果。一般来说,对自身的职业发展问题进行 SWOT 分析时,应遵循 5 个步骤:评估自己的长处和短处、找出自己的职业机会和威胁、提纲式列出今后 3～5 年内的职业目标、提纲式列出一份今后 3～5 年的职业行动计划、寻求专业帮助。

机　会

内部——个人因素

优势 1.　2.　3. 利用优势和机会的组合	机会 1.　2.　3. 改进劣势和机会的组合
劣势 1.　2. 消除劣势和威胁的组合	威胁 1.　2. 监视优势和威胁的组合

外部——环境因素

威　胁

图 2-2　SWOT 分析表

优势分析　你曾经做过什么? 这是指已有的人生经历和体验,如在学校期间担任的职务、曾经参与或组织的实践活动、获得过的奖励等,这些可以从侧面反映出一个人的素质状况。在自我分析时,要善于利用过去的经验推断未来的工作方向和机会。

你学习了什么? 在学校学习期间,你从专业学习中获得了什么;受过什么培训;自学过什么;有什么独到的想法和专长。

最成功的是什么? 你可能做过很多事情,但最成功的是什么? 为何成功? 是偶然还是必然? 通过分析,可以发现自我性格优越的一面,如坚强、果断，以此作为个人深层次挖掘的动力之源和魅力闪光点，也是职业规划的有力支撑。

劣势分析 性格弱点。例如，不善交际、感情用事等。

经验或经历中所欠缺的方面。例如，学管理学专业，却没有当学生干部，至今没有管理经验；学中文或新闻专业，没有到报社或杂志社实习，缺乏实践经验；学市场营销专业，没有营销策划和实践体验等。这些都是经历的欠缺。

机会分析 对社会大环境的认识与分析。当前社会政治、经济、科技、文化发展趋势是否有利于所选职业的发展，具体在哪些方面有利。

对所处环境和以后所选择单位的外部环境分析。目前哪些因素对自己有利；将来所选择的单位在本行业中的地位和发展趋势如何；市场竞争力如何。

人际关系分析。哪些人对自己的职业发展有帮助；作用多大；会持续多久；如何与他们保持联系。

威胁分析 对所处环境和以后所选择单位内部各种危机进行分析，包括行业是否萎缩；单位是否重组或改制；有无空缺职位；竞争该职位需要哪些具体条件；有多少人和自己竞争这个职位；目前哪些因素对自己不利，等等。

(2)确定目标，形成目标方案

经过分析后，确定自己的职业目标，基于此形成目标方案。目标方案基本内容包括个人基本情况：姓名、性别、血型、出生地、出生年月、学历、专业、优势、劣势、机会与威胁等；目标规划：人生目标和阶段目标，以及其他具体目标，如家庭目标、健康目标、收入目标和学习目标等；阶段目标的要求、指导思想和行动方向。

目标的确立是职业生涯规划的核心内容。在自我评估、环境分析的基础上，选择自己的职业方向，确立职业生涯发展目标。例如，一个一年级的大学生，如果准备成为一个出色的心理学专家，他可以为自己确立职业早期、中期、晚期的各阶段目标和总体目标（表 2-4）。大学生在做早期规划时，主要是确立初次择业的职业方向和阶段目标。

表 2-4　　职业生涯规划表

职业生涯目标	时　间
大学心理学本科学习	2006～2010 年
出国攻读相关专业的博士学位	2011～2016 年
进入相关领域工作	2017 年之前
成为全国知名的心理学专家	2025 年之前

(四)实施方案的制订

确定职业生涯目标后，要制订相应的行动方案来实现目标。在制订行动方案时，要考虑这样一些问题：为实现职业目标，需要具备什么素质和条件；达到什么要求；可以通过什么样的途径来达到这些条件；要参加什么培训项目或加强哪方面知识的学习；具体的时间安排；除了知识能力储备，还有没有其他障碍，怎样解决，等等。这些问题的答案找到了，一套行动方案也就了然于胸了。一套完整的行动方案的内容应该包括职业生涯发展路线、教育培训安排、实践计划等方面的措施。

大学阶段处于职业生涯的早期阶段，这一阶段的主要任务是知识能力储备和职业选择规划。因此，这一阶段的规划策略方案应当围绕学习这个主题来进行。个人的具体情况不同，行动方案也因人而异。所以，在制订方案时，要结合自己的实际情况，突出个人行动方案的适时性和个性化特征。行动方案制订后，要严格实施。

(五)评估与反馈

有效的职业生涯规划还要求不断地反省和修正目标及行动方案。人生往往在一片陌生的海域里航行，谁也无法预测下一分钟将会发生什么情况。现实社会中种种不确定因素的存在，会导致我们与原来制定的职业生涯目标有偏差，这就需要及时针对目标和行动方案进行调整，从而保证目标持续下去，并最终实现最高的人生理想。评估与反馈是一个再认识、再发现的过程，也是职业生涯规划中不可或缺的重要环节。

对职业生涯进行评估，可遵循优势和差距两条主线来进行。评估时应抓住要点：第一，对核心目标和主要实施策略进行评估；第二，分离出最新的需求；第三，寻找突破方向；第四，关注最弱点。评估后就可根据评估结果对目标和行动方案进行修订。修订的内容包括职业的重新选择、职业发展路线的调整、阶段目标的修正以及实施措施与行动计划的变更等。

通过评估、反馈与修正,应该达到下列目标:对自己的强项充满自信;对自己的发展机会有一个清楚的了解;找出关键的有待改进之处;为这些有待改进之处制定详细的行为改变计划;保证行动方案持续有效实施。

总之,职业生涯规划是一个持续的、动态的过程,有效的职业生涯规划需要不断地反省、修正职业生涯目标,反省行动方案是否恰当,以便能够适应环境的变化,同时可以作为下一轮规划的参考依据。

四、大学阶段职业生涯规划的特征与任务

个人职业生涯规划应该是在对个人职业生涯主客观条件进行测定、分析、研究、总结的基础上,确定最佳的职业奋斗目标,并为实现这一目标做出的实事求是和行之有效的设计方案与安排。大学生涯是人生职业生涯的基础,大学阶段如何规划直接关系到毕业后的职业发展状况,因此,明确大学各个阶段的主要特征、奋斗目标,进行有效的规划是非常重要的。大学时期是个特殊时期,这个时期可分为试探期(一年级)、定向期(二年级)、冲刺期(三年级)和分化期(四年级)四个阶段,每个阶段的主要特征与规划任务都有所不同。

(一)一年级大学生活的主要特征及规划任务

一年级大学生的主要任务是要尽快融入新的集体,认识自我并彰显个人独特的个性,抓好基础课的学习。这一时期的主要规划任务是:(1)熟悉大学基本情况,充分利用入学教育阶段的各项活动,了解学校的发展历史、学科特色,了解学校的发展状况,以及本专业人才培养的规格与要求。(2)尽快了解和熟悉大学学习生活的特点,努力适应大学学习的方式方法,掌握大学学习的基本规律,为今后打下良好基础。(3)初步了解专业,特别是加深对本专业的培养目标和就业方向的认识,增强学习专业知识的自觉性,并初步了解将来所从事的职业,为将来制定职业目标打下基础。(4)学习认知自我,通过科学认知的方法和手段,如借助职业兴趣测验和性格测验以及周围人对你的评价等,对自己的职业兴趣、气质、性格、能力等进行全面认识,清楚自己的优势与特长、劣势与不足;积极参

加各项活动；利用各种讲座、辅导等机会，加强对自我的认识，把握自己的成才目标，增强使命感和责任感，对自己的职业理想进行初步规划。

（二）二年级大学生活的主要特征与规划任务

大学二年级是大学生基础性课业学习的重要阶段，也是大学生充实自身力量、发展个人兴趣爱好的重要阶段。这一时期的主要规划任务是：

◆ 要将主要的精力和时间用于学业方面，关注本专业的发展前沿、学科动态，养成勤奋刻苦、自立自强的作风。这一时期是报考研究生、继续深造积蓄力量的关键时期。

◆ 要增强法制纪律观念，培养自我管理、自我教育的能力，防止因适应感、自信感带来的松劲情绪和懒散现象滋生与蔓延。

◆ 通过参加学生会或社团等组织，锻炼自己的各种能力，同时检验自己的知识技能。如参与科研工作，提高自己的责任感、主动性和受挫能力；增强英语口语能力，增强计算机应用能力，通过英语和计算机的相关证书考试等。除了掌握扎实的基础知识和精深的专业知识外，还要拓宽专业知识面，掌握或了解与本专业相关、相近的专业知识和技术，并根据个人兴趣与能力修订个人的职业生涯规划。

（三）三年级大学生活的主要特征与规划任务

大学三年级是大学生全面拓展自身素质的重要阶段，也是大学生思想观念日趋成熟、职业理想进一步明确的时期。这一时期的主要规划任务是：

◆ 要通过各种实践环节和课内课外的学习机会，进一步全面、客观地认识和了解社会，正确地认识和了解自己。利用课余时间从事一份与自己的未来职业或本专业相关、相近的工作，加深对本专业学习目标和就业方向的认识。大学三年级是专业知识学习的关键时期，这一阶段要注重理论与实践的结合，特别是要注重对本专业领域新知识、新技术的学习和掌握。

◆ 要积极参加与专业技能相关的各种资格认证考试，对于一些重要的职业资格证书，要根据自己的职业方向努力获取，以增强自己在未来职业选择中的竞争力。

◆ 要进一步明确自己的职业定向，职业目标应更加具体化，并努力在校内外的社会实践和实习中使自身的职业能力得到进一步强化和提高。

(四)四年级大学生活的主要特征与规划任务

大学四年级是大学生由学校走向社会的转折阶段,也是大学生走向社会开始新生活的全面准备时期。这一时期的主要规划任务是:

◆ 完成自己的职业意向定位。要使自己的职业理想建立在现实的基础之上,并通过认真规划、设计和不断修订自己的职业定向,努力缩短理想自我与现实自我的距离,以期达到社会需要、自我需要与现实条件的完美统一。

◆ 认真完成大学最后阶段的学习任务。毕业实习、毕业设计和毕业论文等课业任务,是大学所学知识的综合运用,是对大学生专业知识和专业技能掌握情况的综合检验,也是大学生提高自身专业素养、完成大学学业的关键一环。

◆ 做好求职择业的各项准备,在"双向选择"中实现成功就业。要积极参加各种招聘活动,进行自我包装和推荐,广泛搜集需求信息,主动出击,主动择业、就业。

◆ 抓紧大学阶段的最后时光,为即将开始的职业生涯有针对性地进行"充电"。在职业岗位确定后,要抓紧时间对职位要求的能力素质进行准备,对自己的不足进一步完善和充实,以便能够更快地适应岗位要求。

资料

SWOT 分析及规划方案

1. 背景资料

姓名:张晓楠;性别:男;血型:O 型;出生地:辽宁省抚顺市;出生年月:1991 年 6 月;学历:大学本科一年级;专业:传播学;职务:宣传委员。

2. 内部环境分析

S:优势

开朗乐观、志向高远、生活态度积极、乐于发现事物的积极面,诚实稳重、为人正直、待人诚恳、强烈的责任心,思考问题细致、缜密,学习认真踏实、喜欢思考问题,有一定的分析能力。

W:劣势

社会经验不足、知识范围过窄,语言表达能力不强,不善于公众场合演讲,思维比较程式化,不够灵活和变通,性情柔弱,有时候想问题、做事情过于瞻前顾后、优柔寡断,以致坐失良机 。

3. 外部环境分析

O:机遇

当今社会是一个信息爆炸的时代,媒体在社会中的作用更显重要。传播学是国内新兴学科,涉及面广,理论性和实践操作性兼备,发展空间很大;既有影视媒体又有网络媒体,紧跟现代传播技术的发展,从信息角度把握传播的发展趋势,既有深度又有广度,社会对这方面人才需求量大,专业发展前景光明。

T:威胁

目前我国就业形势严峻,各用人单位对人才素质提出了更高的要求,不仅看重学历,对工作经验也提出了更高的要求。

4. 未来规划

运用 SWOT 法进行个人分析以后,使我对自身有了比较清醒的认识,进一步明确了未来发展的方向。计划在四年学习期间,认真学习传播学专业知识和广告学知识,不断提高英语水平和计算机能力,拓展知识面以培养宽阔的视野和创新能力,同时利用课余时间参加社会实践,以积累工作经验。

大一:尽快适应大学的学习和生活,通过与老师、学长们的交流,了解本专业的基本情况,询问本专业的就业情况;参加学校活动,提高人际沟通能力,增加交流技巧;参考相关职业测评对自身情况能够客观认识。

大二:不断拓宽专业知识层面,增强文学功底,提高写作能力;强化外语学习、应用能力;加强计算机学习应用能力。通过参加学生会或社团等组织,锻炼自己的组织和表达等各方面能力;组织并参加社会实践活动;提高自己的责任感、主动性和受挫能力。

大三:应聘学院教师科研助手岗位,进一步了解专业领域的发展动态以及专业前沿知识,撰写专业学术文章,提高专业素质修养。同时考取相应的专业资质证书。掌握简历、求职信的写法及其技巧，提高求职技能；搜集“目标”单位招聘信息。参加和专业有关的暑期实习，提高实际的动手能力，为大四真枪实弹找工作做好“功课”。

大四：积极参加校内外的各类招聘活动，在实践中检验自己的积累成果；积极利用学校提供的资源，强化求职技巧、进行模拟面试等训练。如果能够顺利地拿到理想的 offer letter，针对应聘的岗位进行有针对性的“再学习”，调整心态，做好由学生向社会人的转化，对下一个短期目标做好规划。

大学是人生的关键阶段。在这个时期内，要不断地完善自我，提升自我。在生活中，梦想和现实往往就是一线之差，而行动就是弥补这一差距的纽带。相信在自己的不断努力下，一定会收获很多！

● ● ● ● ● ●

资料

职业生涯自我规划“五步法”

这里为同学们介绍一种作好职业规划的“五步法”——五个问题归零思考，从问自己是谁开始，然后一路问下去，这五个问题是：

1. What are you ?（我是谁?）

2. What you want?（我想做什么?）

3. What can you do ?（我会做什么?）

4. What can support you ?（环境支持或允许我做什么?）

5. What you can be in the end ?（我的职业与生活规划是什么?）

回答了这五个问题，找到它们的最高共同点，你就有了自己的职业生涯规划。如果你有兴趣，现在就可以试试：

先取出五张白纸、一支铅笔、一块橡皮；在每张纸的最上边分别写上以上五个问题；然后，静下心来，排除干扰，按照顺序，独立地仔细思考每一个问题。

对于第一个问题“我是谁”，回答的要点是：面对自己，真实地写出每一个想到的答案；写完了再想想有无遗漏，认为确实没有了，按重要性进行排序。

对于第二个问题“我想做什么”，可将思绪回溯到孩童时代，从人生初次萌生第一个想干什么的念头开始，然后随年龄的增长，回忆自己真心向往过想干的事，并一一地记录下来：写完后再想想有无遗漏，确实没有了，认真进行排序。

对于第三个问题“我会做什么”，则把确实证明的能力和自认为还可以开发出来的潜能都一一列出来，认为没有遗漏了，认真进行排序。

第四个问题“环境支持或允许我做什么”的回答则要稍做分析：环境，有本单位、本市、本省、本国和其他国家，从小到大，只要认为自己有可能借助的环境，都应列在考虑范畴之内；在这些环境中，认真想想自己可能获得什么支持和允许，弄明白后一一写下来，再以重要性排列一下。

如果能够成功回答第五个问题“我的职业与生活规划是什么”，你就有了最后答案了。做法是：把前四张纸和第五张纸一字排开，然后认真比较第一至第四张纸上的答案，将内容相同或相近的答案用一条横线连起来，你会得到几条连线，而不与其他连线相交的又处于最上面的线，就是你最应该去做的事情，你的职业生涯就应该以此为方向，并在此方向上以三年为单位，提出近期、中期与远期的目标；再在近期的目标中提出今年的目标；将今年的目标分解为每季度目标、每月目标、每周目标、每天目标。这样，你每天睡前就可以对照自己的目标进行反省，总结当日的成就与失误、经验与教训，修正明天的目标与方法，第二天醒过来后稍加温习就可以行动了！这样日积月累，没有不能实现的规划。

（资料来源：中华网教育频道）

学习与思考

1.职业生涯的概念、意义及其影响因素是什么?

2.认识自我都包括哪些内容?

3.大学生职业生涯规划的原则和步骤是什么?

4.如何进行自我评估?

5.根据所学的知识,为自己设计一份职业生涯规划方案。

第三章

就业形势与就业政策

本章提要 就业是整个社会大系统的一部分，受到多种因素的影响和制约，其中最关键的是经济运行状况，它一方面决定着社会有效需求岗位，一方面影响着大学生的意识形态和核心价值观，因此，了解形势，才能在就业中有的放矢。本章介绍了金融危机对我国经济和就业的影响，分析了当前我国就业的基本形势和辽宁省高校毕业生的就业形势，尤其分析了本科毕业生的就业状况，最后介绍了大学生就业的政策和特点。

第一节 金融危机对中国经济和就业的影响

国际金融危机给中国经济和就业带来了巨大的负面影响。2008 年 10 月以来，外贸出口增长大幅度滑落，外商直接投资（FDI）流入出现负增长。外需萎缩不仅造成了经济增速放缓，而且促使就业形势发生扭转，并给 2009 年的就业形势增添了巨大压力。

一、金融危机对中国经济的影响

金融危机对中国经济的冲击，主要表现为外需萎缩或锐减，并透过贸易、投资和服务等领域，减缓经济增长速度。

（一）收入效应

中国外贸出口增长大幅度滑落主要来自收入需求效应。随着金融危机向全球蔓延，美国、欧盟和日本等发达国家相继出现了经济增长衰退、失业上升、居民家庭收入下降、消费减少和储蓄增加等现象。伴随着失业上升和收入下降，发达国家的进口收入需求效应显现出来，对中国出口企业的订单减少、推迟或取消。据中国海关数据显示，2008 年 11 月份，我国出口额较上年同期下降 2.2%，出现了自 2001 年 6 月份以来首次同比负增长；进口额较上年同期大幅下降 17.9%。到 12 月份，进出口增长进一步下滑，出口额较上年同期下降2.8%，进口额较上年同期下降21.3%。美国、欧盟和日本出现的经济衰退，将进一步降低发达国家的进口需求，加重对中国经济增长的负面影响。

(二)价格效应

人民币升值会产生出口产品的价格效应，这种价格效应不容忽视。从 2005 年 7 月到金融危机爆发之前，人民币升值 21.2%。在最初的两年时间里，人民币升值步伐比较缓慢，为 10.9%。然而，从 2007 年 9 月以来，人民币升值速度加快，在一年时间里上升了 10.3%。与此同时，劳动密集型产品的出口受到了很大冲击。以服装衣着类纺织品为例，从 2005 年 7 月到 2008 年 1 月，出口同比增长速度基本保持在 22.0%以上，但此后一路下降，2008 年第四季度的同比增长率平均只有 2%左右。

(三)投资效应

外商直接投资和出口下降诱发的投资减少，也减弱了投资拉动就业效应。中国是全球吸收外商直接投资最大的发展中国家。金融危机爆发之后，一些跨国企业或投资者由于受到资本市场筹资和融资的约束，无法筹措资金对新兴市场进行投资。而且，中国制造业成本上升和利润率较大幅度下降的情况，也减少了投资盈利预期，从而减弱了对中国的投资意愿。在外部订单减少和人民币升值效应影响下，不少出口导向的外商企业或国内企业面临着亏损和倒闭的威胁，在资金链条出现断裂的情况下，不得不削减生产或倒闭，从而造成了就业问题。据商务部统计，2008 年全国新批设立外商投资企业 27514 家，较上年同比下降 27.4%；实际使用外资金额 923.95 亿美元，较上年同比增长 23.58%。但 2008 年 11 月份实际使用外资金额较上年同比下降 36.5%；12 月份实际使用外资金额较上年同比下降 5.73%。外商投资拉动就业的效应明显减弱。出口滑落还带来了出口企业和制造业的开工不足，诱发投资进一步下降，加大了对经济增长和就业的负面影响。

(四)间接效应

金融危机还对服务业贸易带来一定的影响。随着全球经济和贸易增长放缓，为货物贸易提供服务如外贸服务部门、国际金融和国际结算等服务业也遭受影响。同时，在经济收入减少的情况下，国际旅游业不可避免地受到影响，国外游客数量减少和跨国公司节约旅行开支，都对服务业贸易和本地经济产生一定程度的影响，从而对就业和收入产生影响。

二、金融危机对中国就业的影响

加入 WTO 以来，中国经济处于新一轮高速增长周期。城镇就业形势由过去的就业市场紧张，变为相对宽松，出现了“民工荒”等普通劳动力短缺现象。正当人们讨论这种积极变化时，国际金融危机又对中国经济产生了巨大冲击，使得就业形势发生逆转，在 2008 年年底导致大批农民工失去就业岗位，提前返乡。

农民工提前返乡数量约 1000 万人

在这场金融危机中，农民工遭受的冲击程度最大。在制造业、出口企业和外资企业中，农民工的就业比例非常高。2006 年农业普查表明，农村出乡务工的劳动力有 1.32 亿人。其中，有 56.7%在第二产业就业。在这些外出务工人员中，有 1/3 集中在东部地区。农民工相对年轻，初中受教育程度占 70%以上。相对来讲，他(她)们的劳动技能较低，因而在企业减员或裁员过程中最容易遭受冲击。来自国家统计局的资料显示，截至 2008 年 12 月份，提前返乡农民工数量约占外出农民工数量 10%以上，大约有 1000 多万人。

沿海比内地受冲击程度严重，但沿海地区内部也有很大差别

沿海地区对外开放程度高，遭受金融危机冲击程度最大。我国沿海地区的经济总量占全国经济比重的 60%左右，出口比重在 90%以上。以广东省为例，它的经济总量占全国 1/10 以上，出口占全国的 1/3。由于来料加工比例高，出口企业的利润薄，制造业特别是中小企业最容易受到外部环境的冲击。大批农民工提前返乡现象也最早发生在珠江三角洲地区。

制造业、外商投资企业和中小企业受冲击程度最大

中国外贸出口中工业制品比例占95%以上,由于来料加工比例高,进口产品中绝大部分是为了加工后出口,这样,制造业最容易受到冲击。制造业是中国吸纳就业最多的非农产业部门。在出口下降的情况下,制造业就业面临着就业需求下降的压力。由于超过一半的外商直接投资流向制造业部门,而在城镇外商投资部门的就业人数为1583万人,加上乡镇企业中外商投资部门就业人数859万人,共计2442万人。在外资流入减少和出口下降的影响下,外资企业的就业需求下降。

受金融危机冲击的既有大型制造企业,也有中小型企业。其中,以中小型企业为主。2008年1~9月份,广东省倒闭的1.5万户中小型企业,主要分布在服装、纺织、电子元件、塑料制品等加工制造业和劳动密集型企业。

就业岗位不足对城镇就业产生挤压效应

宏观经济增长下行,拉动就业能力减弱和就业岗位减少,将对城镇新增就业产生挤压。2007年是中国经济周期性变化的波峰,2008年上半年,经济增长处于下行态势。中国经济周期性变化为5年左右,因而今后2~3年内的经济减速将对城镇总体就业产生较大的影响。

制造业部门投资下降,不仅带来制造业的就业需求减少,而且也会对服务业的就业需求产生影响,结果对城镇新增就业人口,如大学毕业生就业产生挤压,从而加大了城市就业市场新增劳动力供给的压力。

三、正确认识当前就业形势

正确认识当前就业形势,对于毕业生科学择业非常重要。什么是就业结构性矛盾?什么是大众化就业?这些问题大学生应有一个清楚的认识和全面的了解。

(一)就业结构性矛盾问题

所谓结构性矛盾是指劳动力供给与需求不相匹配的矛盾。这主要表现在:一方面,一些传统的产业和行业富余人员过多,就业岗位不足;另一方面,一些新兴产业、行业对劳动力的需求不断增加,但未就业人员中大部分人由于技能、素质或行业观念的原因,又难以满足这些新的领域对劳动力的需求,因而使这些产业和行业的发展受到了一定的制约。

当前,结构性矛盾主要表现在以下几个方面:

第一,无技能和低技能的劳动力严重过剩,中高技能的劳动力明显不足。据统计,在全国7000万产业工人中,初级工占60%,中级工占35%,而高级工和高级管理人员、高级工程技术人员则明显不足。大量失业和待业的人员中,主要是低技能和无技能者。

第二,东部地区、大城市和部分中心城市就业压力相对较小,而广大中西部地区、中小城市的就业压力大。由于经济发展水平的限制,这些地区和城市的劳动力在本地选择就业的机会较少,加上传统意识的局限和家庭拖累等,又不愿外出寻找就业机会,逐年积累,压力越来越大。

第三,传统产业和国有企业就业的容量逐年减少,下岗职工增多,而这些下岗职工或者由于年龄偏大,或者由于职业技能较低,转岗困难,难以在新兴产业寻找就业岗位。同时,非公有制经济在某些地区发展缓慢,影响了其吸收劳动力就业的能力。

(二)青年就业问题

世界青年就业问题

世界银行公布的2007年世界发展报告《发展与下一代》提出,现在中国大学生普遍关心的就业难早已是全球性问题。国际劳工组织《2004年世界就业趋势》的报告表明,全球15岁至24岁的青年人占15岁至64岁劳动力人口的25%,而他们的失业人数却占全球1.86亿失业总人数的47%。其中在亚太地区,青年人失业人数比成年人失业人数高出4倍。这表明,青年人较成年人更难进入劳动力市场,其就业问题更加突出。此外,许多青年人由于从事非自愿性的非全日制工作、临时(短期)工作或生产率不足的工作而处于就业不足状态。对于已经就业的青年劳动者而言,由于缺乏相应的培训和就业经历,通常只能在非正规经济中工作。这些青年劳动者无法得到理想的工作,工作条件恶劣,工资低,劳动时间长,并且不享有社会保险等权利。

我国青年就业问题

据国家统计局的统计数据显示,我国16岁至35岁的青年人口为3.8

亿人,占总人口的30%。每年有1900万这一年龄段的青年需要就业,其中1140万(60%)在农村,760万(40%)在城镇,而在农村的一部分也在向城镇流动。根据测算,我国每年大约可以提供800万左右的就业岗位,缺口严重。因此,通过创新、创业增加新的工作岗位,是解决我国严峻就业形势的重要措施

(三)"大众化"教育与"大众化"就业

美国著名的教育社会学家马丁·特罗(Martin Trow,1926—),提出了以高等教育毛入学率为指标将高等教育发展历史分为"精英、大众和普及"三个阶段的基本观点。他认为:高等教育毛入学率在15%以下时,是精英教育阶段;在15%~50%之间时,是大众化教育阶段;当超过50%时,高等教育即迈向普及化阶段。1999年,我国高等教育毛入学率为10.5%,2003年就已达到17%,短短几年,就从精英教育阶段进入到大众化教育阶段,而2008年毛入学率已达到了23.3%。教育大众化要求我国普通高校进行大规模扩招,而扩招的直接结果之一就是高校毕业生人数快速增加。数据显示,2002年我国大学毕业生人数为145万人,2010年大学毕业生总数则达到631万人,大学毕业生成为就业的主要群体。

高等教育大众化的意义

满足适龄青年接受高等教育的愿望 高等教育大众化就是让更多的适龄青年通过考试选拔,进入大学,接受高等学校的教育,让更多人圆了大学梦,满足了家长的殷切希望,满足了人民大众接受高等教育的需要,促进人与人之间教育机会的平等,维护教育公平。

提高劳动者的整体素质,为经济建设培养人才 事实上,即使高校毕业生不进入大学,不接受高等教育也要就业,这时候的就业一般都是低层次的就业。高校进行扩招,可以造就更多的高素质人才,提高他们就业和创业能力,而且有利于增加就业机会,否则素质偏低,就业会更加困难。而大学毕业生是接受了高等教育培养的高素质人才,他们走上工作岗位,必将提高我国劳动者的整体素质,更好地为经济建设服务。

扩大内需,拉动经济增长 教育投资作为生产性投资,在促进国家经济的发展和国民生产总值的增长方面显现出重要作用,同时其作为人力资本投资,在社会效益和个人收益方面的作用也凸现出来。高校扩招有

助于拉动教育内需，使人们手中大量的教育储蓄投入到经济活动中去，以此带动教育消费，从而促进经济增长。

高校扩招的几年来，高等教育规模迅速扩大，不仅促使我国高等教育从精英模式向大众模式转变，推动了高等教育教学改革，也为我国经济发展作出了重要贡献。

高校毕业生就业大众化

与高等教育大众化相对应，大学生就业呈现大众化趋势，其特征主要有以下几个方面：

大学毕业生的身份由“天之骄子”转向“普通老百姓” 在大众化教育阶段，接受高等教育被认为是具有一定资格者的一种权利。大众化教育阶段与精英教育阶段相比，更多的适龄青年有机会进入大学，大学生由“天之骄子”变为“普通老百姓”。面对新的就业形势，要求大学生改变狭义的就业观，树立广义的就业观，即只要有一份工作，有一份相对稳定的收入，不管是国有单位，还是非国有单位，甚至从事个体工作，都是就业，只要是通过劳动取得合法收入即为就业。在工作种类上，大学生不仅可以从事一份工作，也可以同时兼任几份工作；在工作收入上，既可以从事有较高收入的工作，也可以从事一般收入的工作；在工作地点上，既可以是城镇，也可以是农村；在工作稳定性上，既可以从事稳定的长期工作，也可以从事不太稳定的短期工作。

大学毕业生的就业市场由“卖方”走向“买方” 精英教育阶段，大学毕业生供给小于社会需求；大众化教育阶段，大学毕业生供给大于社会需求，主要在社会“大众化”岗位上就业。大学毕业生内部、校际之间也展开竞争，高校抢占市场份额，抢占生存发展的空间；大学毕业生抢占就业机会。于是大学毕业生就业理所当然地成为高等教育关注的焦点。

大学毕业生的就业结构由以第二产业为主导走向以第三产业为主导 从世界经济发展史看，随着社会的发展和科学技术水平的提高，第三产业的从业人员迅速增加。发达国家第三产业从业人员比重一般达到60%至75%，我国2001年仅为27.7%。可以预计，随着我国“全面建设小康社会”的推进及城镇化的演进，第三产业从业人员必将大幅度增加，将会从现在所占比例不到30%，上升到50%左右。现代化的第三产业是以知识和高科技为支撑的，如金融保险、法律、审计、财会、投资、心理、职业、出国留学等方面的咨询服务业，各类经纪人和中介机构，文化教育业等服务业。由此可见，我国第三产业的发展空间非常大，发展前景非常看好。第三产业的健康发展，将会吸纳大批具备较高文化素质及专业水平的人员。大学毕业生大量进入第三产业领域就业，是高等教育大众化时代大学毕业生就业的一个显著特征，大学毕业生的就业结构也将由以第二产业为主导走向以第三产业为主导。

大学毕业生的就业形式由单一性走向多样性 高等教育步入大众化发展阶段，已不仅仅是数量的变化，高等教育的社会需求、培养目标、培养模式等都将发生一系列质的改变，它要求高等教育培养数以亿计的高素质劳动者、数以千万计的专门人才和一大批拔尖创新人才。培养目标的多样化要求必然导致毕业生就业取向、就业形式的多样化。大学毕业生就业是社会就业的一个重要组成部分，社会有多少种就业形式，高校毕业生就可能有多少种就业形式。从工作时间来分，有全日制、半日制、计时等；从就业地点来看，有大城市、中小城市、边远贫困地区；从就业单位属性来看，有三资企业、科研院所、高等院校、国有大中型企业等；从就业途径来看，有招聘会、学校推荐、网上求职等；从岗位来源看，可分为就业、创业；从实现方式看，可分为一次性就业、准备就业、暂时待业等。从就业管理性质看，可分为显性就业、隐性就业（又称非正规就业，如钟点工、临时工、季节工、自由职业者、网站管理员、自由撰稿人等）。就业形式由单一性向多样性转变，必然带来就业观念的转变。

资料

遭遇就业压力，我们不能成为懦夫

因为就业压力，失落、彷徨开始弥漫校园，上课打瞌睡再正常不过，不少人在电脑前一坐就是一天；男生疯狂喝酒，女生疯狂逛街；到大三就看不到几张笑脸。有时我想，这是懦夫的表现，是逃避！

而有时，我也迷惑：社会究竟要我们做什么？

作为产业链低端的发展中国家，社会说：我们要一批懂得研发、懂得营销、懂得扩张产业链的白领；但作为所谓的“制造业大国”，现实说：我们要动手能力强的技术工人。处于精神文化转型中，社会说：我们要寻找一种社会普遍认可的精神价值；但由于贫富差距拉大而精神追求落后，现实说：我们只需要一批会赚钱的人。

社会需要得太多了，社会的需要与现实之间有太多矛盾，我们想知道什么是主流价值观，什么是人们心底深处真正认可的东西。也许有人说得对，当今中国社会唯一得到全民认可的价值就是金钱，唯一认可的价值观就是赚钱。

在这种氛围下，理想主义是难以生存的，起码地位很尴尬。理想的这种尴尬也让大学生进退两难：学术的理想、道德的理想、精神的理想在现实的风吹日晒中成长得虚伪、懦弱，而彻底的现实主义会使生活陷入枯燥、乏味、单调。其实，上行或下行，只要坚定一些、果断一些，都能走出一条宽广的道路，然而社会的混沌却给了我们这一段广阔的中间地带。我们便在这犹豫、彷徨中感受青春的蹉跎。

然而，我们就不面对了吗？

我们找不到工作，父母急了，专家急了，人民代表急了，政府急了。仍然是这样的模式——当我们的生活出现问题时，最先着急的和最着急的都不是我们自己，而是我们身边的人。

大学的教育早已不是精英教育了，任何一个社会都容不下如此庞大的精英群体。所以，在社会学课上，我向老师提出：“老师应该教会我们如何在社会中生存下来。”

我们和我们眼中的人们一样很普通，我们中的大部分将会做与上一代人同样的事情。而不同的是，我们可以把事情做得更好。也许我们会当工人，那就让科技在每个零件、每件产品上有更多闪光的地方；也许我们会做商人，那就让金钱有更多的机会为精神、为爱、为信任服务；我们中也会有一些人去当作家，改造人们的精神世界；会有一些人进入政界，改善我们的政治制度。我们都在改变，为了社会能真正向前迈一步。

只要我们的精神不妥协，理想的意义就是崇高的，人的尊严就是可贵的，真善美的追求就不是奢侈的空谈。进入社会后，我们的精神阵地定会面对多面来袭，我们要反抗利诱、反抗冷漠、反抗麻木，甚至反抗我们自身的黑暗，然而这才是我们存在的意义，如鲁迅所说：肩起闸门，放后人到更光明的地方去。

（节选自《中国青年报》）

第二节　高校毕业生就业形势分析

当前，国际金融危机对我国经济造成的困难日趋显现，2009 年，全国普通高校毕业生规模达 611 万人，比 2008 年增加 52 万人，增幅为 9.3%，2010 年达到 631 万人，就业形势面临严峻挑战。为此，在刺激经济增长方面，国家出台了四万亿投资计划，并出台了一系列产业振兴计划，扩大内需，刺激消费，拉动经济增长，使我国经济运行呈回暖态势，社会需求岗位明显增加。同时在就业方面，国家出台了一系列促进就业的政策措施，就业形势已逐步好转。

一、当前我国就业形势总体特征分析

劳动力的总体供给依然大于需求，但需求同比下降 5.5%

中国就业市场信息网监测中心提供的 93 个城市就业市场职业供求状况信息表明：2008 年前三季度，用人单位招聘各类人员约 474 万人，进入就业市场的求职者约 490 万人，求人倍率（市场需求人数与求职人数之比）约为 0.97。与 2007 年同期相比，前三季度就业市场中的用人需求、求职人数均有所下降，分别减少 24.6 万人和 11.6 万人，各下降 5%和2.3%。

按区域划分，与 2007 年同期相比，东部城市就业市场中的需求人数和求职人数分别减少 33.1 万人和 20.9 万人，各下降 11.3%和 7.3%；中部地区城市就业市场中略有增长，分别增加了 2.7 万人和 4.9 万人，各增长 3%和 5%；西部地区分别增加了 5.8 万人和 4.4 万人，各增长 9%和 6.1%。

在东部地区城市就业市场中，长江三角洲地区 2008 年需求人数和求职人数分别比上年同期减少了 41 万人和 30 万人，各下降 25.2%和17.9%；环渤海地区分别比上年同期减少 3.8 万人和 9.1 万人，各下降4.6%和11.2%；闽

东南地区分别比上年同期增加 12.1 万人和 18.5 万人，各增长 32.7%和 65.3%；珠江三角洲地区分别比上年同期增长 2.9%和下降 3.2%。

以第二、三产业为主体的就业需求结构相对稳定

第一、二、三产业需求人数所占比重依次为 2.8%、38%和 59.2%。从总量结构看，第三产业的用人需求依然占主体地位。2008 年与 2007 年同期相比，第二产业的用人需求比重上升 1.7 个百分点，第三产业下降 1.8 个百分点（见图 3-1）。

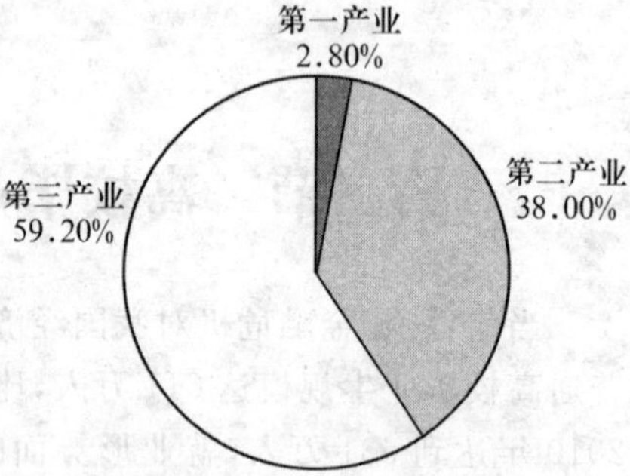

图 3-1　按产业分组的需求人数

从行业需求看，79.5%的企业用人需求集中在制造、批发和零售、住宿和餐饮、居民服务和其他服务、租赁和商务服务、建筑业，以上各行业的用人需求比重分别为 31%、15.9%、12.8%、8.3%、7%和4.5%。其中，制造业和建筑业的用人需求分别占第二产业全部用人需求的 81.5%和 11.8%，二者合计为 93.3%；批发和零售业、住宿和餐饮业、居民服务和其他服务业、租赁和商务服务业的用人需求分别占第三产业全部用人需求的 26.8%、21.6%、14.1%和 11.9%，四项合计为 74.4%（见图 3-2）。

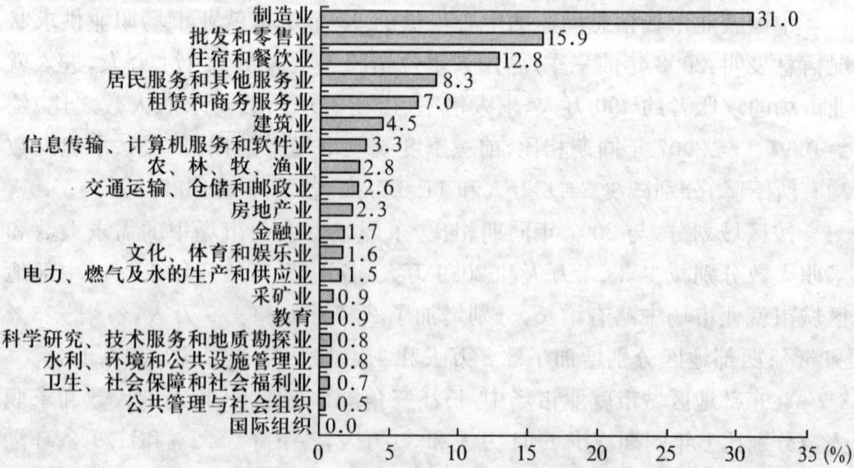

图 3-2　按行业分组的需求人数

从用人单位看，企业用人需求占主体地位

企业用人需求所占比重达 97%；机关、事业单位用人需求比重仅占 0.6%；其他单位用人需求比重为 2.4%。在企业用人需求中，内资企业占 72.7%，其中以私营企业、有限责任公司和股份有限公司需求量较大，所占比重分别为 26.6%、19.5%和 11%；国有、集体企业用人需求比重仅为 5.6%；港、澳、台商投资企业用人需求比重为 8.4%；外资企业用人需求比重为 9.6%；个体经营用人需求比重为 9.3%。

从各类职业的需求状况看，生产运输设备操作工、商业和服务业人员是用人需求的主体

生产运输设备操作工、商业和服务业人员用人需求所占比重分别为 33.1%和 32.8%，二者合计为 65.9%。此外，专业技术人员、办事人员和有关人员的用人需求比重也比较大，所占比重分别为 12.8%和 11.1%。2008 年与上年同期相比，商业和服务业人员的需求下降 2.3 个百分点；生产运输设备操作工的需求比 2007 年同期上升 0.6 个百分点（见图 3-3）。

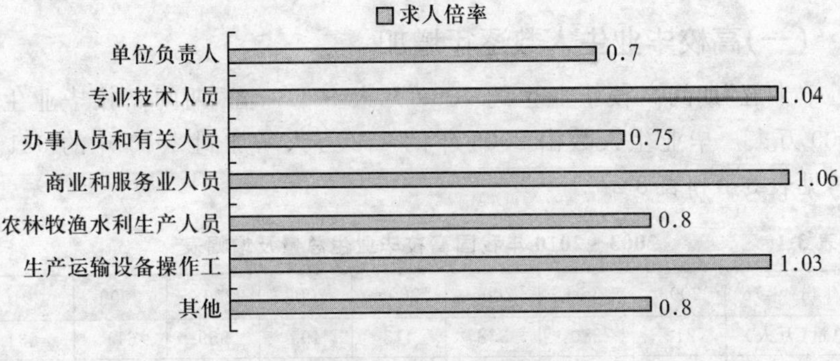

图 3-3 按职业类别分组的供求人数对比

在所有求职人员中，失业人员所占比重为 48.5%

在所有求职人员中，新成长失业青年占 21.6%（在新成长失业青年中应届高校毕业生占 41.7%），就业转失业人员占 15%，其他失业人员占 11.9%；外来务工人员的比重为 37.5%，外来务工人员由本市农村人员和外埠人员组成，其所占比重分别为 14.1%和 23.4%。

就业市场的结构特征明显

性别结构 男性求职人数多,但女性的求人倍率略高于男性。从求职者的性别结构看,男性的求职人数多于女性,所占比重分别为54.8%和45.2%;从供求状况对比看,男性的求人倍率为0.93,女性的求人倍率为1.01。

年龄结构 16～24岁、25～34岁、35～44岁、45岁及以上各年龄组的求人倍率分别为0.91、1.05、0.95和0.93。

教育程度 初中及以下文化程度、高中、大专、本科、硕士以上各文化程度的求人倍率分别为1、1.01、0.87、0.87和1.07。

技术等级 各技术等级的求人倍率均大于1,劳动力需求大于供给。其中高级技师、技师和高级工程师的求人倍率较大,分别为4.05、2.02、1.86。用人单位对技术等级有明确要求的占总用人需求的54.2%,主要集中在初级技能人员、中级技能人员和技术员、工程师,其所占比重合计为45.5%。

二、高校毕业生就业的基本形势

(一)高校毕业生人数逐年增加

"十五"期间高校毕业生约1090万人,"十一五"期间高校毕业生约2500万人。毕业生人数由2003年的212万人增加到2010年的631万人,见表3-1和表3-2。

表3-1　2003～2010年我国高校毕业生总量及增幅表

年份(年)	2003	2004	2005	2006	2007	2008	2009	2010
总量(万人)	212	280	338	413	495	559	611	631
增量(万人)	67	68	58	75	82	64	52	20
增幅(%)	46.2	32.1	21.4	22.2	19.9	12.9	9.3	3.27

表3-2　2003～2010年辽宁省普通高校毕业生人数增幅表

年份(年)	2003	2004	2005	2006	2007	2008	2009	2010
总量(人)	104449	123500	156682	170778	186885	222977	224294	245266
增量(人)	27795	19051	33182	14096	16107	36092	1317	20972
增幅(%)	36.26	18.24	26.87	9.00	9.43	19.31	0.59	9.35

(二)高校毕业生初次就业率维持在70%以上,但呈下降趋势

教育部公布的近几年高校毕业生初次就业率数据为:2003 年 70%、2004 年 73%、2005 年 72.6%、2006 年 71.8%、2007 年 71%、2008 年 73.8%,2009 年 74%。截至 2010 年 7 月 1 日,2010 年全国普通高校毕业生就业率为 72.2%,实现就业人数 455.6 万人,预计到 9 月 1 日将达到去年同期水平。我省的就业状况在省委、省政府的高度重视和努力下,就业率始终高于全国平均水平,就业状况略好。

(三)高校待就业毕业生人数逐年增加

虽然高校毕业生就业率基本保持稳定,但由于毕业生总量基数巨大,且增加迅速,导致高校待就业毕业生人数逐年增加,给毕业生就业工作带来较大的压力。

(四)高校毕业生就业地域结构性问题

地域结构性差异突出反映在到西部、到基层就业的人数还十分有限,根源在于区域间经济和社会发展差距、人事制度、分配制度等方面的影响。从区域结构看,尽管近年来采取了很多措施,东部地区对高校毕业生的吸纳比例有所下降,中西部地区有所上升,但变化不大,在已就业毕业生中,中部地区比例远远高于中、西部地区。2006 年东部地区吸纳毕业生比例为 51%,中部地区为 28%,西部地区为 21%;2009 年东部地区吸纳的毕业生比例为 50.4%,中部地区为 28.4%,西部地区为 21.2%。即使是中西部地区的高校毕业生,也有相当一部分难以在当地落实就业。我省的沈阳、大连市是吸纳高校毕业生的主要城市,每年吸纳人数占我省高校毕业生总数的一半。

(五)高校毕业生专业结构性问题

有很多高校在专业结构和人才培养方面存在一些问题,还不能适应社会需要。一些投入少、上得快的文、经、商、法、管等专业规模扩张过快,而需求较大的工学专业增加数量十分有限。专业趋同现象严重,全国几乎所有高校都设有计算机、管理、法律、会计、英语等专业。武汉大学中国科学评价研究中心统计撰写的《2006 大学评价报告》,首次对 667 所中国大学(不包含民办高校)的本科专业进行了全面评价。据统计,开设专业

最多的十个专业为:英语(554 所高校,占 83%)、计算机(526 所高校,占 79%)、法学(407 所高校,占 61%)、国际经济与贸易(384 所高校,占 58%)、艺术设计(382 所高校,占 57%)、会计学(382 所高校,占 57%)、信息与计算科学(370 所高校,占 55%)、电子信息工程(367 所高校,占 55%)、市场营销(361 所高校,占 54%)、工商管理(356 所高校,占 53%)。

(六)部分高校毕业生择业期望值与社会需求尚有一定差距

随着高等教育的大众化和社会就业形势的变化,多年来在高校就业指导工作系统的努力下,总体上毕业生的择业期望值已经发生了很大的变化,一大批高校毕业生响应国家号召,自愿选择到西部、到基层、到国家急需的地方去就业。但是,由于受到家庭、社会舆论的影响,仍有相当一部分毕业生的择业期望值与社会现实有差距,在择业时更多考虑大城市、发达地区、待遇好的单位,不愿从基层做起、从具体工作做起。还有一些家长的观念未能转变,认为灵活就业不是就业,只有传统的、正规的就业才算就业。

(七)一些政策性障碍仍然存在,影响毕业生就业,特别是面向基层就业

一方面,东部地区一些城市出于人口压力过大的考虑,限制有接收单位的毕业生落户,如北京、上海、深圳等一些东部城市,东部一些中小城市也准备效仿。另一方面,引导高校毕业生面向基层就业面临很多困难:首先,欠发达地区和基层缺乏编制和资金,影响这些地区吸纳毕业生就业;其次,中小企业是毕业生到基层就业的重要空间,但是,一些民营中小企业用工不规范、社会保障方面不落实,使相当一部分毕业生望而却步;第三,近年来,毕业生自主创业和自谋职业发展较快,但是还存在一些制约,如申请小额担保贷款比较困难,原因是政策不一,缺乏操作性,使得缺乏启动资金和运行经费成为制约毕业生自主创业的一大障碍。此外,自主创业行政事业性收费减免数量有限,也影响毕业生创办企业。

三、辽宁省高校毕业生就业形势分析

近年来,在党中央、国务院振兴东北老工业基地政策推动下,辽宁经济和社会事业取得快速发展,为大学生就业提供了巨大的舞台,但受全球金融危机和全国总体就业形势严峻的影响,辽宁省高校毕业生就业也存

在一些困难。

(一)2010年辽宁省高校毕业生就业市场供需状况分析

在就业的三大市场中,高校毕业生就业市场(校园招聘活动)发挥了基础性作用,据统计,每年我省实现就业的毕业生中70%是通过校园招聘找到工作岗位的。截至2010年5月末,全省针对2010年毕业生的双选活动情况如下:

双选活动及用人单位需求情况

全省各高校校园市场共举办大型双选会257场,较去年减少156场。用人单位进校举办专场招聘会35692家次,在大型双选会呈现减少趋势下,专场招聘会数量迅速增多,进校招聘单位未见减少。累计岗位需求(提供岗位数量)451144人次,较去年增加75965人次。其中,研究生岗位需求55246人次,本科生岗位需求261308人次,高职专科生岗位需求134590人次。

签约情况

截至2010年5月末,签订《全国普通高等学校毕业生就业协议书》的毕业生共计171735人,签约比例为70%。其中,研究生签约人数13619人,签约比例为59%;本科生签约人数为92974人,签约比例为70%;高职生签约人数65131人,签约比例为73%。

(二)辽宁省本科毕业生就业形势分析

2009年辽宁省高校毕业生就业基本情况

根据辽宁省教育厅资料,2009年辽宁省普通高校毕业生224294人,本科生123597人,其中考取研究生12973人,占本科毕业生总数的10.50%,协议及劳动合同就业73226人,占59.25%,灵活就业23083人,占18.68%。

2010年辽宁省高校毕业生资源情况

2010年辽宁省有普通高校毕业生24.5万人,与2009年相比增加1.6万人,增幅为6.98%。其中,研究生2.3万人,增加0.1万人,增幅为6.13%,本科生13.3万人,增加0.7万人,增幅为5.25%,高职专科生8.9万人,增加0.8万人,增幅为9.95%。

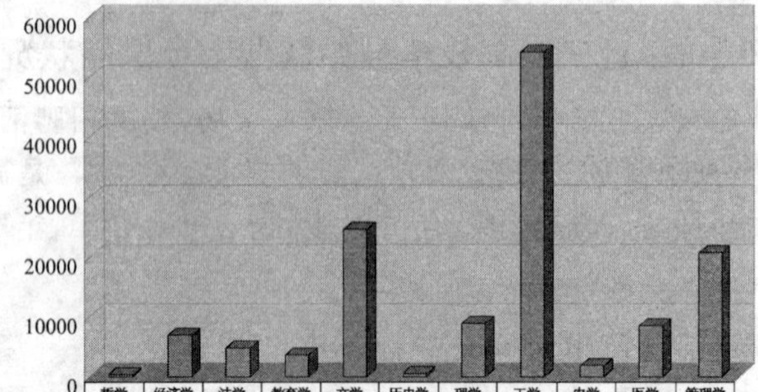

	哲学	经济学	法学	教育学	文学	历史学	理学	工学	农学	医学	管理学
■人数（人）	56	6756	4585	3474	24474	365	8899	54240	1691	8346	20678

图 3-4　2010 年辽宁省本科毕业生生源学科分布情况

(三)辽宁省本科毕业生就业主要特点

毕业生就业形式趋于多样化

除签订就业协议外,签订劳动合同和用工协议逐年增多,不少回到生源地的毕业生在有关部门办理就业代理或人事代理后,到经济发达的城市和地区务工,而选择升学、自主创业和出国深造的毕业生数量也继续增多。

灵活就业比例偏高

近几年我省高校毕业生灵活就业比例偏高,2007 年本科毕业生灵活就业比例为 17.10%,2008 年 17.18%,2009 年达到 18.68%。灵活就业是新形势下出现的一类新型就业方式,主要是指自由职业等非稳定性就业,毕业生作为自由撰稿人、个体艺术工作者,或在企事业单位做短期临时工作,都计入灵活就业统计范畴。此类就业收入偏低,流动性强,稳定性差,加之现阶段社会劳动保障工作滞后于社会发展要求,《劳动法》、《劳动合同法》等劳动者权益保护法律执行不到位,劳动者的权益缺乏有效保护,使社会各界对于此类就业方式难以认同。

各地区吸纳毕业生数量差距拉大

由于地区间经济发展状况不平衡,对毕业生吸纳的数量差距仍然存在,但有所缩小。我省毕业生主要在沈阳、大连等城市就业,2009 年在回我省 14 个市就业的本科毕业生中,到经济相对发达的沈阳、大连两市工作的本科毕业生共计 54311 人，占在辽宁省就业毕业生总数的65.20%，较 2008 年降低 3.95 个百分点，而其余 12 个市接收本科毕业生 28990 人，较 2008 年增加 7322 人，占在辽宁省就业毕业生总数的 34.80%。

性别对就业的影响较大

本科生中女生就业率与男生基本持平，但女生就业稳定性明显低于男生，表现为灵活就业比例偏高。2007 年男生灵活就业比例为 13.65%，而女生灵活就业比例为 20.82%；2008 年男生灵活就业比例为 13.05%，而女生灵活就业比例为 21.54%；2009 年男生灵活就业比例为 15.11 %，而女生灵活就业比例高达 22.47%。女大学生就业难已经越来越引起社会的关注。

各学科就业差异明显

哲学及法学就业较好，协议就业率在 80%以上，灵活就业所占比例较小。教育学、文学，协议就业率不足 60%，灵活就业比例偏高。法学协议就业率较高主要是得益于公安类专业，法律类专业就业状况仍然低于全省平均水平(见表 3-3)。

表 3-3　2009 年辽宁省普通高校本科毕业生各一级学科就业情况

学 科	本科毕业生数(人)	初次就业率(%)	协议就业比例(%)	灵活就业比例(%)
哲学	29	93.10	82.76	10.34
经济学	6445	86.84	61.57	25.28
法学	4527	91.98	81.53	10.45
教育学	3423	85.83	45.57	40.26
文学	23110	86.05	58.64	27.41
历史学	263	89.35	72.24	17.11
理学	8368	88.77	70.24	18.52
工学	49188	89.92	77.09	12.83
农学	1682	92.45	70.21	22.24
医学	7469	86.37	68.28	18.09
管理学	19093	87.84	68.81	19.03

考取研究生比例有所上升

2007 年我省本科毕业生考取研究生继续学习的共有 10280 人，占本科毕业生总数的 10.66%；2008 年本科毕业生考取研究生继续学习的共有 10704 人，占本科毕业生总数的 9.75%，比 2007 年增加 424 人；2009 年本科毕业生考取研究生 12973 人，占本科毕业生总数的 10.50%，比 2008 年增加 2269 人。在考取研究生的本科毕业生中，女生占明显优势，2003～2009 年，除 2004 年男生多于女生外，其余各年份，女生考取研究生比重明显超过男生(见表 3-4)。

表 3-4 2004～2009 年辽宁省普通高校本科毕业生考取研究生数据统计表

年份 性别	2004 年	2005 年	2006 年	2007 年	2008 年	2009 年
男	5099	4776	4834	4564	4595	5607
女	4327	5710	6071	5716	6109	7366
合计	9426	10486	10905	10280	10704	12973

师范生就业困难

近几年，我省师范生就业率低于全省平均水平，特别是协议就业率偏低。2007 年师范类专业本科毕业生共 6830 人，比 2006 年增加 319 人，初次就业率为 76.73%，其中协议就业率 44.76%，灵活就业率 31.98%；2008 年师范类专业本科毕业生共 7445 人，比 2007 年增加 615 人，初次就业率为 72.96 %，其中协议就业率仅为 39.48%，而灵活就业率高达 32.28%；2009 年 7309 人，比 2008 年减少 136 人，初次就业率 86.46%，其中协议就业率 59.00%，灵活就业率 27.46%。有相当一部分师范专业毕业生未能到学校工作。

资料

鼓足勇气找工作

2009 年 6 月，美国的失业率升至 9.5%的高点，成为美国政府头号经济难题。那么，城市的就业与培训中心会是怎样一种情景？失业者的心态如何呢？美国当地时间7月7日下午4时许，记者走进南加州帕萨迪纳市就业与培训中心。

放低要求尽快再就业

帕萨迪纳市就业与培训中心内，访客络绎不绝。一位名叫何塞的西班牙裔男子正趴在墙上费力地抄写着招聘广告上的联系电话。几个月前，他从一家建筑公司下岗了，现在准备试试广告招聘超市售货员的工作。这份工作每小时工资8美元。何塞英语讲得不太溜，和记者聊着聊着不时冒出西班牙语单词。

17岁的乔治也是来找工作的。他高中还没有毕业，但想在暑期打点工，攒上大学的学费。就业与培训中心为他安排了社区服务的培训课程，结束后可申请社区劳务岗位。"我准备上计算机安全课。"一名男子搭话说。他叫安东尼，曾经为美国大型房贷银行印地麦克工作了13年。"印地麦克银行破产快一年了，我时断时续地干过其他工种，但总觉得不适合。金融行业没啥戏了，索性还是改行吧。"安东尼无奈地耸耸肩。他当初年薪30万美元，做计算机工程师可就没有这么高的工资了。

量身定做配对找工作

帕萨迪纳市就业与培训中心相当于一家"职业介绍所"，只不过它由联邦和州政府资助，为招聘者和求职者提供免费服务。负责公关事务的嘉莫娜说，她们为求职者提供的服务分三个阶段。第一阶段是"基本服务"，求职者借助这里的电脑，搜索加州就业数据库内的工作机会。该中心提供各种办公设备和简历写作课程，教求职者学习和制作简历，或进行简单的计算机办公软件培训。求职者也可输入自己的技能和薪水要求，计算机会自动为其配对寻找工作机会。何塞接受的是第一阶段服务。

如果用这一方法找不到工作，求职者就进入第二阶段的"强化服务"。该中心的咨询师对其进行一对一指导，安排其参加求职技巧或基本技能培训班。咨询师会定期同求职者保持联系，更新其学习和求职状况。乔治上的就是这种培训班。第三阶段"培训服务"，专门向求职者提供全新的职业培训，包括律师助理、卡车驾驶、医疗护理、计算机等。该中心还为生活困难者提供交通、制服、托儿等方面的资助。嘉莫娜说，中心会根据每个人的具体需求来具体处理，“假如你是纺织工人，想学服装设计，我们可以提供帮助。假如你是工商管理学硕士，我们可不负责帮助你拿打字员执照！”

经济低迷政府出援手

嘉莫娜告诉记者，自从金融危机爆发以来，来帕萨迪纳市就业与培训中心求助的人倍增，多的时候一周有3000人。对于一个只有25名工作人员的机构来说，已经有些不堪重负。该中心一年的经费是500万美元，主要为周边6个城市提供服务。该中心还从奥巴马政府的经济刺激计划中得到140万美元的特别拨款，设立了“快速反应项目”。该中心从州政府的数据库中可以即时得到企业破产或裁员信息，主动和相关企业联系，在第一时间帮助失业者“再就业”。

采访结束时，记者碰到了加州州立大学建筑系的毕业生安德里亚斯。“现在建筑行业不景气，我这个设计师碰了不少钉子，至今还没有一件成品。”但他指着墙上的标语说，“如果大家想当然地接受现有的东西，那我们就没法进步。所以我告诫自己，鼓足勇气，继续努力，相信一定能找到工作！”

（摘自人民网）

第三节　高校毕业生就业政策及特点

近年来，国家和辽宁省对毕业生就业问题高度重视，积极发挥政府统筹作用，出台了一系列促进毕业生就业创业的政策，努力实现大学生充分就业。当前大学生就业主要突出以下特点：

一、政府促进就业

建立就业制度，完善工作机制　建立了基本适应社会主义市场经济体制和高等教育大众化的就业制度，形成“市场导向、政府调控、学校推荐、学生和用人单位双向选择”的就业机制。明确中央和地方两级管理、以地方为主的工作管理体制，形成统一领导、上下联动、齐抓共管的工作机制。各级政府认真履行政府促进就业的职责，把毕业生就业工作作为新成长劳动力就业的重要组成部分，作为民生工程中首要的、具有战略意义的工程，纳入当地经济社会发展的总体规划和政府就业再就业工作体系。

突出政策引导，鼓励基层就业 构建了促进毕业生就业的政策框架体系，探索市场配置人力资源的基础性作用，积极拓宽就业渠道，唱响了毕业生到西部、到基层就业的主旋律。几年来，国家和地方相继实施大学生志愿服务西部计划等多项基层就业项目，并积极鼓励毕业生自主创业，帮助困难家庭和就业有困难家庭毕业生实现就业。

完善服务体系，推进高等教育改革 建立了覆盖全国、功能完善的毕业生就业服务体系，培育以校园市场为主，以区域性、行业性、高校间市场为补充，三大市场相互贯通的统一、开放、高效、有序的高校毕业生就业市场体系。形成了以就业为导向、以市场为导向、以社会需求为导向推动新一轮高等教育改革的理念，逐步推进学科专业结构调整和人才培养模式改革。加强信息化建设，开展网上招聘活动，切实加强大学生就业指导和服务工作。

大力倡导企业履行社会责任，挖潜增岗促进高校毕业生就业 充分发挥政府促进就业的作用，鼓励全省重点企业履行社会责任，尽可能地吸纳高校毕业生就业，为增强企业发展后劲储备人才。充分挖掘企业潜力，扩大企业吸纳高校毕业生规模，积极推进市场化就业，把公共就业服务延伸到高校。

二、鼓励自主创业

近几年来，国家以及有关部门，制定了一系列相关政策，鼓励支持毕业生自主创业，辽宁省也结合我省实际，出台了一系列鼓励大学生创业的政策。主要有税费减免政策、贷款担保政策、贴息和财政补助政策、创业指导、培训、服务、设立创业资金 5000 万元等多项政策，专项用于扶持高校毕业生创业。省、市、县也为高校毕业生创业搭建系统平台，提供指导和服务。近两年新出台的政策归纳如下：

放宽市场准入

对国家限制的行业和领域，只要符合规定条件和标准，要鼓励、支持和引导各类创业主体进入。支持创业者以多种形式参与国有企业的改革、改制。放宽资金准入，在法律、法规规定许可的范围内，对初创企业，可按照行业特点，合理设置资金、人员准入条件，允许自主选择企业组织形式，允许注册资本分期到位。放宽经营场所限制，按照法律、法规规定的条件、程序和合同约定，允许创业者将家庭住所、租借房、临时商业用房等作为创业经营场所。实行对中小企业的政府采购扶持政策，政府采购优先安排向中小企业购买商品或者服务。

完善财税金融政策

给予税费优惠 进一步提高营业税起征点，降低创业税收门槛，将营业税按月纳税的起征点由月营业额 2000 元提高至 5000 元。对符合税法规定的小型微利企业减按 20%的税率征收企业所得税，对商贸企业小规模纳税人按 4%的征收率征收增值税。对国家重点扶持的高新技术企业，经认定后，减按 15%的税率征收企业所得税。

对高校毕业生创办企业初期（两年内），按每户每年 8000 元为限依次扣减其当年实际应缴纳的营业税、城市维护建设税、教育附加和企业所得税；对该企业吸纳高校毕业生按实际招用人数每人每年 4800 元定额依次扣减其营业税、城市维护建设税、教育附加和企业所得税；减半征收房产税、城镇土地使用税。对毕业两年以内的普通高校毕业生从事个体经营的，要按有关规定，自其在工商部门首次注册登记之日起 3 年内，免收管理类、登记类和证照类等有关行政事业性收费，并对符合条件的高校毕业生优先给予科技专项资金支持。

行政事业性收费具体项目包括：(1)卫生部门收取的中医西医专业技术资格评审费；(2)公安部门收取的特种行业许可证工本费、印章防伪网络登记费；(3)旅游部门收取导游人员资格报名考试费；(4)建设部门收取的城市占道费；(5)国土资源部门收取的城市私房占地费、城市临时占地费；(6)省政府及省财政、物价部门批准设立的涉及个体经营的其他登记类、证照类和管理类收费项目。

加大金融支持 把大中专毕业生纳入小额担保贷款扶持范围，对符合条件人员申请小额担保贷款的，每人最高额度为5万元。2008年以来新发放的小额担保贷款的利率可在中国人民银行公布的贷款基准利率的基础上上浮3个百分点，其中微利项目增加的利息由中央财政全额负担。对大学生和科技人员在高新技术领域实现自主创业的，每人最高额度为10万元。

提供创业场地

省级大学生创业教育实训基地已建成并投入使用，首批60余个企业已经进驻基地，创业基地为大学生提供政策指导、创业咨询等服务，帮助大学生规避创业风险，助推创业成功。各高校也已利用现有场地、设备、师资，开展大学生创业实践活动，依托科技园、产业园、科研基地孵化大学生创业企业。

三、面向基层就业

近年来，国家出台了一系列基层就业政策，如“大学生志愿服务西部计划”、大学生“村官”计划等，2009年我省出台了多项基层就业政策：

实行高校毕业生到农村基层就业助学贷款和学费代偿政策 凡是到县属乡（镇）、村工作，且服务期限满两年以上的高校毕业生，其在校期间申领国家助学贷款利息按高校隶属关系由同级财政负担，本金由省财政和服务所在地市、县财政按4∶4∶2的比例代为偿还；工作满4年，其学费由政府一次性返还，所需经费由省财政和服务所在地市、县财政按4∶4∶2的比例分担。

鼓励高校毕业生到基层就业 报考辽西北地区（锦州、阜新、铁岭、朝阳、葫芦岛五市）县乡机关公务员，享受公共科目笔试成绩加5分政策（考1科加2.5分）；服务的事业单位相对应的自然减员空岗，全部聘用服务期满考核合格的大学生。

启动“辽宁省高校师范类毕业生农村从教计划” 将实施范围在原有44个县基础上，拓展到市属涉农乡镇，通过公开招聘高校师范类毕业生到辽宁省农村乡镇中小学任教，引导和鼓励高校毕业生从事农村义务教育工作。

实施辽宁省“三支一扶计划” 从2009年起，我省将在今后5年中招募3000名“三支一扶计划”大学生和“大学生志愿服务辽西北计划”大学生。

鼓励高校毕业生应征入伍或招收士官 高校毕业生入伍后，除享受《辽宁省人民政府办公厅转发省征兵办公室等部门关于做好征集各级各类院校毕业生入伍工作实施意见》(辽政办发[2008]63号)规定的政策外，还可享受如下政策：服义务兵役的，同等条件下，在选取士官、考军校、安排到技术岗位等方面优先；具有普通高等学校本科以上学历、取得相应学位的高校毕业生士兵，表现优秀、符合总政治部有关规定的可以直接选拔为军官。具有高等教育学历的士兵退役后，参加政法院校为基层公检法司定向岗位招生时，优先录取；退役后3年内参加硕士研究生考试初试总分加10分，立二等功及以上的，退役后免试推荐入读硕士研究生；具有高职(高专)学历的，退役后免试入读成人本科或经过一定考核，入读普通本科。服义务兵役的高校毕业生，由中央财政实施相应的学费补偿和国家助学贷款代偿。

四、实施就业援助

就业援助是帮助那些就业困难家庭和就业有困难毕业生实施的一项就业帮扶政策，现以辽宁省就业援助工程为例，具体情况如下：

(一)援助资金及对象

2009年，辽宁省设立就业援助资金3000万元，各市设立援助资金300万元，专项用于为零就业家庭、城镇低保家庭、农村贫困家庭和残疾人家庭等困难家庭高校毕业生提供求职补贴，为未就业的困难家庭高校毕业生提供就业见习补贴以及购买一定数量的就业岗位等。对困难家庭大中专毕业生，尤其是普通高校毕业生实行政府兜底安置政策，并将困难家庭毕业生的职业技能培训和创业培训纳入普惠制培训政策范围。

(二)援助内容及标准

求职补助和见习补贴 按500元/人的标准，用于补贴辽宁籍省内高校贫困生求职过程中发生的费用。为在省普通高校毕业生就业工作领导小组办公室指定见习基地参加见习的贫困生提供就业见习补贴。按600元/人·月的标准,见习期最长不超过3个月。贫困生见习期间的工伤保险由学校负责购买,从省援助资金中拨付。

免费提供技能培训和生活补贴 为参加省普通高校毕业生就业工作领导小组办公室统一组织的技能培训的贫困生发放生活补贴。生活补贴按500元/人·月的标准,培训期最长不超过6个月。免费技能培训和岗位见习补贴政策不兼得。

购买公益岗位 对纳入省普通高校毕业生就业工作领导小组办公室购买公益性岗位安置就业的贫困生发放岗位工资,按1.5万元/人·年标准,岗位工作年限为1年。

五、规范就业市场

(1)加强针对高校毕业生的就业服务,为高校毕业生提供政策咨询、职业指导、求职推荐、人事劳动保障代理等多种服务。

(2)高校毕业生就业市场、人才市场、劳动力市场实现信息资源相互贯通和共享。

(3)加强对各类就业招聘活动的监管,严格规范招聘收费行为。

(4)政府举办的公共就业服务机构、人才交流服务机构、高校毕业生就业指导服务机构为高校毕业生提供免费职业介绍服务。上述机构举办的就业招聘会,对应届高校毕业生免收门票,并严格控制大规模招聘会,严厉打击虚假招聘行为,加强对招聘活动的安全保卫措施。

六、离校后毕业生享受的有关政策

(一)实施高校毕业生见习补贴政策

实施高校毕业生千企万岗实名制管理的见习计划,选择千户企业作为见习基地,引导万名应届高校毕业生到基地见习,达到增强实际经验、促进市场就业的目标。见习期限最长不超过6个月。见习期间发放见习补贴,见习补贴标准不低于当地最低工资标准的60%,由省财政承担2/3,其余由见习单位承担。高校毕业生见习期间享受人身意外伤害保险,所需费用由省财政承担。对见习单位支出的见习补贴费用,实行所得税税前列支，并不计入社会保险费缴费基数。

(二)全面实施就业失业登记制度

今年要在全省范围内实施就业失业登记制度，对进行就业失业登记的劳动者发放省统一印制的《辽宁省就业失业登记证》。持证人员，在省内就业均可享受同样的就业扶持。凡进行参保登记、用工备案、失业登记、劳动合同鉴证、参加培训、退休审批、享受扶持政策、领取失业保险待遇等，须持证办理。

(三)加大对就业困难对象的就业援助力度

在做好各类就业困难对象就业援助工作的基础上，重点做好城镇零就业家庭成员和城乡登记失业的困难家庭高校毕业生援助工作。对城镇零就业家庭，要继续坚持确保一人就业、保持动态为零的工作目标，保证20天内至少提供1个合适的就业岗位。继续对城乡困难家庭高校毕业生发放求职补助，提供见习补贴，组织开展技能培训并发放生活补贴，继续培育、购买、储备一批适合高校毕业生的基层管理和服务岗位，对登记失业的城乡困难家庭高校毕业生，要实施重点援助和兜底安置。

上述内容仅将政策作以简要介绍，详细政策请登录辽宁省高校毕业生就业信息网(www.//lnjy.com.cn/)查阅。

学习与思考

1. 金融危机对我国经济和就业形势造成哪些不良影响？
2. 如何正确面对当前就业形势？
3. 分析“有业不就”和“无业可就”现象。
4. 当前大学生就业的政策及特点是什么？

第四章

用人单位招聘的特点

本章提要　本章主要讲述了用人单位的择才标准，介绍了不同用人单位的招聘类型与程序，分析了用人单位招聘的变化和发展趋势，以便于毕业生确定合理的就业目标，针对不同单位的情况采取恰当的求职策略，提高求职的成功率。

第一节　用人单位的择才标准

知识经济时代，人力资本成为推动经济发展的最核心因素，企业作为市场经济的细胞，更加重视人才资源对企业发展的贡献率，选拔和聘用人才成为企业发展的重要方式，不同类型的企业和岗位招聘有不同的标准和特点。

一、用人单位选才的通行标准

（一）优秀的道德品质

在现代职场中，最为用人单位所看中的往往并不是求职者的专业素养和学习成绩，而是诚信、责任、忠诚、奉献精神等很多常常为学生所忽略的道德品质。许多知名企业都把道德品质列在人才标准的首位，因为道德是立身之本，是一个人素质的核心体现。恰恰就是这些看似平常的品质，决定着一个人在职场中能否成功以及所能达到的高度。

2008年，省内某高校招聘到一名外语专业的本科毕业生，刚刚上岗四个多月，就因其个人办理出国与学校不辞而别，给学校的正常教学带来极大的影响。这所学校的有关负责人认为，该生的这种行为是不讲诚信和极不负责任的，有违基本的职业道德，同时表示，今后再也不会从其毕业院校接收毕业生了。古人云："言而无信，行之不远。"这名毕业生的行为不仅对其个人造成影响，还影响到用人单位的工作安排，影响到学弟、学妹的发展前途，无疑要受到舆论的一致谴责。

《北京晨报》曾报道说，某公共汽车司机在行车途中突发心脏病猝死，临死前他用最后一丝力气踩住了刹车，保证了车上二十多个人的生命安全。虽然身为一个普通人，这名司机却表现出了高尚的人格和职业道德，说明在他的心里，时刻想到的是对乘客安全负责任。他用生命中最后的行动，为自己的责任做出了最好的诠释。

对于接受了高等教育的大学生，要首先注重自身道德素养的培养，"不以恶小而为之；不以善小而不为"，要从小事做起，从荡涤自己的心灵开始，养成优良的道德品质，为自己的未来发展奠定坚实的道德基础。

(二)崇高的敬业精神

爱岗敬业是职场从业者基本的价值观和信条，是职业精神的核心，是对从业者工作态度的普遍要求。

青岛港前湾集装箱码头有限责任公司的高级固机经理、全国劳动模范许振超工作三十多年来，以"干就干一流，争就争第一"的精神，苦练技术，务实创新，练就了"一钩准"、"一钩净"、"无声响操作"等绝活，模范地带出了"王啸飞燕"、"显新穿针"、"刘洋神绳"等一大批具有社会影响的工作品牌，先后六次打破集装箱装卸的世界纪录，引发了"振超效率"和"振超精神"。他从一名码头工人发展成才的经历，无疑为当代大学生树立了新时期爱岗敬业的光辉典范。

许振超的故事告诉我们，在当今全球经济向知识型、高技能、资讯科技高速发展的时代，企业考虑的不再仅仅是专业人才的欠缺，而是更加担忧敬业精神的弃失。作为一个年轻人，要想适应当今的职场，做受单位欢迎的人，就必须重业、乐业、勤业和精业，要具备明确的工作目标和强烈的责任心，带着激情去工作，勤奋、踏实、尽责、有效地完成自己的本职工作，在领导与同事心目中树立起爱岗敬业、忠于职守的良好形象。

(三)对企业文化的高度认同

企业文化是企业的灵魂，是推动企业发展的不竭动力。它是企业在实践中逐步形成的为全体员工所认同、遵守、带有本企业特色的价值观念，是经营准则、经营作风、企业精神、道德规范、发展目标的总和，其核心是企业的精神和价值观。

美国福特汽车公司的创始人福特年轻时到汽车公司应聘，前几个应聘者学历和条件都比他好，让他觉得已经没什么希望了，但他还是敲门并走进了董事长的办公室。一进门，发现地上有一张废纸，就弯腰拾起丢入废纸篓里。还没经面试，董事长已经表示，他被录用了，理由是前面的人虽然仪表堂堂，学历也高，但只有福特的眼睛能看到小事，而从小事做起是我们企业文化里最重要的一部分，只注重大事的人会忽略很多小事，这不符合我们企业倡导的准则。

对企业文化的认可与接受程度反映着毕业生个体的价值观念与企业所追求的价值的一致性。对企业文化认可程度高，则表明个体可以更好地将个人价值的实现与企业追求的目标有机结合，从而自觉地把自己融入企业大团队中，产生强烈的自豪感、责任感、忠诚度和工作动力，自觉服从企业规范与管理，用企业文化来约束自己的行为，以积极的心态和高效的工作为企业发展出力，最大限度地发挥出个体作用。相反，认可程度低，就意味着个体很难将个人追求与企业发展目标统一起来，也无法真正融入其中，反而常常会由于价值理念上的差距和矛盾而产生对企业的拒绝、抵触与逃避，影响到工作的态度和个体创造性的发挥。

企业所期待的员工，不仅要能力出众，更要认同企业文化。因而，大学生求职前，要着重对所选择企业的企业文化有所了解，看自己是否认同该文化。了解企业文化，既是增加择业成功的砝码，也是对自己的职业发展负责。

(四)良好的团队意识与合作能力

2001 年，时任微软公司副总裁的李开复博士关于团队问题曾经谈到："团队精神是微软用人的最基本原则。像 Windows 2000 的研发，微软公司有超过 3000 名开发工程师和测试人员参与，写出了 5000 万行代码。如果没有高度统一的团队精神，这项浩大的工程根本不可能完成。"

俗话说“三个臭皮匠，顶个诸葛亮”，在社会分工不断细化，各个行业和领域专业化和专门化的程度都在不断提高的今天，无论是生产还是研究，人们面临的问题都日益复杂，而且包含着多学科的内容，一个人很难胜任，需要多种人才通力合作，综合多方面的知识才能解决。因此，合作意识和团队精神就显得极为重要。

优秀的企业都很注重团队意识与合作精神，将之视为公司文化的重要价值观之一。通讯行业的知名企业华为公司就曾以狼性文化而著称，而这种文化追求的实质恰恰是如同狼群一般的团队合作精神。优秀的企业都希望员工能将个人努力与实现团队目标结合起来，成为可信任的团队成员。真正优秀的人才，不仅自身素质条件要好，更重要的是与团队伙伴合作的默契程度高，以及配合别人共同解决问题的能力强。可见，未来的社会中，能否具有良好的团队意识与合作精神已成为高素质人才的必备条件。

释迦牟尼曾有“一滴水怎样才能不干涸”的问题，其答案是：“把它融入大海去！”现代社会，毕业生作为一滴水，要想更好地发展，最佳的选择就是尽快融入团队。

(五)出众的创新能力

创新是社会发展和进步的源泉，是一个民族进步的灵魂，是一个国家兴旺发达的不竭动力。

袁隆平在进行水稻杂交研究时，克服了自花授粉作物的水稻难以通过异花实现授粉的世界性课题，大胆地发表了水稻有杂交优势的观点，打破了世界性自花授粉作物育种的禁区。经过多年的潜心研究，终于研究出灿型杂交水稻生产技术，使中国杂交水稻研究居世界领先地位，并成为世界上第一个成功培育灿型杂交水稻的人，被誉为“世界杂交水稻之父”。其成功的根源就在于他充分运用了创新思维，摆脱了旧的束缚，创造了新的奇迹。

中国大学生成功就业咨询网董事长——李振东，当年只是一个广告学专业的专科毕业生，遭遇过无数次求职的挫折，然而，他通过创新求职方式，将广告运用于求职过程，从而改变了自己的命运，成为第一个用此方式求职成功的大学生，开始了自己的创业之旅。

不创新，新的思想无法产生；不创新，新的产品无法问世。可以说，思想改变了世界，创新造就了辉煌。对于大学生来讲，创新能力源于扎实的基本功、勇于创新的精神与意识、敢于挑战和百折不挠的意志与品质。对于用人单位而言，创新能力不但是其选人，也是其用人的重要标准，进入单位的大学生能否敢于在技术、管理等各个方面开拓创新，将在很大程度上决定其是否会受到单位的重点培养。

（六）出色的学习能力

知识改变命运，学习改变未来。沈阳鼓风机（集团）有限公司破格提拔的高级技师——徐强，能够准确地翻译进口设备的工艺说明文件，敢与洋专家叫板，创下了大型齿轮加工 4 级精度的全国之最，被同行们称为“徐强精度”，连续获得了“辽宁省劳动模范”、“全国十大杰出青年岗位能手”等多项荣誉称号。然而他却曾经高考落榜，是从普通技工的岗位迈出职业生涯的第一步。探究他成功的秘诀，只有两个字：学习。

21 世纪是学习的世纪。美国前总统克林顿从整个社会发展的角度说：“终身教育是知识经济的成功之本”。我们处于一个变革的时代，在这种一切都在变，唯有变化是不变的世界中，只有不断地学习新知识，大学生才能适应形势的发展和职场的快速变化，在时代的竞争中求得适应与发展的主动权。如同大家熟知的“温水煮青蛙”的故事：把青蛙放进热水里，它会马上跳出来逃生；但是如果把它放进凉水中慢慢加热，它就不会立即感觉到外部环境的变化，等它感受到水温高得无法忍受时，它已经没有力气跳出来了，只能被热水烫死。从自身学习的角度看，大学生必须时刻意识到外界环境变化所带来的危机，不断追求新的目标并付出艰苦的努力，否则就很难逃脱“青蛙”的命运。

在知识经济时代，用人单位对于学习能力的要求已不仅仅停留在“学会”的层面，而是包括“应学”、“能学”和“会学”等多方面的内容，这不但要求大学生要具有自主学习的意识，还要掌握科学的学习方法，具有勤奋学习的动力、创造性学习的态度、全面学习和终身学习的观念，从而使学习体现在个人职业生涯发展的整个过程。

上面所列举的六个方面仅是用人单位选拔人才时关注的部分内容，伴随着社会的进步，今天的职场对职业人的要求越来越高，执行能力、思考能力、应变能力、组织管理能力、交往与沟通能力、协调能力、心理调节能力以及工作经验等，同样也是很多用人单位在择才过程中非常看重的重要方面，是对一个人素质进行衡量和检验的具体指标。大学生应努力培养和提高这些职业化的素质和能力，以更好地适应社会和用人单位对人才的需要。

二、不同单位选才的具体要求

每个用人单位都处于不同的行业领域，面临着不同的内、外发展环境与条件，有着各自的发展战略和目标定位。即使同一单位内部，不同职位和工作岗位在工作职能、对象和特点等方面也都存在着很大的差别。这些差别导致不同行业、类别、性质的用人单位在选择人才的过程中，既要注重对通行素质与能力的考核，又会根据本单位工作的具体情况，对人才提出不同的要求，从而表现出各自非常鲜明的用人特点。

国有教育单位和医疗卫生单位同属于国有事业单位，它们对于人才的要求除了专业基础外，其他方面的差别也非常明显。教育是人类文化和社会进步的基石，教书育人是教育工作者的天职。教育工作的特点决定了应聘者在具有较高的综合素质的基础上，还应具备甘为人梯、为人师表的良好品质，广博的知识，良好的语言文字表达能力和一定的教学组织与管理能力。具体地说，就是要求应聘者在具备专业知识和技能的同时，对心理学、教育学应有所了解，能讲普通话、口齿清晰、表达条理性强、善于做学生的思想工作等。如果是在高等学校做教师，由于既要教学，又要从事科学研究，既要有较高的理论水平，又要有一定解决实际问题的能力，因此对于应聘者的专业素养、理论水平和科研能力的要求就会更高。对于医疗卫生事业而言，由于直接关系到病人的安危，关系到人民的身体健康，因此，医疗卫生单位要求应聘者不但要接受过医科院校的专门培训并取得合格的成绩，还要具有良好的医疗作风、正确分析和诊断病情的逻辑思维能力、精确细致的动手能力和遇事不慌、坚定果断的心理素质。

再如理工类专业学生，毕业后多数要在工程技术和生产制造类单位工作，其工程技术类职位要求应聘者具备在相关的专业知识基础上的筹划、论证、设计、组织实施以及解决各种工程技术实际问题的能力，要求工作认真细致,一丝不苟,理论联系实际,能够积极投入生产第一线。而对于具备较为完善的管理制度、良好的工作环境和优厚的福利待遇而深受大学生青睐的外资企业,其人才需求的标准则又增加了良好的英语能力、国际化的视野等具体要求。可见,对于不同类别的职业和不同类型的单位,其选拔人才的标准是多样的。下表列举的就是几种不同类型的企业对人才的具体要求,见表 4-1。

表 4-1　几种不同类型的企业对人才的具体要求

企业类型	对人才的具体要求
国有企业	1. 良好的思想政治素质,强烈的事业心和责任感;2. 一专多能,全面发展;3. 良好的心理素质,较强的适应能力;4. 有一定的外语水平和计算机技能;5. 较强的社会工作经验和交际能力;6. 注重学生党员、学生干部及参加社会团体活动的经历。
外资企业	1. 有良好的道德品质;2. 在校各方面表现良好;3. 有团队合作精神;4. 有吃苦耐劳的实干精神;5. 有创新精神;6. 有较高的外语水平。
民营企业	1. 良好的道德素质;2. 认同企业文化;3. 突出的专业技能;4. 有创新能力和学习能力;5. 有较高的外语水平;6. 较强的沟通能力;7. 良好的团队协作能力。

大学生在进行职业生涯规划、确定择业目标和进行就业选择时,必须充分了解用人单位的人才标准,了解其在知识、技能、观念等多方面的具体要求,只有这样,同学们才能从中寻找出差距,不断完善自我,也才能根据自身的实际条件确定合理的就业目标,为实现成功就业奠定基础。

资料

部分用人单位的择才之道

1. 东软集团:技能、外语是敲门砖

东软集团作为目前国内最大的软件外包企业,高超的技能是其行业与工作性质所决定的必然要求,而不断扩大的对外业务,使得公司对国际化人才的需求非常迫切。这种国际化,指的是不仅具有较高的外语水平和良好的外语运用能力,还要有国际化的视野和对国际业务的充分了解。当然,求职者是否具有合作意识、合理的知识结构和勤奋的态度与品质,同样是东软所看重的重要方面。

2. 米其林：看重多层次能力

世界500强企业之一的米其林是全球轮胎业的领跑者。米其林沈阳轮胎有限公司在选才方面认为，具备多层次的能力是进入米其林并能在企业内顺利发展的必要条件。多层次能力包括个人能力（主动性、适应性和创新性）、基于团队的能力（沟通能力、团队合作能力和个人学习能力）和基于与公司关系的能力（客户服务能力，运作功效即工作效率，以及对公司策略的承诺）。除此之外，米其林认为品格也是聘用人才的重要要求，着重考察人才的社会责任感、诚实度及是否有爱心等。

3. 远大集团：注重务实和创新

"责任、务实、创新、合作"是沈阳远大集团的人才观，"真实做事，诚实待人"是其行为理念。对应聘的毕业生来讲，远大要求应聘者具有踏实肯干的态度和良好的创新精神。对企业的高度责任感，对工作的认真务实态度是远大招聘时的首要标准。同时，作为一家以自主品牌著称的民营企业，远大在招聘时重点考察求职者的实践性与创新性，更青睐具备扎实的基本功，具备敢于挑战和百折不挠的意志与品质的毕业生。

第二节　人才招聘类型与程序

招聘是用人单位为了自身发展的需要，根据人力资源规划和工作的要求，寻找、吸引那些既有能力又有兴趣到本单位任职的人员的录用过程。一个用人单位通过什么渠道、采取何种方式招聘毕业生，通常与单位的性质、类别有着非常密切的关系。目前，用人单位从性质上主要可划分为企业、机关单位、事业单位、部队单位等，它们在招聘过程中是有所区别的。

一、企业的招聘类型与程序

企业是依法设立、从事经营活动、具有独立或相对独立法人资格的经济组织，有固定的经营场所和财产，自主经营、独立核算、自负盈亏，其经营的目的一般为盈利。从投资主体的性质上可以分为国有企业、集体企业、中外合作投资企业、外商投资企业、私营企业、民办企业等。由于我国经济的快速发展，企业已成为大学生就业的主要渠道。

(一)企业的主要招聘形式

校园招聘

校园招聘是在学校的组织与安排下，用人单位进入校园与毕业生直接见面，进行人才招聘的活动。其主要形式有：用人单位的专场招聘、以地区或行业为特征的组团招聘、学校自己组织的大型综合性招聘活动或校际之间联合组织的招聘活动。

专场招聘是用人单位人力资源部门在对一所学校的综合实力、学科专业特点、生源质量等各方面情况进行充分了解后，单独在该校召开的招聘活动。专场招聘一般分为三个阶段：现场宣讲、简历收集和招聘考核。现场宣讲主要是企业领导或人力资源部门负责人对企业的基本情况、总体发展状况、人才引进政策及相关问题进行介绍，同时也会对职位需求和招聘条件做具体说明，并就学生的有关问题进行答疑解惑。在学生对用人单位的概况以及需求和招聘情况有了基本了解后，用人单位往往会进行简历的现场收集，而后对简历进行筛选，确定初步入围人选，并组织笔试和面试，最终确定拟录用的毕业生名单，签订就业协议。以地区或行业为特征的组团招聘主要是中央部委毕业生就业主管部门、行业协会或省、市地方毕业生就业主管部门为本系统、本行业或本地区的用人单位招聘毕业生创造条件，在学校的支持与配合下组织的招聘活动。各高校也会自己单独或与其他学校联合，组织针对本校毕业生专业和服务行业用人单位的招聘活动，为本校和联办院校的毕业生就业提供服务。

校园招聘既是高校毕业生有形就业市场的主要组成，也是用人单位招聘毕业生的首选渠道。由于校园招聘的针对性强、信息真实可靠、服务到位、方便毕业生，加上有校方的大力宣传和积极支持，因此毕业生参与度高，应聘专业吻合性强，企业不但能及时招募到优秀的毕业生，还可以在众多低年级学生中扩大企业影响，为未来的人才争夺打好基础，因而招聘效率高，招聘效果好，很受企业青睐。

政府招聘

参加政府有关部门组织的招聘活动是企业选拔大学毕业生的重要途径,而举办毕业生招聘活动同样是各级政府毕业生就业主管部门的重要工作内容。以辽宁省为例,省高等学校毕业生就业指导中心曾先后组织过女大学生专场招聘和IT、服装行业招聘会等各类毕业生招聘活动,为单位招聘和毕业生就业创造了良好的条件,充分发挥了“政府为主导,学校为主体”的毕业生就业市场的作用。在各地毕业生就业工作领导机构的组织管理和监督协调下,人事、劳动及社会有关部门也在积极组织面向大学毕业生的招聘活动,切实落实国家关于完善公共服务,加强高校毕业生就业市场建设,努力实现高校毕业生就业市场、人才市场、劳动力市场相互贯通和信息共享,根据高校毕业生就业工作的具体要求,为企业单位提供了招聘毕业生的新的途径。

总的看来,在企业参加的各类政府招聘活动中,由毕业生就业主管部门组织的招聘活动针对性更强,信息量大,效果也更加明显。

网络招聘

随着计算机网络的普及,用人单位开始运用网络进行毕业生招聘。许多企业从公司发布校园招聘计划和职位信息开始,到学生在网上填写申请表或投递简历,到对简历进行初步筛选,再到通知学生笔试、面试时间,确定录用意向,甚至具体的面试过程都通过网络来进行,大大降低了招聘成本,提高了工作效率。对于学生而言,也可以避免在求职中浪费大量的时间、精力和金钱。用人单位的网络招聘,既有通过其自己建立的网页来开展的,也有利用毕业生就业主管部门与高校专门建立的毕业生就业网络系统的。如中国高校毕业生就业服务信息网(http://www.myjob.edu.cn/)、辽宁省高校毕业生就业信息网(http://www.lnjy.com.cn/)以及省内各高校建立的网站,等等。还有的是借助前程无忧、智联招聘等中介服务机构的专业性服务网站,途径很多。

毕业生在通过网络进行应聘时,可以充分利用一些简单的小窍门来取得意想不到的效果:(1)经常刷新简历,以便使简历能排在前面,更容易被人事经理找到。(2)只要在发邮件前,把电脑系统的日期改为一个将来的日期,如2010年,就会由于大多邮箱都是把邮件默认为按日期排序,从而让你的邮件永远处于最前面。(3)给邮件起个新颖的标题,会较好地吸引住招聘人员的注意力,争取更多的录用机会……

目前,由于我国的网络系统在软、硬件建设上还存在着一些问题,比如:教育网与社会网络连接速度还比较慢;网络的管理还不够规范;很多用人单位和毕业生还缺乏网络招聘与求职的意识,等等,因而,网络招聘的全面推进还有待时日。但是,网络招聘反映企业招聘的发展趋势,相信在不远的将来,网络招聘必然成为企业招聘和毕业生求职的最主要平台。

代理招聘

依托社会人才服务机构等中介单位和部门进行招聘也是企业招聘毕业生的一个渠道。除了政府的各级人才服务部门,近几年来,社会涌现出了包括中华英才网、智联招聘、前程无忧等一大批专业化的人才服务机构,可以为企业提供包括招聘毕业生在内的很多专业服务,很多企业委托这些人才服务和职业介绍机构为其选择、推荐人才。

由于我国目前的职业中介机构参差不齐,毕业生在通过中介应聘用人单位时,一定要对招聘信息进行认真的审核,对中介机构慎重选择,避免落入求职陷阱当中。

媒体招聘

目前,部分单位或部门承办有为企业招聘或公众求职提供专门服务的专业化报纸和杂志,很多综合性的报纸、杂志、广播、电视等公众媒体也都开辟了人才专版或专栏,因此,通过刊登招聘广告进行宣传和开展招聘,也是为数不少的单位进行毕业生招聘的重要渠道。

(二)企业招录毕业生的工作程序

企业招聘录用毕业生的一般工作程序是:

制定招聘计划 用人单位根据自身发展需要和掌握的毕业生生源情况,确定当年需要招聘毕业生的岗位、职责、人数和条件,制定出详尽的招聘计划,报主管部门批准。

发布毕业生需求信息 主要渠道有:高校毕业生就业工作的政府与行业主管部门;各级人才中心及社会人才中介机构;高等学校毕业生就业工作的主管部门(学生处、就业指导中心、毕业办等);用人单位自己的网站和专业性人才网站(如中华英才网);电视、报纸、广播等新闻媒体。

收集毕业生求职信息　主要渠道有:省、市毕业生就业主管部门和高校就业工作部门;各种类别的毕业生供需见面和"双向选择"洽谈活动;单位的招聘网站;人才中心、猎头公司等专业人才及招聘服务机构;学生的自荐和有关部门、高校及他人的推荐;报纸、杂志上毕业生所登的"求职广告"等等。

组织考核毕业生　通过笔试、面试等各种方式对应聘毕业生进行考核。

确定录用毕业生名单,与达成意向的毕业生签订就业协议。

办理毕业生入职手续　在学生毕业离校后,根据单位实际情况,安排毕业生的报到、接收工作,为其办理入职手续。

二、机关单位的招聘类型与程序

我国的机关单位包括各级党政机关、人大、政协、法院、检察院、群众团体机关等。现阶段,这些机关单位在招聘工作人员时,基本上都是参照公务员的招考办法同期进行。

(一)国家公务员招聘办法

国家公务员一般是指政府机关工作人员,即在各级国家行政或党务机关依法行使行政权、执行国家公务的在职人员(不包括工勤人员)。按照《中华人民共和国公务员法》的有关规定,机关单位公务员的聘用实行凡进必考的录用原则:录用担任主任科员以下及其他相当职务层次的非领导职务公务员,采取公开考试、严格考察、平等竞争、择优录取的办法。民族自治地方依照前款规定录用公务员时,依照法律和有关规定对少数民族报考者予以适当照顾。录用公务员必须在规定的编制限额内,并有相应的职位空缺。

(二)国家公务员招考程序

中央机关及其直属机构公务员的录用,由中央公务员主管部门负责组织。地方各级机关公务员的录用,由省级公务员主管部门负责组织,必要时,省级公务员主管部门可以授权设区的市级公务员主管部门组织。招录国家公务员的一般程序是:

(1)发布招考公告,说明招考的职位、名额、报考资格条件、报考需要提交的申请材料以及其他报考须知事项。

(2)根据报考资格与条件对报考人员的报考申请和资格进行审查。

(3)对审查合格者公开组织笔试。考试内容主要有《行政职业能力测试》和《申论》两个科目。

(4)对考试合格者进行面试。

(5)根据笔试、面试的考试成绩确定考察人选,并对其进行报考资格复审、考察和体检。

(6)根据考试成绩、考察情况和体检结果,提出拟录用人员名单,并予以公示。

(7)公示期满,中央一级招录机关将拟录用人员名单报中央公务员主管部门备案;地方各级招录机关将拟录用人员名单报省级或者设区的市级公务员主管部门审批。

(8)省(市、区)和学校毕业生就业主管部门依此编制就业方案,按有关规定,办理毕业生派遣手续。

按照法律规定,录用特殊职位的公务员,经省级以上公务员主管部门批准,可以简化程序或者采用其他测评办法。同时,对于新录用的公务员实行一年的试用期。试用期满合格的,予以任职;不合格的,将取消录用。

三、事业单位的招聘类型与程序

国有事业单位一般是国家在政府机构之外设置的带有一定公益性质的机构,是为国家党政机关和国民经济、社会生活各个领域服务的,为国家创造和改善生产,增进社会福利,满足人民文化、教育、科学、卫生等方面的需要的单位,通常包括教育、科研、文化艺术、广播电视新闻、医疗卫生、体育和社会福利等单位。事业单位大多是以脑力劳动为主体的知识密集型组织,其主要职能是利用科技文化知识为社会各方面提供服务,因此专业技术人员是事业单位的主要构成人员,此外还有部分的管理人员和工勤人员。

(一)事业单位的招聘办法

按照国家制订的《事业单位公开招聘人员暂行规定》的有关要求,除了参照公务员制度进行管理和转为企业的事业单位外,事业单位招聘专业技术人员、管理人员和工勤人员,主要采取公开招聘的方式,由用人单位根据招聘岗位的任职条件及要求,采取考试、考核的方法进行。

考试内容主要是招聘岗位所必需的专业知识、业务能力和工作技能。考试科目与方式根据具体的行业、专业及岗位特点来确定。考试可采取笔试、面试等多种方式。对于应聘工勤岗位的人员，还可根据需要，重点进行实际操作能力测试。

(二)事业单位的招聘程序

(1)制定招聘计划；(2)发布招聘信息；(3)受理应聘人员的申请，对资格条件进行审查；(4)考试、考核；(5)身体检查；(6)根据考试、考核结果，确定拟聘人员；(7)公示招聘结果；(8)签订聘用合同，办理聘用手续。

四、部队单位的招聘类型与程序

面对世界以高技术质量建设为主要标志的新军事革命，我国国防建设采取了科技强军、质量建军的发展战略和推进依托普通高等教育培养军队干部的人才强军工程，其中非常重要的举措就是部队及有关单位大量招聘普通高校的应届毕业生。

(一)部队单位的招聘办法

部队单位既包括中国人民解放军的陆军、海军、空军、战略导弹部队(即第二炮兵)和其他技术兵种，也包括为其提供支援、服务的相关单位，还包括武警、消防、边防等多种类别的人民警察部队。部队单位作为一种比较特殊的用人单位，由于其担负着维护国家主权与领土完整、维护世界和平、保障社会正常生产与生活秩序的重要职责，因而对应聘者的政治素质要求较高，其毕业生招聘方式依据招聘士官或文职人员的具体要求而有所不同。文职人员招聘由具体的用人单位通过校园或社会招聘的方式来实现；对于士官和义务兵的招聘，主要是通过各地区征兵办公室来具体组织实施。

(二)部队单位的招聘程序

文职人员招聘程序

按照《中国人民解放军文职人员条例》有关规定，部队文职人员招聘程序是：

(1)公布招聘岗位、岗位资格条件和待遇；

(2)依照《中国人民解放军文职人员条例》规定的条件对应聘人员进行初审；

(3)对初审合格的，进行专业理论、技能和相关科学文化知识的考试、考查，对拟聘用到高级专业技术岗位或者二级职员岗位的，还应当组织答辩和评审；

(4)对考试、考查或者答辩、评审合格的，进行政治条件审查和体检；

(5)择优提出初选人员名单；

(6)依照聘用岗位的情况由不同级别单位进行审批：聘用到初级专业技术岗位和六级职员、五级职员岗位的，由团级单位审批；聘用到中级专业技术岗位和四级职员岗位的，由师级单位审批；聘用到高级专业技术岗位和三级职员岗位的，由军级单位审批；其中聘用到高级专业技术岗位且合同期限需要订立至本级岗位最高工作年龄的，由军区级单位审批；聘用到二级职员岗位的，由军区级单位审批。

(7)与被批准的应聘人员订立聘用合同。

士官招聘程序

按照总参谋部、教育部、民政部《关于从普通高等学校毕业生中直接招收士官的通知》(参动[2008]47 号)和国防部征兵办公室《关于做好从普通高等学校毕业生中直接招收士官工作的通知》(国征[2008]2 号)的规定，士官招聘程序为：

(1)确定选拔计划，公布选拔人数与条件，做好宣传发动；

(2)接受毕业生报名，进行初审；

(3)对通过初审学生进行体检和政审；

(4)征兵办公室组织对体检政审合格人员的学历、毕业证、所学专业是否符合招收专业的条件进行审定，视情况组织专业知识考试，择优确定预招对象，并通知到学校或本人；

(5)对拟招对象，组织签订协议，经复查后，批准入伍；

(6)由各地征兵办公室和部队组织交接程序。

义务兵招聘程序

从 2009 年开始，我国开始在毕业生中开展入伍预征工作。目前，部队通过预征招聘毕业生的程序为：

(1)确定预征计划，公布选拔条件、工作程序，做好宣传发动工作；

(2)接收毕业生网上报名;

(3)对报名毕业生组织身体初检和政治初审,确定预征对象;

(4)征兵办公室组织对预征对象征集,复审后,批准入伍;

(5)由各地征兵办公室和部队组织交接程序。

除了上面已经提及的4大类单位外,其他类招聘的方式在这里不再赘述。

资料

2010年普通高等学校应届毕业生入伍服义务兵役简介

1.选拔条件

选拔对象为中央部门和地方所属全日制公办普通高等学校、民办普通高等学校和独立学院的全日制普通本专科(含高职)、研究生、第二学士学位应届毕业生,以男性为主,女性应届毕业生征集根据军队需要确定。必须热爱中国共产党,热爱社会主义祖国,热爱人民军队,遵纪守法,品德优良,决心为抵抗侵略、保卫祖国、保卫人民的和平劳动而英勇奋斗。

身体基本条件为:男性身高162cm以上,女性160cm以上;男性不超过标准体重的+20%、-10%,女性不超过标准体重的±15%,个别体格条件较为优秀的应征男青年,体重可放宽至不超过标准体重的25%,不低于标准体重的15%;陆勤岗位视力标准,大学专科以上文化程度的青年入伍,右眼裸眼视力放宽至4.6,左眼裸眼视力放宽至4.5;乙型肝炎表面抗原呈阴性,等等。

参与选拔的高职(专科)毕业生当年为18~23周岁,本科以上学历的可以放宽到当年24周岁。

2.入伍流程

网上报名阶段:4月~6月,符合征集条件的学生登录大学生网上预征报名系统,进行预征网上报名。

初检初审阶段:6月底前,网报通过的学生参加当地县级兵役机关会同高校组织的政治初审和身体初检,合格的确定为预征对象。

复审应征阶段：10月底前，确定为预征对象的学生到生源地县兵役机关报名应征。

审批定兵阶段：12月底前，优先批准体检、政审合格的应届毕业生预征对象入伍。

补偿代偿阶段：次年2月后，学校将入伍毕业生补偿学费和代偿国家助学贷款款项汇至指定银行账户或贷款银行。

3. 优惠政策

高校毕业生应征入伍服义务兵役，除享有优先报名应征、优先体检政审、优先审批定兵外，还享受优先选拔使用、考学升学优惠、补偿学费或代偿国家助学贷款、就业安置帮扶等优惠政策。

具有高等教育学历的士兵退役后，参加政法院校为基层公检法定向岗位招生时，优先录取；退役后三年内参加硕士研究生考试初试总分加10分，立二等功及以上的，免试推荐入读硕士研究生；具有高职（专科）学历的，退役后免试入读成人本科或经过一定考核（计划单列、专升本考试、单独录取），30%比例，入读普通本科。

被批准入伍的各级各类学校应届毕业生（含翌年毕业的毕业班学生）退出现役后，由入学前户籍所在地按照国家有关安置政策接收安置。

入伍的高校应届毕业生和翌年毕业班学生退出现役后1年内，可参照普通高等学校应届毕业生，凭用人单位录（聘）用手续，向就读高校再次申请办理就业报到证。各地公安部门依据退出现役高校毕业生所持的《全国普通高等学校毕业生就业报到证》，为其办理从原籍到工作所在地的户口迁移手续。直辖市按照有关规定执行。

未能入伍的高校应届毕业生预征对象，可根据有关规定，向原就读学校申请办理就业改派手续，毕业生就业地公安部门凭毕业生所持的《全国普通高等学校毕业生就业报到证》为其办理户口迁移手续。直辖市按照有关规定执行。

第三节　用人单位招聘的变化与趋势

尽管目前就业形势非常严峻，但是单位对人才的渴求丝毫不减，他们奉行招进来、用得上、留得住、培养好的共同原则，不断调整招聘策略，毕业生招聘呈现出很多新的特点。

一、招聘要求的新变化

（一）唯才是用方为真

在企业不断降低自身运营成本的总体要求下，用人单位的招聘正逐渐趋于科学、合理。很多单位已突破了以往“人才高消费”的怪圈，不再一味地追求高学历，而是根据岗位职责的具体要求，能用专科生的就不用本科生，能用本科生的就不用研究生，体现了“唯才是用”的用人准则。这种做法不但节省了企业的用人成本，也充分调动和发挥了员工的工作积极性。

（二）复合人才得青睐

随着社会的发展与进步，用人单位对于员工素质的要求也在不断提高，其中一个很重要的表现就是越来越多的岗位开始要求复合型人才。例如，企业对计算机人员的需求标准已不仅仅局限于对计算机专业知识的精通，如果求职者能够具有项目管理等管理才能和经验，他的发展机会就会更多。同样，都是英语专业，那些与其他专业结合更为紧密的金融英语、外贸英语、法律英语就更受欢迎。这种特点也从各高校“4＋1”、“3＋2”、“双学位”、英语或日语强化班等模式培养出的毕业生实现充分和高质量就业的结果中得到了良好的验证。

用人单位的理由很简单：现在毕业生的数量如此之多，单一技能的本科生更是随处可见，缺少的是复合型人才和二合一、多合一的人才，招聘此类人员不但可以节约单位的人力资源成本，而且能够适应具体工作岗位多层次、多角度的要求。

(三)有专长者受欢迎

为数不少的用人单位招聘时，对专业背景的限制已逐渐淡化。对于很多毕业生来说，是否具有一技之长与悟性，是否具备实际操作能力，是影响他们就业成功与否的重要因素。某大型电子集团的老总王某认为：现在选才不仅要看专业，更为主要的是看能力，看有没有培养和开发的潜能。他们今年就录取了一个辅修电子专业课程、获得专业资格证书，并有实践经验的本科毕业生。在他看来，所学专业并不重要，关键要看其个性特点和专长是不是符合公司的需要。由此看来，专业是基础，专长是优势，能够更好地展现个性特点与特长也是毕业生在求职过程中得以脱颖而出的有效办法。

二、招聘形式的新趋势

(一)网上初选成主流

招聘本身就是程序复杂、事务性工作繁多的一项业务，用人单位在招聘时都会收到大量的求职简历，导致在招聘现场，用人单位往往无法逐一细致地进行回复与筛选。因此，包括中兴、华为、东软在内的很多单位都开通了自己的招聘网站或在公共网站上开通了校园招聘的专用“通道”，以方便大学生在线投递电子简历，并在网上进行初步的筛选。这种在线申请的方式和传统投递纸质简历相比，更加经济、快捷和方便，大大提高了工作效率，深受供需双方的青睐和欢迎。

目前，有些单位只在网上进行简历收集而不接受其他方式的简历投递，因此，毕业生一定要经常关注用人单位的网上招聘动向，及时获取相关信息，以免错失就业良机。

(二)专场招聘数量多

为了更好地进行企业宣传，扩大在学生中的影响，同时也是为了能够与高校、学生进行充分的交流，近几年，越来越多的单位开始选择单独到学校组织招聘活动，选聘毕业生。而对于专场的招聘活动，用人单位一般也都非常重视，不但会营造隆重、热烈的招聘氛围，印制和发放大量的宣传材料，而且单位的高管人员常常亲临现场，进行介绍与宣讲，以求取得更好的效果。同时,像航天集团、中石油、广东核电集团等一些大的企业集团和广州人事局、苏州工业园区人力资源服务中心等区域性人才组织也相继开展了与高校的人才合作,一方面组织高校的教师、学生参观本行业、本地区的企业,加深了解;另一方面组团到高校进行招聘,发挥行业和区域优势,吸引学生前来应聘。由于这种方式对专业的需求相对集中,针对性强,毕业生可以对意向中地区或行业的单位直接进行权衡、比较,无须继续观望和等待,因此签约率较高。

(三)校企合作正当时

为了使学生能够更加全面了解单位情况,扩大用人单位在学生中的影响,提高招聘效率,很多用人单位不仅在有用人需求的时候到学校,而且通过多种方式加强与学校的合作。比如,有的单位在高校设立奖、助学金,参与或支持高校的学生活动,有的单位积极参与学校的人才培养过程,反馈人才培养的意见和建议,开展"订单式"培养,还有的与学校开展全面合作,主动为学生提供实习与实践机会,招聘实习生,开展面向低年级的提前招聘,组织就业实践、夏令营等活动。比如,我省的知名企业东软集团就在省内部分高校开设了"定制班"。通过这些合作,学生与单位之间的了解更加深入、充分,简化了用人单位对学生的考核过程,缩短了学生上岗的适应期,为学生与单位之间的双向选择奠定了良好的基础,很多学生也因此实现了就业。所以,大学生完全可以充分利用学校与单位之间的这些合作平台,加强与单位的接触和了解,为自己未来的就业做好铺垫与准备。

(四)代理招聘天地宽

随着社会分工的日益细化和社会服务的不断完善,很多用人单位开始将招聘服务进行外包,即单位只提出招聘计划与有关要求,具体的招聘过程与操作环节完全委托给专业的服务机构实施与处理,有些单位甚至只需中介机构为其派遣符合一定条件的工作人员,具体的招聘过程和人事关系接收都是由中介机构解决。这种代理招聘的出现是现代服务业迅速发展的具体体现,也是人才服务的新形式。与这种做法随之而来的,是进入校园代企业招聘的中介机构大量增加,代理招聘成为单位校园招聘过程中的新特点。

三、招聘过程的新特点

(一)进校时间再提前

虽然教育部对于用人单位进入校园招聘的时间早已有明确的规定，即单位只能在11月20日之后进校招聘，但是随着用人单位人才争夺的日益激烈，单位进校招聘的时间在不断提前，很多单位在8、9月份就已经开始与学校进行联系。即使学校很多时候迫于工作要求，无法提前为其安排招聘活动，很多单位也会在学校周边自行组织招聘，希望用这种办法能够捷足先登，抢先选聘优秀的人才。从这个特点来看，学生的择业就业准备应尽早完成，以免错过很多稍纵即逝的就业良机。

(二)一年反复进校园

用人单位校园招聘的惯例做法是根据单位的招聘计划和学校的总体安排，每年进入校园招聘一次。然而近几年来，部分单位开始采取在一年内多次进入校园的做法，其考虑主要有三方面原因：一是毕业生的就业选择与决策是一个过程，其中既要对自身做全面、客观的评价，也要通过对不同单位的比较、分析，寻找最适合自己的发展机会，还要考虑到家庭因素，与家人协商等等，难以一蹴而就；二是毕业生对于单位的认识有一个深化的过程，多次的宣传与沟通，会使学生对单位有更加充分和深刻的了解，就业选择就会更加理性；三是很多毕业生在选择报考研究生，当考试成绩出来后，还会有部分考研未果的学生需要就业，此时再安排一次招聘往往会有很好的收获。

(三)考核程序更复杂

为了对应聘的毕业生有全面的了解和科学、准确的评价，从而选到最适合单位需要的优秀人才，用人单位对毕业生的了解和考核过程与过去相比要复杂得多，不但时间长、步骤多，而且考核的内容涉及方方面面，常常是既要了解学生的学习状况、社会工作经历、实践锻炼等基本情况，还要检验学生对专业知识的掌握程度、对外语的应用能力和综合能力与素质，还有很多单位对学生的个性心理特征和情商等也要进行测评和把握。因此，用人单位的选拔过程越来越规范、系统，对招聘条件要求也越来越高。一些用人单位不但要在多媒体教室进行宣讲，还要用十几个教室进行面试、笔试，而且考核的题目也是五花八门。

案例

普华永道会计师事务所(PWC)的招聘特点

普华永道的招聘流程:

1. 每年 9 月,普华永道中国区召开统一的招聘会议,确定本年度招聘时间表。

2. 召开校园宣讲会。

3. 网上收集应聘者简历。

4. 在 11 月份组织英语能力考试。

5. 考察团队合作能力和领导能力的群体评估。把通过第一轮面试的应聘者以 10 个人或 12 个人为一组,让其就某个问题用英语自由发挥,而面试官通过观察每人的表现,给出评分。第二部分是主题讨论,面试官会出几个选题供应聘者挑选,准备 10 分钟后,留三分钟时间让其陈述。

6. 经理面试。一般会就简历上的问题或应聘者在群体评估中的表现,问一些问题。对于非相关专业的人,还会问一些会计的基本常识。

7. 合伙人面试。主要以聊天为主,看应聘者的性格和潜力是否符合公司需要,同时会考察其英语能力、交流能力,从而最终确定是否录用应聘者。

点评

普华永道在招聘过程中表现出以下特点:

1. 招聘时间早。9、10 月份就已经开始进校做招聘宣讲,是较早进入高校的单位之一。

2. 招聘程序环环相扣。招聘程序多,上一轮为下一轮做准备,考察内容逐步增多,范围逐渐加大,难度也逐渐增加。

3. 通过网络筛选简历成为必需环节。

4. 通常采取专场招聘的形式。

5. 招聘环节灵活多样。虽然有固定的流程,但在不同的环节中却是灵活多样的,比如自我介绍、主题讨论、案例分析等等。

6. 高度重视应聘者的综合素质。在经理面试和合伙人面试的过程中,主考官通过对诸多细节的考察,从而确定对应聘者的综合素质总体的考察。

资料

中国石油登顶世界500强

英国《金融时报》2010年5月30日发布了全球500强企业排名，中石油首次超过美国埃克森石油公司，成为全球市值最大的企业；前10强中国企业有3个。中国工商银行和中国移动分别排第四和第十名。

这是《金融时报》全球500强第十四期年度排名，也是中国企业第一次站在排名榜榜首。根据《金融时报》研究机构的报告，截至2010年3月31日，中石油市值达3293亿美元，比第二名埃克森·美孚高出130多亿美元，微软名列第三，中国工商银行紧随其后。

金融危机帮忙中石油超越美孚

这次中石油之所以能顺利夺走全球500强的桂冠，很大一部分原因也应该归功于金融危机。由于欧美是金融危机重灾区，股市普遍下跌不少，因此埃克森·美孚、壳牌等公司的市值被拖累下跌，而中国抵挡住了冲击，中石油趁机超越对手。

商务部国际贸易经济合作研究院国际市场研究部副主任、研究员白明接受南方日报记者采访时也表示，"金融危机之后，各国的经济都面临着产业重组，中石油也有这方面的压力。但是，中国是一个新兴的工业国家，经济整体的趋势是向上的，而中石油作为国民经济的一个重要支撑，这种总体向上的发展趋势必然会在石油业有所体现。"

他向记者解释说，中国的经济，在金融危机之后，一直是处于一枝独秀的地位，经济状况相对于很多国家受经济危机的冲击要小，而且中央又实行了4万亿的救市计划，整个国民经济被激活。

中石油进入世界500强也离不开中国政府的支持。白明进一步指出，石油是国民经济的支柱产业，因此必然"近水楼台先得月"，不仅仅是中石油，中石化等都得到了很大的发展。而且中国石油业在中国的覆盖面很广，每一个加油站都可以说是一根伸向国民经济各个领域的触角，其他国家的企业想进入中国石油业是比较困难的，因为没有中石油那么大的立足点。

报告称，2010 版的 500 强企业总市值达 23.5 万亿美元，比 2009 年增长了一半多，如此大的增幅为近 10 年来仅有。

登顶引发行业垄断争议

对外经贸大学国际经济研究院国际投资研究室主任冯鹏程也告诉记者，资源行业登榜首跟这两年的大环境有关系，由于金融危机对高科技行业、新经营模式的企业打击比较大，而这一危机却恰恰对资源型企业往往是利好的消息，因此，在一定程度上也促成了中石油登上世界 500 强第一。但是他并不看好这种第一，因为垄断并不符合社会发展趋势，新的商业模式、经营模式或者高科技的公司才是社会发展方向。

而白明却认为，中石油一步步变成一个国际化的企业，这不完全是靠政府的支持。他告诉记者，中国石油业一直在积极地“走出去”，在非洲等地进行境外开发，这就有力地保证了油品的供应，扩大了中石油的业务范围。

更重要的是，中石油抓住了一个很好的时机上市。金融危机之前，也就是 2007 年年底的时候中石油上市，这为中石油融资、增加资金创造了很好的环境。“有了富足的资金，就有利于战胜经济危机，而危机一旦缓和，那么中石油就必然会捷足先登，再加上有国家相关部门的支持，所以中石油发展的环境就更优越。”

中国企业跻身 500 强是趋势

500 强名单中共有 21 家在中国内地上市的企业，全部为大型国有或者国有控股企业，行业涵盖金融、化工、建筑、运输等。今年上榜的中国企业总数（含港澳台）为 45 家，略低于去年的 47 家。在内地上市的企业数也不如去年的 27 家。落榜企业包括上海电气、大唐国际发电、紫金矿业等去年榜单上的新秀。

《金融时报》的全球五百强是与财富五百强并称的全球权威企业排名之一。越来越多的专家表示，随着中国经济的发展，未来会有越来越多的中国企业登上这个舞台。

进入500强的内地企业

中石油(1)、中国工商银行(4)、中国移动(10)、中国建设银行(11)、中国银行(26)、中石化(36)、中国人寿(41)、中国神华(60)、中海油(75)、交通银行(101)、平安保险(107)、中国招商银行(121)、中信银行(190)、腾讯(197)、太平洋保险(208)、浦东发展银行(255)、中信证券(274)、兴业银行(282)、中国民生银行(318)、中铝(356)、中煤能源(357)、贵州茅台(358)、宝钢(388)、国航(414)、中国远洋(450)、中国铁路(453)。

(资料来源:南方日报)

模拟训练>>>

招聘VS应聘

将学生分成两组进行训练:一组为企业进校的专场招聘团,参与学生应提出:(1)专场招聘策划案;(2)招聘的标准;(3)进行面试。另一组,模拟学生参加应聘的场景。最后结合所学知识,进行分析点评。

学习与思考

1. 说说你心目中理想就业单位的人才标准和能力要求。在将自己的现有条件与其需求对比过程中,你有怎样的体会与收获?

2. 用人单位的招聘类型有哪些?都有什么特点?

3. 用人单位招聘毕业生的新变化对于你今后的择业与就业会有哪些启示?

第五章

就业途径与应聘准备

本章提要 本章简要叙述了毕业生就业途径与求职方式，详细介绍了就业信息的收集和处理、应聘的策略和技巧、面试及笔试的方法和技巧。希望通过本章学习，大学生能够在求职择业过程中，有的放矢地做好各项准备工作，提高自己的就业竞争力。

第一节 就业途径与求职方式

随着就业制度改革不断深化及就业观念的转变，毕业生的就业选择更加宽泛，毕业生的就业途径及流向呈现出多层次、多渠道、多方位的特点。

一、毕业生就业途径

目前，高校毕业生的就业途径可以概括为：市场就业、考试录用、项目就业、自主创业、灵活就业、以就读代就业、出国留学与出国就业、暂缓就业等。

（一）市场就业

随着"市场导向、政府调控、学校推荐、学生和用人单位双向选择"的就业机制的确立，市场就业成为毕业生实现就业的一种途径。通过毕业生资源的市场化配置，使毕业生充实到社会需要并能够发挥其作用的岗位上去。目前，大学生就业主要通过毕业生就业市场、人才市场、劳动力市场三大市场实现就业。其中，各高校举办的招聘会是大学生就业的主渠道。

(二)考试录用

考试录用是目前用人单位招聘毕业生的一种重要方式,同时也是毕业生就业的一条重要途径。国家机关考录公务员、事业单位选用工作人员和专业人才,部分企业、公司大批选用人才,一般都采用考试录用的形式。考试包括面试和笔试。笔试主要考核毕业生的文字能力、综合分析能力和知识掌握水平,分为专业知识考试、心理测试、命题写作、综合考试等类型。面试主要了解应试毕业生的素质特征、能力状况、求职动机、形象气质等是否满足特定的岗位要求。

(三)项目就业

近些年来,为了促进我国欠发达地区的经济发展和社会进步,发挥政府的宏观调控作用,促进青年人才的合理流动,实现建设和谐社会的宏伟目标,同时也是为了引导和鼓励大学生到基层、到西部、到祖国和人民最需要的地方建功立业,国家和地方政府都制订并实施了一些服务项目,如:“大学生志愿服务西部计划”、“选聘高校毕业生到村任职工作计划”、“三支一扶计划”、“大学生志愿服务辽西北计划”、“农村义务教育阶段学校教师特设岗位计划”,等等。又如:鼓励承担国家和地方重大科研项目的单位积极聘用优秀毕业生参与研究,给予其劳务性费用和有关社会保险费补助,参与项目期间,毕业生户口、档案可存放在项目单位所在地人才交流机构。聘用期满,可续聘或到其他岗位就业,聘用期间工龄、社会保险缴费年限连续计算,等等。

(四)自主创业

自主创业是近年来大学毕业生一种新的就业途径。大学生在毕业后不是向社会“寻求”工作,而是为实现自我价值,减轻社会就业负担,通过科技创新、社会服务或发挥某一方面的特长,利用所学的知识,自己或与他人合作创办公司。这不仅可以解决自身的就业问题,而且也可以为他人创造就业机会。国家和地方都在积极支持和鼓励大学生自主创业,现已出台了一系列的扶持政策,为毕业生的自主创业创造条件。同时,自主创业对大学毕业生的知识、能力和综合素质等也提出了更高的要求。

(五)灵活就业

灵活就业是指在劳动时间、收入报酬、工作场地、保险福利、劳动关系等方面不同于建立在工业化和现代企业制度基础上的传统主流就业方式的各种就业形式的总称。随着社会发展和分工的细化，职业模式日益灵活多样，就业涵盖的领域日趋广泛：既有在劳动标准方面、生产的组织和管理方面以及就业稳定性方面有别于正式职工的各类灵活就业人员，如临时工、季节工、承包工、劳务工、小时工等；又有由于科技和新兴产业的发展、现代企业组织管理和经营方式的变革引起就业方式的变革而产生的非全日制就业、阶段性就业、远程就业、兼职就业，如产品直销员、保险推销员等；还有个体经营和合伙经营者等自雇型就业，律师、作家、自由撰稿人、翻译工作者、中介服务工作者等自由职业者和独立服务型就业等。这些职业自由度大、限制少，既满足了社会的需要，又在很大程度上符合大学生的自主择业需求。

（六）以就读代就业

本科生报考硕士、硕士报考博士，这种继续在学业上深造的做法，一方面提高了学历层次，提升了毕业生的就业竞争力；另一方面暂时缓解了就业压力和矛盾。一般来说，在高校里学习条件好，选择机会多，复习时间更为充裕，因而直接取得更高学历的可能性更大。因此，以就读代就业，无疑是大学生毕业时一种理性的选择。

（七）出国深造或到境外企业就业

随着经济全球化进程的加速，世界各国间的对外交往与交流将日益普遍。中国作为21世纪最有发展潜力的国家，已经成为世界高度关注的焦点，众多的国外知名企业、跨国公司开始到中国创办企业，抢占市场，世界各国高等学府也纷纷抛出“橄榄枝”，吸引中国学生，人才的竞争日趋激烈并逐步呈现出国际化的新特点。越来越多的中国大学毕业生开始有机会到国外院校继续读书深造，也有为数不少的毕业生选择参与国际人才的竞争，到外资企业或境外的企业公司工作。

（八）延缓就业

这通常是部分学生不得已而为之的一种选择。一些毕业生因为准备继续考研、正在办理出国的相关手续，或是暂时未能找到满意的工作单位，往往会选择暂缓就业或者先回家庭所在地再择业。也有的毕业生采取先办理就业代理或人事代理，解决户籍、档案等后顾之忧后再继续择业的做法。延缓就业和暂时的待业是一种正常的社会现象，对社会、个人和市场都是一种调节，大学毕业生对此也应该有充分的思想准备。

二、毕业生求职方式

毕业生的求职方式并不复杂。然而，实现求职的途径却多种多样，主要可以归结为以下几种：

(一)学校推荐

经过多年的探索和实践，服务于毕业生与用人单位的高等学校已经逐步建立了比较完备的毕业生就业服务体系，具有无可比拟的桥梁和纽带作用。高校通过“走出去，请进来”等方式，不断地加强与各用人单位的联系与沟通。同时，高等学校又是人才培养单位和毕业生就业市场的重要组织者，不但熟悉用人单位的实际需求，而且清楚自己培养人才的优势与特点，可以按照单位的需求推荐适合的毕业生。因而学校的推荐针对性强，成功率高，同时学校向毕业生推荐的用人单位可信度也较高，所以学校推荐是毕业生求职的重要途径。

(二)参加各种形式的人才招聘会

各地方、高校和有关部门组织的毕业生和人才招聘会是毕业生求职方式中应用最为普遍和常见的形式，主要通过毕业生与用人单位的直接接触，互相选择。人才招聘会具有招聘单位多、专业范围广、招聘相对集中的特点。但往往由于人太多，不便洽谈双方进行深入的了解。人才招聘会的主要功能是为供求双方搭建一个接触的平台，提供信息交流的机会。

(三)网络求职

随着计算机网络与通信技术的发展，网络凭借其方便、快捷、资源共享、数据处理迅速和信息量大等诸多特点，开始在高校毕业生就业过程中发挥出巨大的作用。越来越多的用人单位开始通过网络实现对外发布招聘信息，收集求职简历，完成招聘过程。而毕业生填写网上“求职登记表”，键入自己的个人简历和申请信，通过网络发布的个人资料有可能吸引成千上万招聘用户来访问，有时寻找一份工作甚至只要几分钟。信息网络使人才交流正从有形市场向无形市场延伸，很多专业化的人才招聘网站应运而生，通过信息网络提供各种就业服务。但是，在网络求职过程中，一定要警惕网络陷阱。

(四)有效利用实习机会

实习是大学生走向工作岗位的重要阶段，也是毕业生谋职的有效途径之一。实习阶段的工作，既可以让用人单位了解毕业生，毕业生也可以较详细地了解用人单位的生产、经营、管理和福利待遇等各方面情况，通过相互了解，建立联系，为以后的求职择业打下良好的基础。即使实习后不能被录用，实习经历也将成为今后求职的重要砝码。

(五)他人推荐

这是一种比较常见的求职方式，可以扩大职业选择余地。最直接的办法是求助于亲戚、朋友、同学以及其他密切可靠的周围人群，如教授、骨干教师等。他们与对口用人单位的领导或业务骨干有较为密切的关系，他们的推荐，容易引起用人单位领导的重视和信任。父母、亲友的推荐也可以帮助毕业生扩大推荐的范围，为自己的成功求职助一臂之力。

请人推荐，最好备一份履历表，便于别人从中介绍，使用人单位对你的情况有一个全面的了解，引起对你的重视，使之成为决定是否面谈的参考依据。

(六)人才代理

人才委托推荐是现代人事工作的重要内容，是人事代理服务的主要实现形式之一，是建立有序合理的人才流动机制的一种新型的服务方式，适用于用人单位和各类人才的双向选择，特别有利于提高中高级人才的择业成功率。

案例

确定方向，科学评估职业方向

肖鸣是一所综合大学管理学院的优秀毕业生，今年他应聘了一家声望很高且经济效益很好的外企的某个职位。然而，当他获得这个职位的时候，他又担心和矛盾起来。因此，他用SWOT法对自己进行了一次评估。

肖鸣用SWOT法对自己的职业现状展开了以下的分析。

优势：较强的相关管理学知识；勤奋、刻苦、学习能力强；有较强的组织能力和良好的身体素质，有团队合作和领导团队的经验。

劣势：缺乏信心，害怕失败；缺乏在外企工作的经验；表达能力一般。

机会：更大的晋升空间和机会；获得在一家声望很高且经济效益很好的外企的工作经验，有机会参与国际竞争性的工作。

威胁：在一个竞争十分激烈的领域工作且工作不够稳定；这家外企对待新员工十分严格、苛刻。

点评

SWOT分析法中所指的优势和劣势从属于个人本身，而机会和威胁则可能来自于外部环境，包括组织内部环境和社会环境。在以上的分析中，肖鸣列出了可以进一步加强的优势和需要克服的劣势，并针对这些情况制定了行动计划，列出了一份防止意外事故发生的工作计划以及与工作稳定性有关的可能发生的威胁，并提出了关于保持工作与生活平衡的压力管理技巧和策略，以消除过度疲劳引起的潜在影响，成功地避免了走入个人职业定位中的误区。

案例

趁早实习，积累工作经验

赵凯是某大学美术设计专业的毕业生，现在就职于某广告设计公司。他说："我学的是美术设计专业，而且学校也比较有名气，找工作不太难，但因为就业竞争激烈，自己的学习成绩并不突出，履历上也没有太明显的优势，因为我不敢太放松。"

大学四年级开学后，我看到一家实力雄厚的广告公司在学校的网站上招聘实习生，我马上报了名，并搜集了许多信息，针对这家广告公司的经营特点着实准备了一番。面试时，我凭借着自己充足的准备，过关斩将，成为 30 名入围选手之一，进入这家公司在天津分公司进行为期半年的实习。实习期间我也不敢怠慢，什么事都尽心尽力。结果，实习一结束，我就和公司顺利签约了。

点评

"工作经验者优先"是在人才市场上看到最多的一句话，常常让刚毕业的大学生们一筹莫展，可以说，工作经验是应届毕业生难以逾越的一道门槛。趁早积累工作经验，就可以最大限度地提高你的就业成功率。

资料

防范网络陷阱

网上求职的骗局主要有两类：一类是骗子公司让求职者汇款作为报名费、押金、手续费，遇到这种情况，求职者应当立即放弃，甚至可以举报；另一类是网上传销的骗局。声称只要交几十元会费就可以在家创业云云，这只不过是搬到了网上的传销而已。求职者在无法确定所要应聘单位的真实性与可靠性时，可以登录当地的工商局网站查询一下企业的注册情况，或直接在"百度"里输入"公司名＋骗子公司"，看一下搜索结果，就会有一个答案。

第二节　求职应聘

求职应聘应掌握就业信息的获取方式，就业信息的整合，同时还要掌握应聘的策略和技巧。

一、就业信息的获取和整合

就业信息具有固有的特性，毕业生在获取就业信息时，一定要把握信息的特性，掌握获取就业信息的方法，全面了解就业信息的内容，合理使用有价值的就业信息，使其在毕业生择业过程中发挥最大的效能。

(一)就业信息的获取方法

“行业优先”获取法 这种方法强调行业特性。毕业生获取的信息主要以自己所倾向选择的某个行业为主，围绕选定的行业获取相关的信息、行业现状及发展前景等。

“地域优先”获取法 这种方法体现了地域特征。毕业生获取的信息以自己所倾向就业的地域为主。在以地域为主要参考条件进行信息的搜索时，毕业生可以从以下几个层面考虑：第一个层面，可以将地域粗略划分为诸如“东部”、“西部”、“沿海”、“内地”等不同的区域；第二个层面，可以将地域划分得更细一些，比如说可以按照东北、西北、华北、华中、华南等地理区域进行划分；第三个层面，可以把择业区域具体到省份或中心城市。比如有些毕业生在择业时，就把自己的目标定在“上海”、“北京”等非常具体的中心城市。近年来，出现了新的就业趋势，就是有一些毕业生开始把自己择业的注意力集中在“铁岭”、“乌镇”等中小城市。

“志趣优先”获取法 这种获取信息的方法突出了毕业生的能力特长和兴趣爱好等主观意志，在获取就业信息时，充分考虑自己的志趣、自我感受。比如，有的毕业生希望自己将来创业经商，那么他们在获取就业信息时更加关注企业管理和市场营销等方面。

“一网打尽”获取法 这种获取信息的方法充分保证了所获得信息的全面性。采用这种方式获取信息时，可以将各种信息尽可能多地搜集起来，先不考虑行业、地域和个人志趣，然后按照一定的标准进行筛选。

上面介绍的这四种获取信息的方法各有利弊，采用前三种方法获取信息时，针对性强，可以利用有限的时间和精力获取到对自己有用的信息，但是存在着信息面窄的不足。而采用第四种方法获取的信息广泛，但由于涉及面太广，筛选和甄别有用的信息会很浪费时间和精力。但若能将这四种方法有机地结合起来，效果更好，毕业生可以根据自己的实际情况加以选用。

(二)就业信息的整合方法

将自己获取的就业信息进行粗略的分组管理 结合就业政策、行业和地域特点、用人单位情况等，将各种就业信息进行分组，形成粗略的信息群，剔除那些自己毫无兴趣的信息，完成初步的信息筛选。例如，可以按照行业、地区或者隶属关系等将所有用人单位进行分类，或是将所有用人单位列成标注有行业、地区或者隶属关系的清单等。

详细整理用人单位提供的信息　进行粗略分组后，再对看好的用人单位的信息进行详细整理。值得注意的是，有些用人单位，只宣传自己的优势，很少讲或根本不讲自己的劣势，这就要求毕业生首先对他们的情况进行充分的调查和了解，做到心中有数。

（三）就业信息整合的应用

在对就业信息进行整理之后，还应该尽快使用信息，及时与用人单位联系，向用人单位递交本人简历，到用人单位去面试等。因为求职信息具有实效性，而且是公开的，一旦你的动作慢了，可能会错过就业机会。所以毕业生在使用信息时，既不能盲目，也不能拖拉。

案例

输在细节上的遗憾

某家公司为了招聘几名公共关系工作人员而进行了一场考试。参加应聘考试的应聘者大多是大学应届毕业生，其中不乏管理专业的优秀毕业生。由于是公开招聘，考试成绩和录取名单都对外公布。到了张榜那天，应聘者聚在榜前，议论纷纷。原来榜上只有5个人的成绩，而且都没超过80分，录用的也只有这5个人。于是那些认为自己能够考80分以上的应聘者愤愤不平，认为自己连成绩都没有，一定是有“暗箱操作”“幕后交易”。他们愤怒地来到总经理办公室，要向总经理“讨个说法”。

不料，总经理早已准备。他打开办公室的一个柜子，拿出一大叠试卷，这些应聘者的试卷根本就没有批改过。一个应聘者质问：“为什么不批改我们的试卷？”总经理不慌不忙地说：“你们最好自己先看看这些试卷，不是用圆珠笔填写的，就是用蓝色水钢笔填写的，你们再看看自己的准考证，背面的考试规则明明清晰地标明：一定要用黑水钢笔答卷，否则卷纸作废。

这么醒目的要求你们都不注意，即使考满分那又能如何？谁愿意用这样粗心大意的人做公共关系工作人员！希望你们今后做事一定要认真谨慎，注意细节。记住，这是从事公共关系工作人员必备的基本素质。”

点评

这个故事不仅说明了如何去应聘面试的信息，更重要的是强调了细节的力量。一些看似不起眼的细节，往往在不知不觉中决定和左右着我们的生活与命运。古人云："见微知著"、"一斑窥豹"、"细微之处见真章"等等。面试官深知其中奥妙，因此，他们体察着你的一举一动，并从那些不经掩饰的细节中，推测着求职者的真实面貌。

案例

机不可失，时不再来

张敏毕业求职时在《W日报》上看到了一个自己觉得不错的工作职位：不仅专业对口，待遇也令她感到十分满意，而且企业规模也合适，发展空间较大。于是，她立即连夜赶写了一份求职信，还字斟句酌三易其稿，对此职位是志在必得。第二天一早，就把信寄了出去。

可是，半个月过去了，杳无音信。当她打电话给公司去查询时，才知道她的信虽然已经寄到，不过太晚了，招聘工作已经结束。尽管她的情况相当不错，但该公司仍然表示爱莫能助，请她等待下次招聘机会。

这一案例告诉我们，张敏的教训是不应该用平信方式寄求职信，因为她忽略了广告上说明要用传真或快件寄资料的要求。用平信邮送求职信，一是速度慢，让人家误认为你办事效率低，缺乏足够的竞争意识；二是平信显示了你对所求职位的不够重视，同时也有不尊重用人单位的嫌疑。

点评

所谓"兵贵神速",现在凡事讲速度求效率,求职亦是如此。否则,你就落后了半拍,让别人捷足先登而空留遗憾了。投递求职信或简历应当本着"越快越好"的原则,在见到招聘信息后尽快投递。特别需要注意的是,若是投递简历,一定别忘记在信封上的显著位置标明应聘职位,以方便招聘人员处理。投递求职信或简历的要点是:

1.在网上发现有合适的职位发布,应当立即发送电子邮件。

2.在报刊上发布的招聘信息,尽量在发布当天寄出求职资料,且一般要用特快专递邮寄。

3.如果招聘信息上注明可以发电子邮件、发传真及寄信均可,则首选发电子邮件,然后是发传真,一般不要采用寄信的方式,因为邮寄速度慢。

4.注意不同行业最有效的求职渠道,以求调整自己的求职策略,提高求职成功率。

二、应聘的策略与技巧

应聘是毕业生就业的基本环节。毕业生要让用人单位认识自己、选择自己,就必须通过应聘的途径和方法宣传自己、推销自己。应聘是就业的基础,在很大程度上决定着自己能否真正落实就业单位。

(一)应聘策略的类型

应聘有多种形式,如本人向用人单位做自我介绍、自我评价、自我推销;或借助中介人、中介机构或者是相关材料推荐自己,即只需将自己的想法和条件告诉第三方,或形成材料就能达到推荐自己的目的。

现场应聘

要求求职者必须亲临用人单位或招聘现场。其优点是直接面对用人单位,便于展示自己的风采,容易给人留下深刻印象,如果表现出色,可能会当场被录用。其缺点是涉及面有限,有时受时间、精力和地域的限制。现场应聘可以分成登门应聘、参加人才招聘会应聘、在实习或社会实践过程中应聘三种方式。

学校推荐

这种方式的特点是，学校向毕业生推荐的单位往往是主动向学校提供明确的用人需求，或是与学校有密切关系、相互信任的用人单位。因此，就业信息可靠，用人单位的情况明确，值得信赖。在用人单位看来，学校对毕业生的情况比较了解，学校对毕业生的推荐可信度高，有权威性。经过学校的推荐，求职者和用人单位往往容易相互认可，成功率较高。

书面应聘

即通过邮寄或递送应聘材料的方式推销自己。此种方式覆盖面宽，可以扩大自荐范围，不受时空限制，不受“临场发挥”和“仪表效应”的影响，也是毕业生求职择业过程中常用的应聘方式。

电话应聘

即通过电话推荐自己的一种求职方式。在求职过程中，电话应聘起着“敲门砖”的作用。充分利用电话接通后那短暂的时间，用最简洁明了的语言展示自己，尽可能给对方留下一个清晰、深刻、良好的印象，为面试打下良好的基础。在电话应聘中还要注意一些电话礼仪和技巧。

广告应聘

这主要是借助有关毕业生就业的杂志、报纸、广播或电视等媒体向社会推荐自己。这种方式覆盖面宽，受众广泛，易达到“广种博收”的效果。部分长线专业、非通用专业或有特殊专长的毕业生采取这种方式往往会收到意想不到的效果。

(二)应聘材料的准备

应聘材料应是包括推荐表、求职信、简历和其他相关材料组成的完整的材料，是多侧面、多角度、准确、全面地反映自己的思想觉悟、学识水平、组织协调能力、爱好特长等综合素质的综合性材料。

推荐表

学校推荐表一般包括本人及家庭基本情况、在校期间学习成绩和奖惩情况、自我鉴定、组织意见等部分。

求职信

求职信的书写与格式。求职信和书信的格式比较类似，一般说来由开头、正文、结尾、落款四个部分组成。

求职信的开头：要写明收信人的姓名和称谓或职务，如“人事处负责同志”、“尊敬的某某公司领导”等等；对于明确了用人单位负责人的，可以写出负责人的职务或职称，如“尊敬的王教授”、“尊敬的张处长”等等，然后，应再写上一句问候性的话语“您好！”。

求职信的正文：正文是求职信的主体部分，这一部分应写清以下几个方面：一是简明扼要地介绍自己，重点是介绍自己与应聘岗位相关的个人基本情况，如姓名、就读学校、专业名称、何时毕业、所获学位及取得的成绩等；二是表明个人具备的条件和能力，这一部分是求职信的核心，要从自己的专业知识、社会经验、专业技能、性格、特长等方面使用人单位相信，他们的需求正是你感兴趣的且有能力胜任的岗位；三是介绍自己的潜力，使用人单位觉得你有潜在的管理和组织才能，有发展和培养的前途。

求职信的结尾：求职信的结尾主要表达两层意思，一是表达你求职的诚心和期盼的心情，力求获得一次面试的机会；二是必不可少的礼貌，可以写上简短的表示敬意、祝愿之类的祝词，如“静候您的回信”或“望能及早成为贵公司的一员”等。

求职信的落款：落款包括署名和日期两部分，如果附寄（送）了其他材料，应在信的左下角注明，例如“附件1：个人简历，附件2：获奖证明”等等。若用人单位是三资企业，应附中英文对照的求职信。

写求职信切忌篇幅过长，这样容易使对方厌烦；求职信也不要写得过短，表达不完整，说不清问题，也会给对方留下浮皮潦草的印象。一般来说，字数在一千字左右，篇幅上最好是写满一页A4纸为佳。

简历

简历是概括介绍毕业生个人基本情况，并对毕业生的技能、成就、经验、教育程度、求职意向作的一个简单总结。一份完整的简历必须包括以下三个部分：

第一部分：个人基本资料

标题：一般为“简历”、“个人简历”或“求职简历”。

个人基本信息：姓名、性别、年龄、学历、民族、籍贯、政治面貌、就读院校、所学专业、健康状况、婚姻状况、通信地址、联系电话、电子邮箱等。

求职目标：用于表述求职者的愿望、目的与动机。表述应力求简明。

(1)直接写出职务名称。如销售代表、经理助理等。

(2)写下你想要从事的领域。如平面设计、管理等。

第二部分：学历与社会实践

教育背景：主要指大学的教育经历，包括本科和研究生阶段。介绍教育背景的目的是展示自己的专业特长，因此在学校名称后要加上专业名称和主修课程，如果辅修课程与希望应聘的职位关系密切，也可以列在主修课程之后。如果有学习成绩优秀、获得奖学金或荣誉称号等闪光点，也应列出来。要依次写清楚所就读的学校、院（系）、专业（方向）、学习和工作年限。目前比较通用的时间排序是由高到低，即高学位、高学历先写，目的在于突出你的最高学历。

工作经历和社会实践活动：大部分在校学生都没有多少社会工作经历，可以将此部分改写成实习经历、社会实践、课外活动等。例如在学校所承担的社会工作、组织（参加）活动的情况，假期社会实践活动或短期打工，加入学术沙龙、职业团体、社区组织以及在其中担任的职务，在担任职务期间组织了哪些活动及所获荣誉，这些都可以说明你的志向、爱好，你的组织能力、领导能力、团队协作精神和吃苦耐劳精神等。

业务课程与研究工作及成果：本科生的研究成果相对要少一些，所以本科生一定要把专业课程列出来，以说明自己的知识结构；研究生主要侧重点是科研能力方面的表述。

求职说明：求职要求可以做出特别的说明，且这些说明与你的工作有关，能引起用人单位的注意。

第三部分：专长及其他

求职材料中除了上述一些通用材料外，毕业生还可以根据自己的情况附加一些其他材料，如各种荣誉证书、比赛获奖证书、计算机等级证书、英语等级证书、驾驶资格证和其他各类资格证明，如教师资格证、心理咨询师证、食品营养师证等复印件。

兴趣、爱好方面，如有特殊兴趣爱好，且与你所求职务有很大联系，在篇幅允许的情况下，最好写出来，有助于用人单位对你的进一步了解。

（三）应聘的技巧及注意事项

就业竞争既是学识水平、从业能力的较量，同时也是择业技巧与策略的竞争。因此，毕业生必须善于分析招聘单位的用人心理，巧妙地展示自身的优势，赢得对方的青睐，从而取得择业的成功。

应聘的技巧

精心策划应聘材料 一份封面设计新颖又精美、装订整齐、内容排列有序的自荐材料，会在众多毕业生自荐材料中更易受到用人单位注意和重视，亦会给用人单位留下深刻和良好的第一印象。

应聘要举止得体 成功的自荐是为了赢得用人单位的好感，赢得了好感也就达到了求职目标的一半。应聘时如做到谦虚谨慎、自信大方、讲究礼仪、举止得体，可以赢得用人单位注意。切不可穿着拖鞋或短裤应聘，这样会使自己的形象大打折扣。

应聘要积极主动 应聘是求职者的主动行为，任何消极等待都是不可取的。求职信、个人简历等自荐材料的呈交、寄送要及时。在了解到需求信息时，更不能迟疑，否则就可能坐失良机。为使用人单位更全面地了解自己的情况，事先应做好各种求职材料的准备，不等对方索要，主动呈交；不等对方提问，主动向对方介绍；不消极等待回音，主动询问。这样，往往会给人一种“态度积极、求职心切，胸有成竹”的感觉。

应聘要重点突出 在介绍自己时，应重点突出自己的能力和知识，本人基本情况和家庭情况简单介绍即可。对于自己的专长、经验、能力、兴趣等，可以详细介绍。为了取得对方的信任，有时还要举例说明大学期间发表过的论文、获得的奖励、承担的社会工作或某些工作经验、社会阅历等。要突出自己的优势和闪光点，因为与众不同的东西，可能就是你魅力所在。

应聘要如实全面 介绍自己各方面的情况时一定要实事求是，优势不羞谈，缺点不掩饰，客观全面，不能吹嘘或夸大，更不能任意造假。尤其是在介绍自己以往学习、工作上所取得的成果时，一定要恰如其分。自我介绍材料要全面、完整，个人基本情况、社会关系、工作简历、学习成绩、业务特长及爱好，缺少其中任何一项都会给人一种不全面的感觉。推荐表、求职信、个人简历、证明材料一应俱全，才能给人以系统全面的整体印象。

应聘要有的放矢 即针对用人单位的具体要求，强调自己的社会经验和专业所长，这样才能使招聘者相信你是最理想的求职者。比如用人单位招聘管理人员，你的学生干部经历及组织管理才能有可能会更受重视。在强调针对性的同时，也不能抹杀相关的知识才能的作用。专业特长加上广泛的知识面和兴趣爱好往往更受用人单位青睐。

应聘的禁忌

忌自卑 有些毕业生因自己某些方面条件弱而易产生自卑心理，在自荐时显得信心不足，对自己要有信心。

忌自大 有些毕业生因自己有某些方面特长或优点，自认为高人一等，产生盲目自大心理，也是要不得的，这样做会适得其反。

忌浮夸 有些毕业生为了在自荐时能够引起用人单位的青睐，有意夸大自己的优点和成绩，回避缺点和不足。其实缺点和不足是不能回避的，还是要实事求是为好。

忌造假 近年来，有些毕业生为了谋求好的就业岗位，编造假成绩单、假简历来欺骗用人单位的事情时有发生，给毕业生的就业声誉带来了很坏的影响。如果一个人缺乏最基本的诚信道德，就失去了应有信誉，这样做既害了自己，也会影响学校的声誉。

忌急于求成 大学生在毕业求职过程中，存在急于求成的思想，认为既然找工作就要干一辈子，一职定终生。实际上，社会对人才的需求在不断更新和提高，人才资源只有在不断的交换和流动中才能得到优化配置、有效利用。因此，在每个人的职业生涯中，都要有多次就业的思想准备。

案例

不问薪金，先找岗位

李渝来自辽宁朝阳的一个贫困山区，就读于一所非名牌大学。大学毕业后，眼看着许多同学都找到了接收的单位，他也很想留在繁华的大城市发展，但是在找工作的过程中连连碰壁。毕业几个月了还没有落实单位，他很着急。李渝的一位老师就建议他:"我们不是名牌学校,专业也不是热门。你先别管单位如何,先留下来再说吧。"于是,李渝便在一个很不起眼的小公司留了下来,做起了分发报纸、接电话、打水等办公室内勤人员的工作。

两年之后,机会终于来了,李渝胸有成竹地参加了地区组织的公务员招聘考试,结果名列前茅,成为政府公务员,并随着时间的推移,已经不断晋升。

点评

不问薪金先找岗位,是李渝取得成功的基本要素。如果你想在城市发展,若连生存的基地都没有,又何谈干一番事业呢!特别是对于大多数刚毕业的非名校大学生来说,先在城市留下,这样做不失为良策。

案例

美国人择业:不选贵的,只选对的

吉姆是加州州立大学化学工业制造专业的研究生,他就业的渠道很多,可以干本行找一家生化研究所当试验员,或在低一层次的大学任教,也可以改行干社会上任何一种可赚钱的职业。而且,美国的就业机会相对较多,干哪个行当都有最低工资法令保障,收入一定不菲。但吉姆却选择了当地一家规模不大的生化制药厂当见习工。

美国有个规矩,见习工的工资不受最低工资额保障,收入远远低于一般工作的工资水平。而吉姆之所以委身屈就一个小工厂,是因为他看好工厂的发展前景,而且专业对口,学有所用。更吸引人的是,工厂准备把他向工程师岗位培养,因此,让他熟悉工厂生产的每道工序,每个环节。前三个月,吉姆从最苦、最累的药品车间分拣员干起,每天和工人们的劳动内容、劳动时间和劳动强度一样,而薪水却少了很多。但吉姆很乐意,他认为择业"不选贵的,只选对的"对以后自己的事业发展有利。

点评

在美国，像吉姆一样不看重眼前能拿多少工资，而关注职业选择是否对自己的人生设计有益的人不在少数。而且，在美国人的择业观中，还有"先就业再择业"的思想，他们反对"一次择业定终身"，认为"骑着马找马"更好。美国人不反对跳槽，但跳槽的行为多在自己的专业和熟悉的领域内，他们认为这样更能利用他们的所学，发挥自身的优势。因此，美国人才的流动性很大，一个人一生平均更换职业多达12次。美国人认为所学有不同，专业有主攻，人首先要认识到自身的价值，然后找合适的职业来体现自身的价值。

资料

简历例文

个人简历

姓　　名：张博　　性别：男

出生年月：1982年6月3日

家庭所在地：辽宁锦州　　身体状况：健康

婚姻状况：未婚　　爱好：体育运动、音乐

联系电话：13088946666　　民族：汉

E-mail：zhangbo@163.com

身高：1.79米

应聘职位：网络文学编辑

教育背景

2007.9～2009.7　中山大学，文学硕士 媒体与信息交流

毕业论文：透过外国广告看中国

2003.9～2007.7　辽宁师范大学，文学学士 教育学

毕业论文：我国小学生口头侮辱及绰号抽样调查

主要社会工作及社会实践

2003～2004年　新浪网站的兼职文学编辑

2006年　在某外资公司担任兼职秘书

2008 年　　参加中山大学研究生社会实践团，赴赣南山区考察、体验生活。返回学校后与同学合作写下了数万字的调查报告。同时，还在校内组织了图片展览以及为老区希望小学募捐的活动资料。

获奖情况

2007～2008 年　中山大学研究生会优秀干部奖

2005～2006 年　辽宁师范大学辩论比赛最佳辩手奖

2003～2004 年　辽宁师范大学运动会男子跳远第一名

特长

- 喜欢写作，是新浪网站的兼职文学编辑，有个人博客，点击率很高。
- 通过国家大学英语六级考试，具有良好的英语听、说、读、写能力。
- 取得全国计算机等级考试二级合格证书，熟练运用 Word、Excel、Photoshop、幻灯片、简报软件及互联网等。

这份简历较全面地介绍了自己的专业知识、实践能力，重点突出，条理清楚，表述得当，给人一种稳重、踏实、做事一丝不苟、有条有理的印象。

第三节　面试和笔试的类型与方法

一、面试的类型

面试是通过当面交流、回答对毕业生考核的一种方式。面试可以进行一轮或若干轮，有的用母语进行，也有的用外语进行，这些视不同单位安排而定。

面试的种类因面试目的、面试现场组织形式、面试中面试官采取的方式不同，可以分成很多种类型。

(一)按照面试的目的划分,见表 5-1

表 5-1

种类	组成人员	面试目的	面试形式	面试任务	应对措施
筛选性面试	用人单位人力资源部或专业部门	了解求职者的条件是否符合本单位的需要	提问求职者的个人情况和简历内容	考查求职者的回答是否与自荐材料中的表述有出入	要自信、从容、谦逊有礼,详细解释简历内容,迅速、直接、简洁地回答问题
定性面试	用人单位的高层经理和人事招聘专员	确认求职者中谁最适合此项工作	提问的难度加大,可能涉及个人原则和隐私问题	考查求职者在压力下的反应与合作能力	充分地放松,积极主动地回答问题,时刻保持优雅、从容、自信、微笑。用语、称呼、话题要从用人单位的角度出发
集训性面试	招聘负责人是操作负责人	考查求职者工作技能、团队精神、学习能力	以集中培训或试操作的方式	对求职者进行学习性或实习性的选拔和淘汰	摆正态度,谦虚、谨慎,尊敬每一个人

(二)按照面试现场的组织形式划分,见表 5-2

表 5-2

种类	形式	具体形式	应对措施	注意问题
个人面试	一对一面试	只面对一个面试官,话题的专注度加强,对求职者造成的心理压力也较轻	注意力集中,注视对方时要注意眨眼的时间和次数,不宜过长也不宜过多。在交谈过程中难免会碰到双方目光相遇,应顺其自然地对视几秒钟,再缓缓移开,这样显得心地坦荡,容易取得对方的信任	不要死盯着对方的眼睛,也不要在某一局部区域内上下翻飞;不要东张西望、左顾右盼,显得心不在焉;不要高高昂起头,两眼望天,显得傲慢,这些都是失礼和缺乏教养的表现
	连续性面试	求职者从一个办公室到另一个办公室	以饱满的热情对待每位面试官,根据不同面试官的胸卡辨别面试发展到哪一步,以决定面试的重心	当做连续的"一对一面试",认真面对每一个面试官
	一对多面试	一个求职者面对多个面试官	沉着、冷静,每次只针对一个问题来回答,把重心放在提问的面试官身上,如有多个问题同时提出,就选择一两个较容易的来回答,而其他问题一时不知答案的,应婉转地表明自己不清楚	回答问题注意要和在场每个人进行良好的目光交流,避免冷落某一位招聘人,但环视的次数不宜过多,这样就能获得他们的一致好评

（续表）

种类	形式	具体形式	应对措施	注意问题
群体面试	群体应答方式	群体面试大多会提问到求职愿望和求职动机	应答应简单扼要，发言过于冗长即使是很精彩也会引起面试官的反感	切忌因别人意见与自己相同而简单答曰"某某已讲过，我的看法与他相同"，失去个性色彩。在他人应答时，不可露出轻漫的姿态
	集体讨论方式	采用几个求职者集体讨论方式	要点明确，尊重他人意见，置身于讨论之中	受到反驳时，恼羞成怒，高声辩解或反唇相讥是不可取的，应表现出自己的涵养和冷静。最忌感情用事、自恃清高、漫不经心
小组面试	小组面试	由一位代表职位职能的部门主管加一位人事主管或员工组成面试小组，是面试的最终阶段	从容不迫，有条不紊，面带微笑，充满自信	不要太过紧张和不安，调整情绪，放松自己，从容面对

（三）按照面试中面试官采用的方式划分，见表 5-3

表 5-3

种类	具体形式	主要目的
问题式面试	由面试官按照事先拟订的提纲对求职者进行发问	观察求职者在特殊环境中的表现，考核其知识，判断其解决问题的能力
压力式面试	由面试官有意识地对求职者施加压力，就某一问题或某一事件作一连串的发问，详细具体且追根究底，直至无以对答	观察求职者在特殊压力下的反应、思维敏捷程度及应变能力
随意式面试	面试官与求职者自由地进行交谈，气氛轻松活跃，无拘无束	于闲聊中观察求职者的谈吐、举止、知识、能力、气质和风度，对其做全方位的综合素质考查
情景式面试	由面试官事先设定一个情景，提出一个问题或一项计划，请求职者进入角色模拟完成	考核其分析问题、解决问题的能力
综合式面试	面试官通过外语对话、计算机等多种方式考查求职者的综合能力和素质	以考查其外语水平、文字能力、书面及口头表达等方面的能力

在实际面试过程中，招聘者可能采取一种或几种面试方法，也可能就某一方面的问题对求职者进行更广泛更深刻的考查，其目的在于能够选拔出优秀的人才。

二、面试的方法和技巧

面试如同其他考试、考查一样，既同平常知识经验的积累有关，也同临场的发挥、技巧的使用分不开，因此，大学生应注意面试的特点，掌握面试的基本技巧。

(一)面试前进行有效的准备

要在面试中取得成功，须做好以下准备：(1)进行周密的计划；(2)熟悉应聘单位情况，积累相关行业的常识；(3)审视自己的优缺点、性格特征、兴趣爱好等，保证客观、全面、准确地自我认知；(4)练习处理对你面试不利的事情；(5)模拟可能遇到的问题；(6)准备向面试官询问和请教的问题。

(二)面试的语言技巧

答问技巧

详略得当，紧扣主题 对面试官的提问，要根据现场情况妥善掌握。对于纯信息性的问题应该回答干脆、利落；对于阐述性的问题，要紧扣主题，不能随意发挥。对某些问题，可以列举阐述，但是举例应该是简明的、典型的。一般情况下，回答总是要结论在先，议论在后，先将中心意思表达清楚，然后再做叙述。

确认提问，切忌答非所问 面试中，面试官提出的问题过大，以致不知从何答起，或求职者对问题的意思不明白是常有的事。“您问的是不是这样一个问题?”将问题复述一遍，确认其内容，才会有的放矢。

用大众的观点回答某些热点、敏感问题 一些面试，特别是应聘公务员类的面试，面试官也许会问及一些社会热点问题。对此，求职者最好用大众比较认同的观点来回答，切忌用学生冲动式的态度谈论社会上某些有失公正、消极阴暗的方面。注重辨证思考，反对极端。

冷静对待，宠辱不惊 面试官中不乏刁钻古怪之人，可能故意挑衅，令人难堪。这不是"不怀好意",而是一种战术提问,让你不明其意。故意提出不礼貌或令人难堪的问题,其实在于考查你的"适应性"和"应变性"。你若反唇相讥,恶语相对,就大错特错了。

要据实回答,实事求是 面试中常会遇到一些不熟悉或根本不懂的问题。面对这种情况,回避问题是失策,牵强附会更是拙劣,诚恳坦率地承认自己的不足之处,反倒会赢得面试官的信任和好感。

坦然面对回答问题的失误 由于种种原因,在回答某些阐述性的问题时,可能出现失误,或者有表达不理想的情况。在这种情况下,不必惊慌,更没有必要重复论述。个别的失误是正常的,不能因为一点失误影响整个面试水平的发挥。

发问技巧

面试时,若面试官问你有没有问题,你可以适当问一些问题,并且应该把问题的重点放在面试官的需求以及你如何满足这些需求上,通过提问的方式进行自我推销是十分有效的,所提问题必须是紧扣工作任务,紧扣职责岗位。

尽量不问工资待遇 一般的单位都有固定的工资标准,对于应届大学生,单位一般不会在工资上破例,而且很多时候用人单位会提前公布这些方面的信息,面试时不宜过多问这些问题。

注意提问的水平 通过你的提问,面试官可以了解你对事物的认识水平、思想水平,也可以考察你求职的目的。所以提问注意不要问一些显而易见,或是不着边际的问题,也不要问一些过于世俗的问题。

提问要围绕企业及个人发展情况 这样可表明你是一个有大局观念,以事业为重的人,也能使其感受到你求职的诚意和对未来发展的期待。

谈话技巧

注意良好的语言习惯 不仅要表达流利,用词得当,更要注重说话方式,如发言清晰,语调得体,声音自然,音量适中,语速适宜等。此外,要警惕容易破坏语言意境的现象,如过分使用语气词、口头语,这不仅有碍于听者的连贯理解,还容易惹人生厌。

谈话应注意分寸 不要说奉承话,不要浪费口舌,当然也要少用褒贬性评论，避免极端性的言辞。

扬长避短 发挥自己的长处，尽量克服自己的不足，如地方口音等。

留意对方反应 要随时观察对方的反应，如果对方的眼神或表情显示对你所涉及的某个话题已失去了兴趣，应该尽快找一两句话将话题收住。

不直接反驳对方观点 某些面试可能是讨论式的，由于各人的经历不同，或者是所处的社会地位不同，对一些问题的看法必然会有所不同，面试与求职者讨论问题，双方的观点可能有很大的不同，求职者在发表自己的见解时，要注意避免和面试官的直接交锋。

注意聆听 并不是每个人都会听人讲话的，听——并非简单地用耳朵就行了，必须用心去理解，并且积极地作出反应。如果对方在说话，你却表现出心不在焉的神情或作出下意识动作，这不仅会导致你对对方的谈话听而不闻，并且是对说话者的极不尊重，因此而失掉工作的不乏其人。

面试常遇到的问题

紧张 适度的紧张可以帮助你集中注意力，但过分紧张则会引起情绪失控。深呼吸是缓解紧张的有效措施：在进入招聘者办公室以前，可以试着做一个模拟训练，请自己的同学协助提出问题，由自己来回答，如果在回答问题过程中出现紧张以至于无法控制时，应该坦率地告诉面试官，请求暂停一下。

说错话 由于一时紧张可能会说错话，这是初次面试经常会遇到的问题。一旦发现自己讲错了，应该停下来，主动挽回。例如“对不起，刚才我说错了，应该是……”，一定要沉着冷静，以免影响情绪，再出差错。

不明白的问题 求职者有时可能因为过度紧张以至于一时没有听清面试官的问话，或者不明白面试官的意图，这时不妨请他再说一遍，例如“对不起，您的意思是……”或“不知您是否想问……的问题”。

不懂的问题 人不可能什么都懂，面试过程中很有可能会遇到自己确实不懂的问题，碰到这类问题，一定不要不懂装懂或瞎说一气，要坦率地说明“对不起，我忘记了”或“对不起，我不懂”。坦率真诚要胜过虚荣百倍。

资料

面试时如何应对主考官刁钻问题的应答

“激怒法”是刁钻的主考官用来淘汰大部分应聘者的惯用手法。在两个人面对面的斗智过程中，他们往往会采用一个明显不友好的发问，或用怀疑、尖锐、单刀直入的眼神，来剥落应聘者彬彬有礼的外表，使其心理防线崩溃。当然，他们所为是要找到具有相应心理承受的人。那么，当你在面试时遇到这样的考官时，应该如何巧妙应对呢？

1.你并非毕业于名牌大学。

应答对策：比尔·盖茨也未毕业于哈佛大学。

2.你的经历太简单，而我们需要的是社会工作经验丰富的人才。

应答对策：我确信我有缘加盟贵公司，我将会很快成为社会经验丰富的人。

3.你的专业与所申请的职位不对口。

应答对策：现在最抢手的正是复合型人才，而外行的灵感往往超过内行，因为他们没有思维定势，没有条条框框限制。

4.你的学历对于我们来讲太高了。

应答对策：我带来了三张学历证书，您可以从中挑选一张您认为合适的，至于另外两张，就请您忘记了吧。

5.你是因为与上司有矛盾才转到我们这里来的吧？

应答对策：他是一个正直的人，但我们之间性情差异太大，无法成为好朋友。

6.你的性格过于内向，这恐怕与我们的职业不相适合。

应答对策：内向的人往往专心致志、锲而不舍。另外，我善于倾听，我认为应当把发言的机会留给别人。

作为应聘者，面对主考官咄咄逼人的情况，你还应具有以招应战对策，那就是无论如何都不要被“激怒”。处于被动地位的你，如果因为主考官提出某些问题过于尖锐、不友好或者欺人太甚而激起了怒火的话，那么你已经输掉了这次应聘的机会！

三、笔试的类型和内容

笔试是一种常用的考核方法，它是用人单位采用书面形式对应试者所掌握的基本知识、专业知识、文化素质和心理健康等综合素质进行的考察和评估。笔试对应试者来说是相对公平的一种测试方式，因而被越来越多的用人单位所采用。

(一)笔试的类型

专业考试

这种考试主要是为了检验应试者专业知识水平和相关的实际能力。一般情况下，大多数用人单位看了推荐表上的各门功课的成绩，有时在面试中提出几个专业问题，笔试就免了。但也有一些特殊用人单位，需要通过笔试的方式对应试者进行专业知识的再考核。例如外资企业、外贸企业，对应试者要考外语；科研机构招聘人员要考专业知识；国家机关招聘公务员要考行政管理和法律知识等。

心理测试

心理测试是用事先准备好的标准化量表或问卷，要求应试者完成。根据完成的数量和质量来判断应试者的心理水平或个性差异。一些特殊的用人单位常常以此来测试应试者的态度、兴趣、动机、智力、个性等心理素质。

智商测试

智商测试主要为一些跨国公司所采用，它们对毕业生所学专业一般没有特殊要求，但对毕业生的素质要求较高。在他们看来，专业能力可以通过公司的培训获得，因此有没有专业训练背景无关紧要，但毕业生是否具有不断接受新知识的能力是至关重要的。

命题写作

这种考试的目的在于考查应试者分析问题能力、逻辑思维能力和文字应用表达能力。比如限时写出一份会议通知、请示报告或某次工作总结报告，也可以给出一个观点，要求应试者予以论证或批驳等。

综合能力测试

综合能力测试兼有智商测试的要求，但程度更高。比如应试者要在规定的时间内对一组数据、一组资料进行分析，找出合理的地方和存在的问题，并设计出解决问题的方案。这是对应试者的阅读理解能力、发现问题、分析和解决问题的能力、知识面等素质的全方位测试，甚至有时候问答都是用英语进行，相对来说难度更大一些。

(二)笔试的内容

参加笔试以前，应了解笔试的大体内容，笔试的内容基本分为以下几个方面：

专业类

这类试题主要涉及应试者所学或企业用人岗位所需的专业知识。

政治类

这类试题主要涉及一些基本的政治观点、时事政治或对国际国内形势的分析。例如，试用马克思主义的基本观点说明一两个具体问题；你对当前改革有何见解；谈谈你对当前国际形势的看法等等。

公文类

这类试题主要涉及一些常用公文的写作，考查应试者对各种公文文体的掌握情况及对语言、文字的驾驭能力等。例如，某学校教务部门打算买一台计算机，请你写一份请示报告；某地准备召开高校精神文明建设交流会，请写一份会议通知；5 分钟改错别字等。

技能类

这类试题主要涉及英语、计算机等通用技能的考核。例如，翻译一篇短文(英译汉或汉译英)或打印一篇短文(计算机操作)，或编制一份表格(企业人力资源调查)等等。

综合类

这类试题涉及面较广，考查的知识点比较全面且综合性强，针对一个问题可能需要应试者动用多方面的知识和能力去解决。例如，参加一次主题研讨会，讨论：怎样增强国有大中型企业的活力？怎样加强国家宏观调控的能力？经济体制改革如何深化？然后，应试者应就本次研讨会写出一份会议纪要和英文提要，并打印出来。某外商要来本公司洽谈合作事宜，来电话告知日程安排，要求应试者用相应语种接听电话，并打印出电话记录，呈报有关领导。阅读数篇群众来信，并结合秘书工作的特点写出一份情况汇报，打印上报。

四、笔试的方法

（一）认真准备

加强训练 良好的笔试成绩来自于平时的积累。读书期间刻苦学习、基础扎实、活学活用的毕业生在笔试时会信心十足，得心应手。同时，择业作为人生大事，有必要较早树立就业意识，提前做些就业方面的准备，相应地，可以查阅一些笔试的试题，有针对性地加强一些这方面的训练。

针对性的复习 针对参加不同类型的考试，翻阅应试资料，复习已掌握的知识，加强记忆。复习准备时应考虑到单位、岗位的特点，进行一些相应的准备。

保持良好的心理状态 这种考试不同于升学考试，临考前，须减轻思想负担，保证充足睡眠，调整好心理状态，力争以最佳状态参与应试。

临场准备 提前熟悉考场环境，有利于消除应试时的紧张心理。还应仔细看看考场注意事项，尽量按要求做好。除携带必备的证件外，一些考试必备的文具（钢笔、铅笔、橡皮等）也要准备齐全。

（二）答题技巧

科学答卷 拿到试卷后，首先应通览一遍，了解题目的多少和难易程度，以便掌握答题的速度；然后根据先易后难的原则排出答题的顺序，先攻相对简单的题，后攻难题。这样就不会因为攻难题而浪费太多时间，而没有时间做会答的题。遇到较大的综合题或论述题，则应先列出提纲，再逐条论述。

搞清题意 在答题之前必须搞清楚题目的类型、要考查的知识点和考查的目的等。因为求职笔试试题不同于平时学习过程中的考试试题，它考查的面比较广，而且随意性、灵活性大，试题中有一些可能是你从来没有遇到过的类型，甚至有些问题非常古怪，这时应试者必须冷静分析，搞清楚题目的类型和具有测试性的要求，动用所有的联想和记忆细胞查找可能的线索，寻求最佳答案。

自我暗示 笔试过程中，由于应试者准备时间不充分，没有经验或者题型生疏等原因，可能会感到无从下手，这时不要烦躁、慌张，因为这些情况对于大多数人来说都是可能存在的，要对自己进行心理调节和自我暗示，做到深呼吸。比如告诉自己"我遇到的麻烦，大家也同样遇到了"、"我学习成绩、个人能力都比较好，对于这类问题一样能处理好"等等。

认真检查 答完试卷后，要进行一次全面复查，特别注意不要漏题、跑题，要纠正错别字、语法不通、词不达意等错误。另外，特别强调一点：对于心理和智力测试的题目，在检查中如发现不妥，又难以确定对错，最好的办法是保留原有答案，不要改动，对于这类试题，人的第一感觉往往更可靠。

案例

一次寓意深刻的笔试

在某公司的招聘考场上，考官出了一套综合能力测试题（限时两分钟答完），要求：请认真阅读试卷。

一、在试卷的左上角写上姓名

二、写出三种热带植物的名称

三、写出三座中国历史文化名城

四、写出三座外国历史文化名城

五、写出三位中国科学家的姓名

六、写出三位外国科学家的姓名

七、写出三本中国古典文学名著

八、写出三本外国古典文学名著

……

不少考生眼睛匆忙扫了扫试卷，马上就动笔"沙沙沙"地在试卷上写起来，考场上的空气因紧张而显得有些凝固。一分钟、两分钟，时间很快就到了，除了有四五个人在规定的时间之内答完起身交试卷外，绝大多数人都还忙着在试卷上答题。人力资源部经理宣布考试结束，未按时交试卷的一律作废，考场上顿时像炸开了锅，未交卷的考生纷纷抱怨：“时间这么短，题目又那么多，怎么可能按时交卷呢？”“对了，试题又出得很偏。”只见人力资源部经理面带微笑地说：“非常遗憾，虽然在座的各位不能进入本公司接下来的面试，但不妨把你们手上的试卷带走，做个纪念。再认真看看，或许会对你们今后有所帮助。”言毕，人力资源部经理很有礼貌地告辞了。

听完人力资源部经理的话，不少人拿起手中的试卷继续往下看，只见试卷的最后是这样写的：如果阁下看完了全部题目，请只做第一题。

点评

在应聘答题时，必须认真审题，切实弄清题目要求，逐字逐句分析题意，按要求进行回答。书写时，力求做到字迹清楚，卷面整洁，格式、标点正确，不写错别字。而这场考试中的大部分考生没有搞清试卷要求，匆忙做答，所以纷纷被淘汰。

案例

求职者要珍惜适合自己的工作机会

王茜在学校学习时是一名优秀学生，在班级上成绩始终拔尖，因此，一直希望能够找到一个很好的工作。在学校组织的毕业生就业洽谈会上已经有一家单位看中了她，她自己也觉得很好。但是，当她听说同班同学小田找到了一家外资企业，发展空间大，待遇好。于是，她觉得小田平时什么都不如自己，就暗下决心，一定要找一个比小田更好的单位。

于是，王茜毅然拒绝了那家单位，开始了新的应聘。可是，当她忙了一圈找不到更好的单位想回过头来的时候，原来那家单位已经和她班上的另一位同学签约了。

像王茜这样的同学大有人在，而且往往都是一些成绩较好、性格要强、在班级上是佼佼者的同学容易犯盲目攀比的错误。在盲目攀比心理的影响下，即使有些单位非常适合自身发展，但因为某个方面比不上其他同学选择的就业单位，就急于放弃，结果悔恨终生。

点评

大学毕业，走向社会，开始实现自己的人生价值，是每个大学生的理想与追求。但是在求职的过程中，如果不能从自身的实际情况和社会发展的需要出发，而是盲目地与同学攀比，似乎找不到一个比别人更好的单位就不能实现自己的人生价值，结果是只能求得一时的心理平衡，而不利于实现自身价值，做到长远发展。

正确的做法是：要对自己有正确的、客观的、公正的评价与分析，一旦发现好的机会就果断抓住。因此，大学生一入校门，就应当加强心理训练，培养良好的从业心理品质。

模拟训练>>>

模拟面试

分组模拟面试场景，讨论模拟面试应注意的问题，理解面试技巧。

学习与思考

1. 大学毕业生就业有哪些途径与方法？
2. 大学生如何正确整合和应用就业信息？
3. 大学生如何正确应对求职择业过程中的面试与笔试？

第六章

就业心理准备

本章提要 本章阐述了大学生在就业过程中应具备的健康心理素质，通过案例分析了往届毕业生在就业过程中常见的心理矛盾、心理障碍、心理误区和心理恐慌，并介绍了常见的心理调适方法。希望同学们能够通过本章的学习，在就业过程中保持积极心态，掌握有效的心理调适方法，克服不良心理，勇敢面对就业挑战。

第一节 健康的就业心理及其培养

求职择业是一个比较复杂的选择和被选择的过程，需要经历许多事件，面临各种各样的心理考验，所以，培养健康的就业心理对于应对挑战、走向成功具有重要意义。

一、健康的就业心理

(一)健全的智力能力修养，良好的综合心理素质水平

掌握丰富的知识，培养健全的智力和能力有助于心理素质水平的提高。所以大学生在读书期间应珍惜宝贵的学习时间，在学好专业技能的同时，加强系统和综合知识的学习，培养综合素质。

【案例】 初云是教育学专业的毕业生，在校期间他可是个活跃分子，在各个方面都表现突出，特别是参加了各种锻炼能力

和增加文化素质的活动和学习，他总是开玩笑说自己不务正业。但他心里明白，当今的社会需要的是能力和实践，自己这样做没有错。去年他考取了国家公务员。在别人看来，这是一件值得羡慕的事情，而他自己却觉得考取国家公务员则属意外之举，又属情理之中：他考公务员并不是唯一的选择，当时只是想试试，开始他学的专业不允许报名，他尝试着以信息技术类毕业生身份报名，侥幸通过了报名审核；笔试时感觉发挥很一般，但成绩却是第一名；复试时对该职位一无所知，却因为自己平日里的活动和综合知识帮了自己，关键自己心态好，又见过世面，毫无惧怕之心，评委们反而给了他高分。

【点评】 宽厚的知识基础、善于创造的智力能力、开放的眼界、科学的观念、健全的理智，必然提高大学生对事物的认知水平，端正就业心态，培育出良好的心理素质，对大学生的职业选择产生积极的影响。

(二)良好的情绪情感，健康的求职心态

良好的情绪情感，有利于大学生在求职过程中发挥自己的特长和优势。情绪是人的自然需要是否得到满足而产生的一种体验，具有暂时性和情境性。情感是人的社会需要是否达到满足而产生的一种心理体验，它比较稳定持久。

【案例】 王玉终于如愿以偿被一家著名的公司录用了。为了这个工作他靠着稳健的心态，经历了一年多时间的准备。在大三的时候就准备求职于四大会计师事务所了，大三寒假参加了某公司的实习笔试，虽然最终没有进入实习，但是这次经历让他在一年之后得到了这家公司到校园招聘免笔试的优惠条件，并且最终收到了它的 offer。大三暑假他通过内部推荐又有幸到另一家公司进行实习，真正接触到了另一家更大的平台公司，感受了在其中工作的辛苦和喜悦，并且进一步坚定了在这个大公司工作的勇气和决心。正因为有着实习的经验和这份决心，大四他收到了参与实习和工作的几家公司的 offer，最终选择了

其中之一最适合自己的公司。

【点评】 王玉有明确的目标，有进入社会的勇气和激情，有具体的可实施计划，始终在一个良好的情绪下去努力实现目标。人只有在良好的情绪下才能有效地进行思考和行动，充分发挥自己的才智，表现出个人的能力和优势，使考核者得以全面了解你的能力素质。反之，情绪波动、心境不稳，就会在求职过程中过于情绪化，思维混乱，把握不住自己，就会出现不应有的失误。

(三)坚强的意志，克服求职困难

意志是个体出于一定的动机，自觉确定目的并支配和调节自己的行动，克服困难达到目的的心理过程。意志是人成才的重要心理素质，也是求职择业中必须具备的条件，顽强的意志是通向成功大门的钥匙。在大学生就业的过程中，不论是主观上还是客观上，都会遇到各种意想不到的矛盾和困难，如果没有坚强的意志，就会产生心理压力，造成灰心丧气、彷徨摇摆、优柔寡断情况出现，结果丧失机遇，半途而废。培养自己的意志，就要学会在活动中清楚地认识到自己的行为目的和社会意义，自觉克服困难，排除干扰，勇往直前。

案例

不轻言放弃

李娜同学是一个品学兼优的学生，在校时多次当选三好学生和优秀团员。可是到了毕业时她却犯了难，虽然她品学兼优，可她所学的专业却不太受用人单位的青睐。有几个单位只要男生不要女生。每当用人单位来校招聘的时候，她就被人家一句“女生免谈”拒之门外。可她并不气馁，凡是有单位来校，她还是以积极的态度去应聘，看到她这么执著，老师和同学都积极地为她提供用人信息，向用人单位推荐她，可迎来的还是一次次失败的打击。这时候，大家都开始担心李娜可能会受不了，可李娜还是一脸笑呵呵的，她说，你们不用担心我，我早就做好了遭受挫折的准备，只要还有最后一次机会，我还是会努力去争取的。从此以后，李娜就更勤快了，所有的用人信息都不放过。李娜这种执著的精神感动了每一个人，临近毕业前，终于有用人单位决定录用她。

点评

面对严峻的就业形势，有相当多的人是在多次应聘之后才找到工作的。应聘是用人单位与求职者相识、相知并聘用的一个过程，在这个过程中，可能会遇到多次波折。经受各种考验，是求职者应具备的心理素质之一。良好的心理素质，可以使人在面对考验和矛盾的时候，态度镇静、发挥特长、乐观向上、不怕挫折、勇于创新，充分展示自己的能力和优势。在这个过程中，不论条件如何复杂，心理素质好的大学生都能及时调整情绪，遇惊不乱，正确地支配自己的感情和行为，对外界的刺激做出符合社会行为规范的反应。特别是遇到不利环境时，更能有效地克制自己，调整心境，努力摆脱消极情绪的影响，避免不良心境的出现。没有良好的心理素质，是很难面对这些考验和复杂矛盾的。

二、健康的就业心理的培养

(一)努力学习，开发智力，提高心理素质水平

大学生在读书期间首要任务是学好专业知识和掌握专业技能，通过系统的学习，形成科学的世界观，培育出良好的心理素质，这对大学生的择业将产生良好的影响。

【案例】 某省属高校的 5 名女大学生择业受挫，几人结伴酗酒而醉卧街头，不省人事；某学院刚满 21 岁的吴某参加了一次供需见面会后，就心灰意冷，整日郁郁寡欢，时而自言自语，时而沉默寡言，4 日后的一天，吃过晚饭后，他称总是失眠，到校医院买安眠药，没有买到，坠楼自尽。

【点评】 很多学生学习成绩不错，但是心理比较脆弱，稍受挫折或找不到理想的工作，就抱怨、焦虑等，出现严重心理障碍，甚至有生命危险。就业求职不但是一场专业知识的竞争，更是

一场综合素质的比拼，尤其是心理素质，所以大学生平时在校读书期间就要努力学习，提高自己的心理素质水平，在求职择业时才能保持一种健康积极的心态。

(二)建立良好的情绪情感，控制自己的不良情绪

大学生在求职择业过程中容易产生的不良情绪主要有以下三种：

焦虑情绪心理

面对纷繁复杂的社会，面对严峻的就业形势以及激烈的就业竞争，面临种种剧烈的心理冲突，该如何做出正确的抉择，这一问题使缺乏社会经验的大学生们深感困惑，出现焦虑不安的心理。

【案例】 王某是某大学金融专业毕业生，他的性格相对内向，本身在该专业的成绩一般，有一门课程还是补考，所以面试时总是心里没底，没见到考官就惶惶不安，见了考官更是心慌意乱，效果很不好。试了几家银行，最后都被拒绝了。于是，他便躲在家里不再出门见人，茶饭不思，心情很坏，遇到人也不说话，出现了焦虑的倾向。

【点评】 要认识到，任何求职者在遇到面试时，都会觉得紧张，只是每个人的程度不同。如果自己没有办法调节，不妨试试在面试的前一天做一次模拟练习，实战演练，让自己进入角色；或者通过各种渠道多了解面试主管的特点，多掌握情况，知己知彼。案例中的王某可以尝试情绪转移，做一些自己平时喜欢做的事情，或者找朋友家人倾诉，使自己走出焦虑的心理状态。

悲观情绪心理

此种不良情绪状况主要出现在因择业不理想、对工作不满意，或因身高、容貌、经济条件等客观原因影响就业，或一些在学校因学习成绩不合格未获学位或受处分的学生身上。

【案例】 小周是某名校应届毕业生，学习成绩较好，连年取得奖学金，他有着美好的理想，对自己的前途充满了信心。但他

与同学们一道参加了几次招聘会，眼看同学们一个个“名花有主”，而他不但没有找到工作，有的单位还对他这个“优等生”冷言冷语、不屑一顾，小周心理非常难过。经过分析，他认为其原因是自己来自于偏远落后的农村，没有什么社会关系；个子矮、长相不好；性格内向，不善言辞等。总之，片面地认为自己除了学习好之外，再也没有什么优势了，他感到对不起含辛茹苦的父母，心理产生了严重的失衡，害怕再到就业市场，多数时间在宿舍睡觉或上网玩游戏，要毕业了还没有走出校门。

【点评】 小周因学习好，起初他对自己的工作和前途满怀信心，但随着求职的失败，理想与现实产生了矛盾，他开始反思，并夸大了自身的不足之处，从而产生了强烈的悲观情绪，进而出现了求职恐惧。其实，小周缺乏的是全面的分析，从开始求职时就是比较盲目的，缺乏对就业形势和用人单位的了解，也缺乏对自己全面客观的认识。从此案可看出，求职障碍的关键不在社会，而是在毕业生自己，毕业生应认清形势，积极进行自我调整，勇敢地面对就业挑战。

不满情绪心理

不满的对象可以是其周围的任何事物或人群，如对所在学校、社会不满（包括就业管理政策、户籍限制等）、对家庭成员的不满（包含对其的指导、干涉，对家庭的经济条件限制等）、对周围同学不满（如嫉妒）等。

【案例】 2003年四五月间，浙江大学一位毕业生在考公务员时，虽通过了笔试和面试，但因身体受限，最终没有被录取。他心理极不平衡，恼羞成怒，实施报复，刺死、刺伤招聘人员各一人。

【点评】 在就业形势比较严峻的情况下，求职不顺利是比较正常的事情，但是某些大学生遇到挫折，精神受到刺激，便产生不满情绪，导致神经衰弱或者精神失常，有的甚至做出违纪违法的事情。

调整情绪方法：一是转化控制，即充分利用兴奋与抑制的诱导规律，将一时产生的消极情绪转化到积极情绪中去。二是冷化控制，使爆发出来的消极情绪处于抑制状态，即冷静下来。三是环境控制，强迫自己找一个好环境，利用环境使强烈的情绪平静下来。四是要培养理智感。所谓理智感是在认识和探求真理的过程中，产生的情感体验，它是与人的求知欲、好奇心、创造欲联系在一起的。毕业生在择业的过程中，对求职的知识要进行充分了解和学习，对期望的职业特点和本质进行研究，深化对整个求职的各方面的认识。这样才能理智地对待择业过程中出现的问题，冷静处理遇到的各种矛盾。

(三)培养坚强的意志，不断磨炼自己

意志过程是指人们在社会实践中，为达到既定目的而采取的自觉行动，包括自觉地确定行动的目的、有意识地支配和调节其行动以实现预定目的的心理现象。意志受情感的影响，也是认识过程进一步发展的结果，对人们的社会实践具有积极的促进作用。

培养坚强的意志对于毕业生择业来说主要是增强其挫折承受力，意志行为的重要特征是勇于克服困难和阻碍，因此，能否经受得起挫折不仅决定于个体经受挫折时的心理状态，对挫折的认识、评价和理解，还取决于个体对待挫折的态度以及应对挫折的行为方法。

正确对待挫折

要认识到在择业过程中出现挫折是很正常的，是择业生活的一部分，关键在于怎样认识和对待它。如果认识到挫折是择业过程中不可避免的，就会对挫折有充分的心理准备，遇到挫折后不灰心，不后退，敢于向挫折挑战，能把挫折作为前进的阶梯，成功的起点。更重要的是毕业生应该认识到挫折具有两重性，择业受挫并不都是坏事，这样能够磨炼毕业生的意志，增强创造能力和智慧。遇到挫折后认真总结经验是十分必要的，应该尽量避免不必要的择业挫折。

改变挫折情境

挫折情境是产生挫折和挫折感的重要原因，如挫折情境得到改善和消失，挫折感也就会得到缓解。对挫折情境的改善，首先应预防挫折的发

生，即对一件事情的成功或失败做出正确的估价，挫折发生后，认真分析引起挫折的原因，设法改变、消除或降低其作用程度，或者暂时离开挫折环境，到另一个新的环境中去，改变环境气氛，这样可以降低挫折感。

调节抱负水平

抱负水平是指在从事活动前，对自己所要达到的目标或成就的标准的要求，它是成功的动力。而能否成功则取决于抱负水平的高低是否适合于毕业生的能力或条件。抱负水平过高或过低都不利于增强个体的自信心和自尊心。在择业过程中抱负水平过低，即使择业成功了，也不会产生成就感，抱负水平过高，在达不到预定目标时，就容易产生挫折感。所以，要想在择业活动中产生成就感又不至于受到挫折，就要提出适合个人能力水平而且具有挑战性的标准，设定适合自己的择业期望值。

建立和谐的人际关系

社会支持对于增强抗挫折能力具有重要作用。毕业生在受挫时可以向亲友、老师和同学倾诉，他们的信任、鼓励、安慰和各个方面的支持，能够帮助毕业生尽早从挫折中解脱出来，重新振奋精神，战胜困难，为择业成功做好准备。

第二节　毕业生就业常见的心理问题

金融危机的影响，使高校就业形势日益严峻。在就业过程中，面对权利、机遇、竞争和挑战，大学生的心理是复杂的，在择业时，他们常常会出现一些心理问题。

一、案例——分析心理矛盾

(一)理想与现实产生矛盾引起心理失衡

【案例】 小王在学校心理咨询中心向老师讲道：“我是一名应届毕业生，在校4年，自认为学有所成，然而择业却处处碰壁。我看中的单位，人家看不中我；单位看中我的，我却看不中人家。

直到目前我还未与一家单位签约。时下，我处在一种焦虑、自卑、不满、无法决断的悲观状态，内心十分矛盾痛苦。我自知心理出现了毛病，却不能自控，只能任其恶化下去。”

【点评】 大学生作为一群有高智商、高文化、高自我价值的文化群体，其理想与追求自然有明确的目的性，面临着更多的挑战与机遇，因而其往往也面临着更大的心理压力与冲突。作为心理品质“高危人群”的大学生在就业过程中，产生心理问题是普遍性的，也是可以理解的。从小王同学反映的心理问题来看，其根源在于理想与现实、愿望与失望、目标与挫折发生冲突而导致的巨大心理落差。这种落差使他处于一种心理失衡状态，常常伴有焦虑不安、不满自卑、自我否定等特征。如不及时调适引导，极有可能诱发诸如强迫症等心理疾病。

(二)独立性与依赖性的冲突

【案例】 小李是个独生女，平时比较任性，独立性也比较强，做事经常自以为是，毕业时信心十足地参加了多次竞聘，结果事与愿违，一次次地碰壁之后，她失去了信心，寄希望于家长和亲朋好友。在就业招聘会上，小李的父母早早地赶到会场打听情况，招聘会开始很久，小李才姗姗来迟，并由家长陪同与用人单位面谈。结果谈了一家又一家，最终仍一无所获，她开始焦急起来，甚至埋怨父母，觉得自己很委屈，没有生在一个条件优越的家庭里。

【点评】 这种情况是时下许多大学生常常遇到的问题，一方面任性独立，另一方面能力不佳，二者产生矛盾后又不从自身找原因，便放弃一切努力，怨天尤人。这种心理上的矛盾使他们感到无奈和苦恼，往往容易产生迷惘感，失去生活的信心。

(三)渴望竞争但缺乏竞争的勇气

【案例】 小周说自己从小是个“完美主义者”，在从小学到高中的学习中从来不服输，成绩一直名列前茅。上了大学后，小周更加严格要求自己，功课和各项活动样样落不下。转眼到了大四，开始进入就业求职的过程，小周开始时信心十足，但是没想到一连三次碰壁，顿时失去了勇气，觉得压力很大，而且看到其他同学找的工作好像都比自己好，小周特别郁闷。最后甚至影响到正常的学习，导致毕业论文无法按时完成。

【点评】 社会上职业的竞争、就业的矛盾比学校里要激烈得多，由于小周对社会的了解不深，一时间就业成为难以跨越的障碍，理想与客观现实出现了差距，发现一切要从头做起，自己的知识、能力要在实践中经过检验才能得到承认，所以心中苦闷矛盾，感到遇上了严重的挫折，渴望竞争但缺乏竞争的勇气，心理上产生了矛盾。

(四)有较强的自我观念，但缺乏客观的自我认识和评价能力

【案例】 小于是财务管理专业的优秀毕业生，与某集团公司经过双选、面试考核，终于进入签约阶段。协议书首先由毕业生本人签署应聘意见，小于在“应聘意见”一栏中写下了以下4条要求：(1)从事财会工作；(2)解决户口，提供单身宿舍；(3)合同年限为3年，3年后视情况再重新签订；(4)公司不限制个人发展(例如考研等)。公司鉴于以上条件不能完全答应，将协议书退回。

【点评】 小于未被上述单位录用，根本原因在于自我观念过强。他太看重自己，不能客观地认识自我，只强调自己的需要，忽视应聘单位的需要，导致应聘单位的反感。尽管他各方面条件都不错，一般单位也不敢聘用这样的毕业生。

(五)面对多种选择，优柔寡断，产生心理冲突

【案例】 “在别人看来，我是个幸运儿，可实际上却不然”，大四学生小张由于综合能力较强，在大四上学期刚开始，就已经接到了几家企业的OFFER，一时间成为同学们羡慕的对象。但是小张却在几个OFFER面前犹豫不决起来，这家公司待遇高，那家公司前景好，另一家公司有很好的培训机会，小张开始患得患失起来，最终丧失了机会，使他陷入深深的苦恼中。

【点评】 毕业生在就业过程中，常常会遇到多种选择的情况，每一种选择都有诱惑，都不舍得放弃。此时会感到束手无策，举棋

不定，迟迟不与用人单位签约，或者今天签约明天又毁约，一山还望一山高。思想上产生冲突，心理出现矛盾，导致心理失衡。

(六)遭遇挫折，怨天尤人

【案例】 小谭是一所知名大学的应届毕业生，上学期间一直很顺利，几乎没有遇到什么挫折。毕业在即，他满怀信心发出上百份求职信，回信的单位却很少，且都是些他不屑一顾的小单位。他的心理极为不平衡，每天愤愤不平，牢骚不断，提起求职的事情就十分烦躁，一点都提不起精神来。

【点评】 在激烈的就业竞争中，大学生要保持良好的心态，特别是要多从自身方面去找原因，小谭这种心态对事情是无补的。过分地看重自己的实力，而不考虑与实际的差距，只能使自己陷入更大的困惑。

二、案例——分析心理障碍

这里指的心理障碍主要是大学生在就业的过程中，影响个体正常行为和活动效能的异常心理。

(一)择业焦虑和恐惧心理

【案例】 小孙在大学学习工商管理专业。三个月前，即将离校的他满怀信心地将自己的简历递给一家心仪已久的大型企业，没想到等到的却是否定的答复。之后，小孙又向多家单位投递简历。在等待中，小孙就像着了魔一样，每天不停地翻看手机并上网不断刷新电子信箱。他现在最怕手机上有未接来电，一发现就如临大敌。小孙说，他常常是知道自己的手机根本没响，可还是忍不住去看，不看心里就特难受。求职带来的紧张让他寝食难安，使他陷入焦虑和恐惧当中。

【点评】 焦虑和恐惧是由心理冲突或挫折而引起的，是一种复杂的情绪反应，主要表现为忧虑、焦急不安、恐慌、烦躁及某些生理反应。小孙在就业时遇到挫折，唯恐自己的理想愿望不能实现，因此思想负担重、紧张焦躁、心神不宁、萎靡不振。

(二)过于自负或过于自卑心理

【案例】 大四女生小雨在当年以某省前几名的高分进入如今的这所高校,在学校也担任过学生会、各种社团的干部,颇具领袖气质。她认为自己各方面条件都不错,不会没有好的归宿,哪个单位录用自己是其荣幸。但是在很多次面试当中,她的超常自信却并没有带给她好运。许多单位都在她较高的姿态面前撤退了。小雨现在感觉非常失落和孤独,突然间感到自己特别渺小,对以往的成绩感到怀疑,感到自己一无是处,非常茫然。

【点评】 这是年轻人容易出现的心理障碍,对自己的评价产生两个极端:自负时不可一世,目空一切;自卑时一蹶不振,自我否定。这是因为大学生社会经历简单,没有经历艰苦复杂环境的磨炼,遇事容易极端化造成的。其实一切事物都没有绝对的结果,人也是一样,既要看到自己的长处,同时也应看到自己的短处,二者兼顾就不会极端化了。

(三)择业中的盲从心理

【案例】 小宋学的是热门专业,但是他一向心高气傲,认为自己这所学校还不错,用人单位一定会抢着要自己的,所以挑三拣四,几次拒绝应聘,希望找到更好的工作岗位,结果在毕业离校时还未确定工作去向。

【点评】 盲从心理使部分大学生单向考虑自己的就业理想,要求用人单位十全十美。工资、福利、住房及日后的发展空间,无不在其考虑之中,却忽视了如此完美的单位能否接纳自己。

(四)思维定式和求稳求全心理

【案例】 小刘因所学专业的就业前景不好,并且自己专业知识、专业技能及综合素质不如其他同学,再加上求职屡次受挫,产生强烈的自卑感,并转化为一种思维定式,发展到害怕求职,不敢面对招聘者,遇到有单位同意对他面试时,他就小心翼翼,反复地告诫自己和背诵一些书上的警句,结果遇到具体情况时,心慌意乱、所答非所问,更无法使招聘单位满意。

【点评】 求职就业是一个复杂的过程，需要一定的自信心和灵活的思维，对自己的不足有所认识固然可贵，但把自己看得一无是处，不敢面对求职考验，一心想求稳求全，只能为自己设置障碍，未等出师锐气就没有了，在遇到实际问题时必然一败涂地。

（五）问题行为

【案例】 某大学一位毕业生在经历几次应聘失败后，整天闷闷不乐，自己一人到酒店喝酒，每次都大醉而归。老师和同学们安慰他要有信心，敢于面对竞争，但是在一个早上，人们在宿舍水房里发现了他悬在水管上的遗体。

【点评】 问题行为是指由于心理问题引起的违背社会行为规范的不良行为。毕业在即，个别大学生由于某些主体需要不能得到满足，或者受到一些挫折，加之平时缺乏应有的品德修养和思维方法，容易产生各种问题行为。经常的表现有：损坏物品、报复、对抗、拒绝交往、过度消费、嗜烟酒乃至自杀倾向等。问题行为的出现，不仅会影响大学生的顺利择业，同时可能使他们违法乱纪，影响自己的前途和发展。

（六）躯体化症状

【案例】 小琴每次参加招聘面试就出现问题，从前一天晚上开始，她就紧张、失眠。面试的时候，脑子常常一片空白，说话结结巴巴，有时还觉得胃痛、心跳加速、脸涨得通红。面试结束了，她还紧张得手直发抖。因为长时间过度紧张，最近她有些心跳过速，她以为得了心脏病，可是去检查也没查出什么。

【点评】 躯体化症状是指由于心理压力和生活方式而导致的异常生理反应。面对上述症状，小琴必须采取自我调节法，如利用前面案例中提到的面试前一天做模拟练习，让自己进入角色。或者通过各种渠道多掌握情况，知己知彼。面试后可以尝试情绪转移，做一些自己平时喜欢做的事情。

三、案例——分析心理误区

(一)自卑心理

【案例】 小吕因所学专业就业前景不好,并且自己的专业知识及综合素质不如其他同学,再加上求职屡次受挫,所以投简历时总是非常犹豫,对好一些的岗位没有信心,特别是面对招聘者时,脑子常常一片空白,浑身一点力气也没有,无法正常地表达自己意愿,几乎丧失了就业的信心。

【点评】 小吕有典型的自卑心理,由此发展到害怕求职,不敢面对招聘者。有这种心理的大学生往往没有信心和勇气面对用人单位,不能适当地向用人单位展示自身的长处,从而严重影响了就业与择业。小吕需要尽快走出这种自卑的状态,加强学习和训练,提高就业本领,建立自信心,敢于去拼搏和争取,才会取得较好的效果。

(二)盲目攀比心理

【案例】 小王在班上成绩优异,一直希望自己能找到很好的工作,本来在年后的招聘会上,已经有单位看中她,她也觉得不错,但是,当她听说同班小李找了一家外资公司,待遇好、发展空间大时,觉得小李平时什么都不如自己,自己一定能找到比她更好的工作。于是,她毅然拒绝了那家单位,可后来,她高不成低不就,一直没找到合适的工作。

【点评】 在择业的过程中,每个人的状况和机遇都不尽相同,仅靠自己的比较和感觉是不客观的,这种盲目的攀比,只会使自己迷失方向。即使有些单位非常适合自身发展,但因某个方面比不上同学选择的就业单位,就彷徨放弃,最后必然陷入迷途。

(三)消极等待心理

【案例】 小马来自西北,他在班上人缘挺好,但成绩比较差,在求职方面更是没有什么可展示的。在参加了几次招聘会,又回家打探了一番后，他就整天处在一种观望的状态中。他觉得比我优秀的同学都还没有找到工作，我怕什么啊。“车到山前必有路”，说不定哪一天就有单位找上门来了，因此每天无所事事，消极等待。

【点评】 部分大学生觉得自己各方面都一般，在竞争中没有什么优势，特别是经历几次失败以后，就放弃了竞争。这种状态导致这些大学生贻误机会，最终一事无成。要尽快变消极为积极，以实际行动改变现状，消极态度是一种逃避，而事实上，就业是每位大学生逃避不了的事情，只有迎难而上，才会在机遇面前获得成功。

（四）固执和狭隘心理

【案例】 小张是个本科生，考研的时候，专业成绩不错，外语只差1分。于是，他下决心考公务员，第一年、第二年，都仅差几分上线，第三年倒是获得了面试机会，但是，又当一回分母，最终，公务员的梦还是没有实现。可小张还是不甘心，不肯去找工作，他认为：打工就是地狱，公务员才是天堂，他不愿进入地狱。就这样，他将自己吊在半空中，成为“啃老”族。

【点评】 小张认准读研究生和做公务员是自己的发展目标，但又没有能力完成这个目标。本应当根据个人的能力开辟新的目标，但他固守不能实现的目标，狭隘地认为只有读研究生和做公务员才是有发展和有出息的。这种心理让他迷失了方向，最终一事无成。其实每个工作都有它好与坏的两面，要学会平衡和知足。如果不能直接实现既定目标，可以寻找别的工作机会，为以后的求职充电、做准备。

（五）嫉妒心理

【案例】 小云和小杰本来是一对好朋友，两人约好一起进同一家单位工作。在一家著名外企的笔试、面试中，两人都表现突出，进入了最后一轮面试。面试过程中，主考官说：你们两个都很优秀，但是我们对相同专业背景的人才，只需要一位。两个好朋友陷入了尴尬中，最后小杰说，既然不能做同事，要不就一起放弃吧。当天晚上，小杰接到通知，说公司决定不要她，录取小云。小杰有些失落，但也挺为好友高兴。第二天，她打电话请教人力资源主管，自己还有哪些不足需要改进。对方回答：我们需要能长期培养的员工，但据你的好朋友小云透露，你正在计划移民，只是想把我们这里做跳板，所以我们不予考虑。小杰非常失望，没有想到，多年的友情在就业考验面前，居然如此不堪一击。

【点评】 大学生由于人格还不够完善，容易存在一些扭曲的自我认知与社会认知。在环境相对宽松的校园中，这些异化的心理误区容易受到忽视，但在重大抉择面前就会表露出来，做出伤害朋友、同学的事情，有的甚至违反法律侵害别人的合法权益。建议这样的大学生应加强自我修养，以健康平和的心态来进行生活中的重大抉择，持有良好心境，排除不满、愤怒、嫉妒等负性情感对正常思维、决策的干扰。

(六)怀才不遇心理

【案例】 小康是一所重点高校的毕业生，学的是企业管理，他相信自己可以胜任管理工作。在一个刚刚成立的企业，他申请了有关的管理职位，结果企业没有让他做内勤总监的职位，而是宁愿让这个职位空缺，他们给的理由是小康缺乏管理经验。小康认为这个企业老板没有魄力，干了不到两个月，没有要一分钱就辞职了。后来一直没找到合适的工作，没办法，忍气吞声地选择了一家规模非常小的民营企业做最基础的行政工作。小康认为，自己当初学管理就是想有一天能做管理人员，可实际上在那个公司，自己做的就是高中生都能做的业务，这和他的理想相差甚远。到现在为止，他基本上每年都要换个工作，因为他总在抱怨没有老板愿意给他管理职位，哪怕是个中层管理职位。

【点评】 小康过高估计了自己的专业和能力，自视能力超群，在择业时却处处碰壁，于是抱怨自己没有施展才能的机遇，没有遇到伯乐，整天怨天尤人。其实，这是一种心理误区，毕业生只要有真才实学，不怕没有人重用，不能只看到自己的学历文凭或学习中的一些成就，还要看自己掌握的知识是否是社会需要的"才能"。正确的做法是调整自己的心态，重新审视自己，采取行动弥补自己的不足。踏实地从企业最基础的工作做起，这是企业员工成长为企业管理人员的最有效出路。

四、案例——分析就业心理恐慌

近几年来，由于就业形势严峻导致多数大学生感觉就业压力日益加大，相应产生一系列的就业恐慌心理，主要有担心焦急、恐慌紧张和迷惑郁闷等不良心理。

(一)担心焦急心理

【案例】 小张是某大学法律专业四年级的本科生，原本是个开朗活泼的男生，是校学生会干部，经常组织各种社会活动，在老师心目中他是个好学生，在同学心目中他是佼佼者。暑假后他就忙着参加各种招聘会。不久后，他看到了某大型信托投资公司正在招聘法务人员，正好专业对口，是他梦寐以求的职业。于是，他兴冲冲地赶去参加招聘会。面试时，他非常紧张，应答面试官的提问时结结巴巴，思维也不如往常清晰，而面试官却咄咄逼人，更加重了小张的心理负担，结果可想而知。之后他又参加了几次面试，情况都不乐观，小张既担心又紧张，再也不敢去参加应聘，担心自己再失败，每天生活在焦虑之中，觉得自己前途十分渺茫，

【点评】 由于大学生人生经历少，加之心理发展本身还没有完全成熟，当遇到挫折和困难时，往往会产生失败感和消极情绪。就业时，许多大学生是既希望谋求到理想的职业，又担心被用人单位拒之门外，更担心自己在择业上的失误会造成终身遗憾。这种不必要的担心造成他们精神上的紧张、忧心忡忡、烦躁不安、意志消沉，同时在行为上则表现出反应迟钝、手忙脚乱和无所适从。尤其是在择业过程中由于种种原因屡试屡败的部分毕业生，没能对失败的原因进行分析和总结，却对择业行为产生深深的焦虑，感到择业无望，于是一蹶不振，自暴自弃。作为毕业生要时刻充满信心，调整就业预期值，转变就业观念，放开眼

界，先找工作，让自己有一个发展的机会，说不定会爱上这份工作，并做出一定的成绩。

(二)恐慌紧张心理

【案例】 三万名毕业生"挤爆"招聘会，就业恐慌弥散京城校园。又遇一年求职时，很多应届毕业生更是疲于奔命，赶场似的穿梭于各个招聘会。然而僧多粥少的尴尬局面，成了许多大学生心中永远的痛。

一名来自某知名大学的大四学生在谈到自己找工作的经历时长叹一声："唉，难啊！"从毕业前1年开始，她就开始忙碌，本来自己还觉得不用特别着急，"可离毕业还有几个月时间了，却没收到一家单位的面试通知，就连很一般的公司，居然也没一个'搭理'我的。"这严重挫伤了她的自信心，再投简历时就有些饥不择食了。她现在的希望仅仅是哪家企业的面试官能够见她一面。"都到这个地步了，能不慌吗？"她说，找工作的这些日子改变了她对很多事情的看法，也改变了她乐观的性格。

【点评】 "不患才不济，而患志不立"。就业，说到底是一种态度问题。而摆正态度，远比做好一件事的效用大得多。在就业形势日益严峻的今天，只有保持良好的就业心态，才能不被"就业恐慌"的情绪压倒。积极调整心态，充实自己很关键。择业受挫时要想到也许"上帝关上了一扇门，会打开一扇窗"。跌倒了算不了什么，关键要"吃一堑长一智"，及时总结失败的原因，找出自身的优势，树立自信心，同时正视自己的不足，扬长补短，努力储备知识、培养能力、磨炼意志，为新一轮的择业竞争积蓄能量。诚然，现在大学生就业存在一定困难，但真正的人才仍然会为企业青睐，同时，国家也出台了一系列措施来促进大学生就业，会给大学生带来更多的就业机会。

(三)迷惑郁闷心理

【案例】 在招聘会上，一名来应聘的学生手里拿着四份简历，转了1个小时还没有投出去。当记者问他："你想找一份什么样的工作"时，他很茫然地回答："开始时还有明确的方向，想找一个与专业相关的理想工作，可是几个月下来开始迷惑了，不知道什么职业更适合自己，自己喜欢的单位进不去，不喜欢的单位也进不去，感觉很郁闷。”在招聘会上，像这位学生这种情况的并不占少数。不少学生参加招聘会都像是在“赶集”，没目标、没准备，只是凭运气希望能遇到好的单位。

【点评】 大学生要想顺利实现就业，首先要把自己就业的心态放平，可以考虑先就业，再择业。如果刚开始就想找一个十分适合自己的职业，难度很大。先找份工作安顿下来，然后才能把自己的能力充分地展示出来。在当前形势下，如果还有大量的学生死守一些不合时宜的“观念”，无异于画地为牢，造成就业越来越难，应聘大学生的信心越来越弱。大学生要找到一份合适的工作，需要一个过程，不可能一蹴而就。如果连挑战的信心都没有，何来“合适的工作”？

案例

要沉得住气

刘云与王伟是同专业同班同学，平时学习与思想考评都比较优秀，毕业时同时接到一家外企营销部的面试通知。他们在面试时被分在两个会议室。

主考官问了刘云一系列关于专业和职业的问题。刘云对答如流，并不时提出自己的见解，受到主考官的赞赏。王伟在另一个会议室的面试也进行得非常顺利，主考官对他也表示非常满意。

在面试就要结束时，主考官向刘云和王伟提出了同样的问题：“对不起，我们公司的电脑出了故障，参加面试的名单里没有你，非常抱歉！”

胜利在望的刘云听了主考官的话后，立即变得没有了风度。他生气地质问主考官为什么，说自己在学校时就非常优秀，这次居然不能进入面试，是公司在成心耍人！这时主考官对他说：“你先别生气，其实我们的电脑并没有出错，你以第一名的成绩进入了我们的面试名单，刚才的插曲是我们给你出的最后一道题。我们感到你的其他条件都不错，但心理承受能力实在是太差了。营销工作是要经历风险的，作为这个部门的高级工作人员，我们需要良好心理素质的人才。我们希望你能找到更加合适的工作。”

刘云愣住了，没想到这也是一道考题。

而在另一个会议室，王伟听了同样的问题后，面带微笑，十分镇静地说：“我对贵公司发生这样的失误十分遗憾，但我今天既然来了，就说明我和贵公司有缘分。我想请您给我一次机会，这次计算机失误对我来说是个意外，对贵公司也是个意外，它或许意外地使你们选择了一个优秀的员工。”

主考官露出满意的神态：“你是一个不错的小伙子，我愿意给你这个机会！”

点评

良好的心理素质，对成才和就业有着重要的影响。用人单位都很重视求职者的心理素质。求职者如果心理十分脆弱，即使专业成绩再好，也会失去良机。因此，大学生要不断地努力提高自己的心理素质。

资料

求职应该具备三种职业心态

大学生毕业人数逐年增加，就业竞争也更加激烈。如果把简历等表面的包装比喻为招式的话，那么职业心态的修炼就是内功。我们知道，常常都是内力深厚之人才能笑到最后。因此，下面三种职业心态尤为重要。

1. 归零的职业心态

这个心态对于大学生非常重要。一次我在某大学做现场职业指导咨询。有一个男生冲到我的面前，急切地问他如何才能成功地获得销售经理的职位。我说需要从销售员开始做起，他反驳我，说他学的是工商管理，怎么能去做销售员，他要做管理人员，然后很不满地离开了。

不了解完成一项工作的具体技能，不能正确评价自己在职场中的位置，这在大学生中并不是个别现象。大学的理论教育和工作能力是不同的概念，大学的文化程度仅仅代表你在理论知识层面达到一定的水平，而工作的实际能力，就仿佛是刚入学的一年级学生，是需要学习培训的。

世界著名的管理大师松下幸之助在管理中遇到困难时，找到了高僧。高僧一直给他倒水，水满了流到桌子上，高僧还在倒，他领悟到装满水的杯子就像自满人的心，是无法在事业中成长的。

所以学会用空杯的心态，用谦逊的心，让自己归零，感谢企业给你的成长机会。也只有拥有这样的职业心态，你才会更好地给自己定位，更好地就业，开始职业之路。

2. 积极的职业心态

在招聘会现场，我总能看到不同的面容，有一种面容会让我特别关注。在回答他们问题时，我态度会更加温和，但我不会录用他们。他们在一次次求职中遇到挫折，但没有学会用积极的心态来调整自己，于是带着忧伤、愤怒、不自信等这些负面情绪来到了招聘会。

这样一种状态，他们如何在竞争中获胜？你会乐意和一个满脸不高兴的人共事吗？积极的心态像太阳，照到哪里哪里亮；消极的心态像月亮，只会吸收别人的光亮。事物都存在阴阳两面，积极的心态会增加你的力量，消极的心态会摧毁你的力量；积极的心态带你到天堂，消极的心态引你去地狱。

3. 团队的职业心态

有一个关于天堂、地狱的故事。上帝领着一个人到地狱，这个人发现地狱里的人都瘦骨嶙峋，他们都用一个特质的勺子喝粥。勺子的把儿特别长，勺子的头很小，舀出的粥都洒在了地上，几乎都喝不到嘴里，最后桶里没粥了，但谁也没吃饱。大家就互相埋怨，互相憎恨。上帝又把这个人领到了天堂，他发现天堂里的人一个个都长得红光满面，笑逐颜开。他们用的是同样的勺子，喝的是同样的粥，但是他们是把粥舀出来喂别人。你喂我，我喂你，结果大家都喝到了粥。

给予、感恩、欣赏、宽容、服务是职业心态的核心，学会将个人心态让位于团队心态，机会的大门就会为你敞开，事业发展的路径才会越走越宽。

（资料来源：中才网）

第三节　毕业生就业心理问题的积极调适

求职不是一帆风顺的，总会遇到各种挫折和障碍，易导致求职者出现心理问题，影响就业。因此，大学生一定要学会进行自我调适，克服心理障碍，以积极健康的心态面对求职竞争。

一、客观认识自我，扬长避短

（一）认知方面的调适

观念方面的调适

心理问题和心理障碍与人的价值观、择业观有直接关系。因此，在出现问题时，毕业生要先检查自己认知方面的问题。如发现自己的认识有偏见，认识问题、解决问题的角度、方法有问题，对人生目的模糊，就要重新进行审视调整。如发现自己对职业的社会价值评价与别人不一致，就要检讨一下自己的价值观和职业观是否正确。

自我评价意识的调适

正常的人都具有自我评价的能力，这是自我意识的功能。自我评价越接近实际，自我产生的心理障碍就越小，适应社会能力就越强。相反，过分地高估或低估自我，就会出现焦虑、紧张不安及狂妄自大等不良心理状态。因此，大学生在自我评价方面要经常进行调适，学会正确地认识自我，评价自我。但是，客观公正地评价自我并不是一件容易的事，往往是旁观者清，当局者迷。这就要求毕业生在自我评价过程中掌握合理的调适方法。

学会反省　面对择业，毕业生除了要客观分析就业形势外，最主要的是认识自己已经具备的素质、能力，明确自己未来发展的方向，认真分析自己的优势和劣势，测试自己的性格和气质，有针对性地选择最适合的职业、岗位，这样才能保证在择业过程中赢得主动权。

学会比较　在社会中生活离不开各种社会关系，这些社会关系的作用之一，就是作为比较和参照的对象。通过与自己条件、地位类似的人做比较，从而做出类似的自我判断。同时还可以把他人对自己的评价结论、自己在社会实践中的具体表现作为自我评价的参照物来对比，如果对比结果趋于一致或接近，那就表明自我评价是合理公正的，反之则说明自我认识不够客观，自我评价不准确，缺乏自知之明。

（二）情绪方面的调适

情绪是心理反应的直接表现。如果心理得到满足，就会出现满意、快乐、兴奋、热忱等健康反应；如果心理得不到满足，就会出现失望、内疚、焦虑、恐惧、悲伤、冷漠等不良情绪。前者是积极的，后者是消极的。毕业生在择业过程中解决心理矛盾、进行自我调适的关键就在于充分调动积极因素，合理调节消极因素，化困难为动力，在情绪不断优化中实现目标。

让非理性情绪向理性情绪转化

研究表明，人的不良情绪源于人的非理性观念。要改变人的不良情绪，就要设法将人的非理性观念转变为理性观念。比如有的毕业生择业时看到一些不如自己的同学找到了比自己理想的工作，心理上就不平衡，产生不满情绪，抱怨社会不公平，坚持认为自己就应当比别人强，不甘心承认现实。其实，他们没有理性地分析在当前市场经济条件下，高校就业制度改革后"双向选择"、"择优录取"的真实含义，也没有理性地分析自己与他人的具体情况，只是简单地按自己的意愿去分析问题。这显然是一种非理性的情绪，如果不将这种非理性情绪及时纠正，不良心态就不能消除。

合理的情绪宣泄，松弛心情

情绪是健全心理中不可缺少的一面，对情绪不能过多地压抑，而要加以合理宣泄。当情绪发作时，人体内潜藏着一股能量，需通过情绪的发泄来释放，否则积聚起来有害身心健康。如果情绪表达经常受到压抑或禁止，容易引起身心疾病：表现在身体上的疾病有胃病、高血压和心脏病；表现在心理上的有心理紧张，甚至会引起心智障碍、影响记忆和思维等心智活动的效应。情绪的宣泄有直接和间接两种，直接的宣泄就是直接针对引发情绪的刺激来表达情绪。当直接发泄对于别人或自己不利时，则可以间接发泄，如向他人倾诉、自我倾诉、文娱活动等，使紧张的情绪得以缓解。

进行自我安慰

这种调适主要是当一个人追求某项事物而得不到时，为了减少内心失望，为失败找一个借口或理由，以缓解与动机的矛盾冲突，消除焦虑、抑郁、烦恼和失望情绪，安慰自己。人不可能处处顺心，事事顺利，遇到了困难和挫折，已尽了主观努力仍无法改变时，可以说服自己适当让步，不必苛求，找一个自己可以接受的理由，让自己保持内心的安宁，承认并接受现实，以求得解脱。例如，得知自己落选了，可以安慰自己："失败乃成功之母"，"与别人相比，自己还算是好的"，等等。

(三)克服心理障碍，增强心理承受能力

敢于面对挫折

人的生活道路不是一帆风顺的，挫折在所难免，能否正确对待挫折，是人心理健康与否的一个重要标志。首先，要正视挫折。对择业过程中遇到的挫折客观地看待，这种事情人人都可能遇到，自己遇到了也是正常的，应当泰然处之。其次，战胜或适应挫折。遇到挫折要冷静分析原因，找出问题的根源，充分发挥主观能动性，想办法去战胜它。如果主观差距太大，经过努力也无法战胜，就要接受它、适应它，另辟新径，以便再战。第三，要经受挫折的锻炼。当代大学生基本上都是在顺境中长大的，没有经受过多少挫折，所以经受挫折的能力较差，要多锻炼，到艰苦的地方去，到社会实践中去，提高耐受能力，学会在挫折中前进，在困境中崛起，从而提高自己的心理承受能力。

积极主动出击

在择业过程中，不要消极等待、畏首畏尾、盲目悲观，而应主动出击，克服依赖学校和他人为自己做出安排的心理。真正理解求职择业本身就是一场竞争，谁也回避不了，有了充分的思想准备，迎难而上，才会取得成功。

二、运用多种方法进行自我调适

(一)自我反省法

自我反省法是指在面对矛盾和冲突时冷静地、理智地进行反省思考。一方面客观地分析就业环境,把面临的情况搞清楚;另一方面思考自我,找到自我的准确位置。理清思路、调整方位、以利再战,是最明智的做法。

(二)松弛练习法

这是一种通过练习学会在心理上和躯体上放松的方法。放松训练可以帮助人们减轻或消除各种不良的身心反应,如焦虑、恐惧、心理冲突、入眠困难、血压升高、头痛等症状,而且见效快。如果毕业生遇到心理压力时,可以借助有关人员的指导做一些放松练习。

(三)自我转化法

有些时候不良情绪是不易控制的,这时可以采取迂回的办法,把自己的情感和精力转移到其他活动中去。如学习一种新的知识技能,参加有兴趣的活动,进行郊游,使自己没有时间和可能沉浸在不良情绪中,以求得心理平衡,保护自己。

(四)心理测验法

这是通过心理测验,了解自己的心理特点和问题,从而有针对性地调节自己,避开心理弱点,发挥优势。例如,毕业生可以进行智力测验、职业兴趣测验、职业能力测验、个性测验,根据测验的结果来决定自己的职业选择或调整自己的情绪,使之达到良好的状态。

(五)专家咨询法

在进行择业时可以寻求心理专家的辅导,提高就业能力。当心理出现矛盾,特别是出现较大的心理负担之后,内心冲突激烈,自我调节难以奏效时,外来力量的帮助就显得非常重要。如从职业的分工、选择、适应、发展等方面提出问题,使专家了解情况,一一进行分析,提出建议供参考。在出现心理问题时,可以求助心理咨询专家的帮助以消除择业挫折带来的焦虑、烦恼、抑郁等不良情绪。目前许多学校建立了心理咨询机构,社会上专业、正规的心理辅导服务机构也日益增加。通过他们的帮助可以使毕业生更加客观正确地认识自我，消除不良心理。

三、以积极的心态面对竞争

(一)正视现实，适应社会

在市场经济条件下，“双向选择”的就业方式逐渐被大众接受，它消除了以往分配就业的许多弊端。但是当前我国社会生产力还比较落后，社会为大学生提供的工作岗位不可能使人人满意。供求形势不平衡，结构性矛盾突出，我国的就业市场还不规范，还需进一步完善，用人单位扩大用人自主权以后，对大学生要求更加严格。大学生面对这些客观事实，应当正视它，要一切从实际出发，处理好理想与现实的关系。切勿脱离实际、好高骛远，应正确评价自己，主动适应社会。择业本身就是主体自身条件与客观要求相适应的过程，个人是否适应客观的社会要求，与主体的自我意识有关。一个在校期间学习成绩和表现都优异的大学生，因为有获得成功和战胜困难的体验，因而在择业时可能选择具有挑战性的职业；相反，一个在学习中曾遭受过许多挫折、缺乏获胜经验的大学生，就可能选择风险较小而比较安稳的职业。

(二)勇于竞争，积极进取

竞争能使毕业生自身的能量和潜能得到最大限度的释放和发挥，是大学生自我价值实现的一种满足。大学生能够根据法律赋予的权利，结合自己的专业、爱好、性格、愿望，通过各种途径和方法来展示和推荐自己，取得用人单位的承认。大学生应该珍惜这些机遇，敢于竞争，实现自己的抱负。首先，要有竞争的意识。当今时代竞争意识已经成为人才生存和发展的必备意识。所以在择业过程中，毕业生要敢于竞争，不唯唯诺诺、胆小怕事、羞怯自抑；其次，要从实际出发，充分考虑到自己的专业、性格、气质、爱好等，扬长避短，发挥特长，不逞匹夫之勇，不盲目竞争。

(三)不怕挫折，迎接挑战

挫折是指个人在从事有目的的活动中，遇到干扰和障碍，致使动机不能实现的情绪状态。遇到挫折要认真分析主客观条件，做到心中有数，才能更好地调节心理。有的毕业生择业失败后，就无颜面对他人，不敢与用人单位接触，情绪低落，一蹶不振，甚至精神崩溃、行为失常。其实，失败和挫折是伴随人的一生，也是磨炼人的最好机会，一帆风顺并不利于锻炼人的意志能力。择业是人生的第一步，勇于面对挫折，克服困难，百折不挠，可以积累社会经验，走向成熟，为今后的事业打下良好的基础。

（四）面向未来，不断发展

大学生毕业后立即找到一个好工作当然是件好事，但由于各种原因，不可能所有毕业生都找到专业对口、环境优越、待遇高的工作单位，毕业生应该有充分的思想准备。在已经选择的工作岗位上，全身心地投入工作，展示自己的能力，努力做出成绩。在工作中锻炼自己，增长才干，取得经验，为将来的发展打下良好的基础。因为人生发展的道路是没有捷径可走的，总想一下子成才，做出惊天动地的事业来是不可能的。有的同学对自己的工作不满意，就总想着“跳槽”，工作极不负责任，这对自己的发展非常不利，不仅容易养成坏习惯和毛病，而且会给人留下不好的印象。正确的做法是爱岗敬业，干一行就干好它，为自己的业绩和信誉打下良好的基础，即使在今后再择业时，也有一个很好的背景。

四、社会大环境的心理融入

导致心理产生问题的因素很多，因此，毕业生进行自我调适的同时，还要寻求社会的帮助，将自己融入社会之中。

（一）建立良好的社会支持

国家一直在大力发展经济，增加就业岗位，这些利好的消息，有助于帮助大学生增强就业信心，形成健康的择业心态。随着各种法律措施的完善，就业环境将越来越公平、合法。同时，社会各界都在关心大学生就业问题，所以，毕业生应当体验到社会的关爱，以积极的心态投入就业的活动中来，不要因一时的挫折而丧失信心。

（二）体会到学校和家庭对毕业生的关怀

学校无时无刻不在广泛深入地宣传、介绍就业政策和供求信息，开展有针对性的就业指导，强化对毕业生的理想教育，引导大学生树立正确的人生观、价值观和择业观，增强就业竞争能力，尽可能地预防和抵制心理问题的产生。学校也针对毕业生的择业心态，开展心理咨询工作，建立学生心理健康档案，帮助毕业生积极排除心理障碍和心理疾病，保证求职择业的顺利进行。

家庭和亲友在毕业生就业期间都会积极配合社会和学校，主动关心他们在择业期间的心理情况，帮助他们树立正确的择业观，缓解内心的心理压力，保证他们以积极、健康的心态参加求职择业的竞争。基于这些，大学生要充满信心，体会到学校和家庭对毕业生的关怀。

资料

八条“钻石”求职心态助你成功

在职业黄金期内一定会面临很多压力，但千万不要让自己在焦虑状态下沉浸很久，因为焦虑会取代你的能力。要相信坚持走下去的过程中会有满意的答案。

• 正确地审视自己的能力。中国的特殊现状造就了一大批年轻的高管，机会够好，但能力未必能够胜任，此时从黄金期跌落下来未必是坏事，头脑清醒之后，再搏也不晚。

• 学会用适当的方式化解焦虑，多跟同样处在职业黄金期的朋友交流，多跟业界及周边的智慧人士接触，获得心灵的支撑。

• 继续深造。给自己充电的前提是不能影响工作，不脱行，不辞职。即使老板没有给你制定培训计划，也要说服老板给你在职深造的机会。

• 保持足够的敏感。有时候敏感比能力更重要，因为大环境的变数太多，密切关注竞争对手的动向，带着自信去学习别人，带着自卑去超越自己。

• 遭遇困境时要相信自己，做自己的拉拉队。“势如破竹”，这个“势”就是心理能量的积累。

• 利用职业黄金期锻造职场白金承受力：宠辱不惊、云淡风轻、心境平和，与行云流水的职业技巧相配合，令你的内心承受力更强。

• 职场上的最大危险是自己把自己看低了，觉得我也就是这样了，我不可能行，或者是把自己的现状看高了，觉得一切尽在掌握中。

• 如果感觉在一个行业已做到山穷水尽，应去开辟新的战场，但要保持你的核心竞争力得到延续使用，新战场离“行”不远或者为“行”服务。

（资料来源：新华网）

学习与思考

1. 案例思考：名落孙山以后

一个优秀的大学毕业生报考某公司，在公布考试结果时，他名落孙山。得知消息后，他深感绝望，顿生轻生之念。然而他自杀技术欠佳，只在脖子上留下了一道长长的标记。正当该人神昏意迷之际，忽然传来他被录用的喜讯，原来此人名列榜首，只是统计时出了差错。就在他把喜讯告知朋友、准备庆祝一番之时，又有消息传来，他被公司解聘了。

请你思考：你认为公司解聘他的理由是什么？你若是公司的负责人，你会录用他吗？为什么？

2. 怎样培养健康的就业心理素质？

3. 联系实际谈谈怎样以积极的心态面对竞争。

第七章

就业权益与法律保护

本章提要 本章重点讲述大学生就业相关法律法规和权益保护知识，详细阐述了毕业生就业协议和劳动合同以及《辽宁省促进普通高等学校毕业生就业规定》的内容，介绍了毕业生就业权益保护等内容，旨在从法律的角度帮助大学生知法懂法，正确使用法律武器保护自身的正当权益。

第一节 就业协议

就业协议是明确毕业生、用人单位和学校三方在毕业生就业工作中各自权利和义务的书面表现形式。根据教育部和《辽宁省促进普通高等学校毕业生就业规定》的要求，应届毕业生在落实就业单位后必须与用人单位和学校签订毕业生就业协议。就业协议是毕业生与用人单位确立劳动关系的法律依据和标志，也是毕业生就业主管部门编制毕业生就业计划、学校制定毕业生就业方案的主要依据。就业协议书经毕业生、用人单位和学校签字盖章后生效，三方必须严格履行。毕业生应正确认识就业协议的内容、签订原则、法律责任和注意事项。

一、就业协议的内容

"就业协议"与"就业协议书"是两个不同的概念。就业协议是就业协议书中所载明的内容，而就业协议书是记载就业协议的文本，二者是内容与载体的关系。就业协议书的具体格式和内容包括以下三个部分：

(一)规定条款

按照《普通高等学校毕业生就业工作暂行规定》的要求,为维护国家就业计划的严肃性,明确毕业生、用人单位、学校三方在毕业生就业工作中的权利和义务,就业协议中应包含以下内容:

签约各方必须遵守的规定和原则 本条款规定毕业生、用人单位和学校三方在签订就业协议的过程中必须遵守国家法律和教育部门的相关规定,应当坚持公开、公正、公平的原则,应当遵守社会公德,注重诚实信用,不得采取欺诈蒙骗、损人利己等不道德的手段或做出任何违背诚实信用原则的不文明的行为。

毕业生应遵守的规定 本条款要求毕业生在签订就业协议时,本人的各项情况应当符合就业政策的相关规定,要了解国家对毕业生就业工作的方针和政策,同时应当遵守有关的程序规定,并实事求是地向用人单位介绍自己在德、智、体等方面的实际情况,不得弄虚作假。如果毕业生违反了上述规定,将导致就业协议无效。在签订就业协议前,毕业生还应当了解用人单位对毕业生的使用意图和拟提供的工作岗位,并结合自己所学的专业和实际情况综合考虑是否选择到该单位就业。如毕业生对用人单位在工作期限、劳动保护和工作条件、工资报酬和福利待遇及违约责任等方面有特殊约定,应在“毕业生对用人单位约定”栏注明并经用人单位盖章后生效。

用人单位应遵守的规定 本条款是对用人单位提出的要求。要求用人单位与毕业生洽谈时,应当将用人单位的工作地点、单位性质、生产规模、产品内容、工作条件和工资待遇,以及对毕业生所学专业的要求、具体的工作岗位等情况实事求是地向毕业生介绍,不得做虚假介绍。毕业生与用人单位签订就业协议后,持《报到证》到用人单位时,用人单位要做好接收毕业生的各项工作,如为毕业生办理人事关系、户口关系、档案关系的转入手续,介绍工作的具体安排,生活饮食住宿以及厂规、厂纪等方面的情况。对于已取得毕业证的毕业生,用人单位不得以其他理由提出违约或拒绝接收。用人单位也可以与未取得毕业资格的结业生签订就业协议,但应当同时出具同意接收结业生的证明。

对学校的要求 一是要求学校作为签约的一方要实事求是地向用人单位介绍毕业生的情况,做好推荐工作;二是体现学校的管理职能,学校要对毕业生与用人单位签订的就业协议进行审核。审核主要是依据国家的有关政策和学校的规定，符合政策规定的就业协议，学校将列入建议性就业方案。建议性就业方案形成以后，必须报省(市、区)级毕业生就业主管部门审核批准后作为正式的就业方案下达给学校，由学校正式为毕业生办理就业手续并颁发《报到证》。

体检要求 本条款是对毕业生的身体情况提出的要求。毕业生在离校前夕，学校应当为毕业生安排一次身体检查，并作出结论性意见。体检合格的，学校颁发《报到证》；体检不合格的，学校不颁发《报到证》，同时，就业协议自行失效，由学校致函告知用人单位。对于身体不合格的毕业生，学校将要求其回家休养治病，待身体痊愈后，重新派遣。

签约三方约定要求 本条款强调：对毕业生、用人单位、学校三方在签订就业协议时，如有一些其他的事项或特殊的约定，应当在就业协议书的备注栏中写明。特别需要注意的是，对于这些其他的约定，一定要在备注栏中签字、盖章。否则，有可能导致这些其他的约定发生争议。

履约和违约责任 本条款是对就业协议的生效要件所作的原则规定。就业协议在签订过程中，因招聘方式不同而产生的情况是比较复杂的。为此，各学校对就业协议书的生效以及附加条款的生效方式做了规定。毕业生对就业协议的生效应注意学校的规定或就业协议的附加条款。本条款的另一层意思是对违约的规定。应该说，违约是一种权利，签约的一方因特殊情况导致违约，需经另两方同意，同时违约方应向另两方承担相应的违约责任。承担违约责任有多种方式，如赔礼道歉、赔偿损失、支付违约金等，但是不管采取哪种承担违约责任的方式，都应在签订就业协议时约定。

协议书的数量和持有人 “本协议一式四份，毕业生、用人单位、学校、省毕业生就业主管部门各执一份，复印无效。”本条款对就业协议书的数量和持有人做了规定，同时指出，本就业协议书复印无效。

(二)签署意见与签字盖章

这部分包括两方面内容：一是毕业生的情况及应聘意见。它必须由毕业生本人填写，毕业生的情况包括姓名、性别、年龄、民族、政治面貌、培养方式、健康状况、专业、学制学历、联系电话、应聘方式和家庭地址等。在“毕业生意见”一栏中，由毕业生填写自己的应聘意见，要求毕业生表明自己是否愿意到用人单位就业。二是用人单位的情况及接收意见。这部分内容由用人单位填写，其中包括单位名称、单位隶属、联系人、联系电话、单位性质和毕业生档案转寄详细地址等。在“用人单位意见”一栏内包括用人单位意见和用人单位上级主管部门的意见。

（三）用人单位对毕业生的约定和毕业生对用人单位的约定

这是为毕业生、用人单位双方共同约定的其他条款所设计的，毕业生与用人单位约定的条款如果不违反国家法律法规和有关政策、不涉及学校的有关规定，且约定只在毕业生与用人单位之间产生效力，学校是不予干涉的。这里通常注明以下内容：

工作期限 此条款包括服务期、见习期或试用期。毕业生可以与用人单位约定具体的服务期及相应的见习期或试用期的时间。见习期是指毕业生在参加工作的开始阶段所必须经历的接受考察和熟悉本职业务的实习期限。实行见习制度是为了使毕业生熟悉工作岗位，在得到充分锻炼的同时，为以后工作打下基础。在见习期内，毕业生不能评定正式工资，只发给临时工资，见习期满后符合用人单位规定要求的即可转正，并从见习期满后的第一个月起享受正式职工的待遇，对于见习期内表现不符合规定要求的毕业生，用人单位可以适当延长见习期，延长期限为半年至一年。试用期是用人单位和毕业生在建立劳动关系后为相互了解、选择而约定的考察期限。试用期的规定便于用人单位了解毕业生的全面情况，也有利于毕业生了解用人单位的情况。按照我国《劳动合同法》的规定，试用期最长不得超过 6 个月，试用期不可延长。试用期满，毕业生符合录用条件的就可以转正，不符合录用条件的则可以解除劳动关系。

劳动保护和工作条件 这是对用人单位设定的义务条款。毕业生可以按照相应的法律规定，与用人单位约定具体的工作条件及相应的劳动保护。用人单位为毕业生提供的工作条件和劳动保护应当符合国家有关法律的规定。同时，毕业生也应遵守相关法律规定，不得向用人单位提出无理要求。

工资报酬和福利待遇 此条款是对毕业生履行劳动义务后必须享受的劳动成果的约定，同时也是用人单位依据法律、法规支付给毕业生工资、奖金等方面的约定。这既是毕业生的权利条款，同时也是用人单位的义务条款。

违反就业协议的责任 该条款强调毕业生和用人单位必须履行就业协议规定的义务并对违约承担相应的责任。

就业协议终止的条件，以及签约双方认为需要增加的约定条款 如毕业生考取研究生或公务员的处理办法；工作后是否可以考研；毕业生调离用人单位的条件等约定。

（四）学校审核意见

学校审核意见中主要包括院系意见和学校意见。院系意见是毕业生所在学校的基层意见，院系在签署意见时除了进行初步审核外，还要了解毕业生具体的就业去向。学校签署意见是代表学校一方在就业协议书上签字盖章。学校对就业协议进行实质性审核，表明了学校对供需双方所签就业协议的态度。

二、就业协议的签订

（一）就业协议订立的原则

主体合法原则

签订就业协议的当事人必须具备合法的主体资格。对毕业生而言，就是必须要取得毕业资格，如果学生在报到时未取得毕业资格，用人单位可以不予接收且无须承担法律责任。对用人单位而言，用人单位必须具有从事各项经营或管理活动的能力，单位应有录用指标和录用自主权。否则，毕业生可解除协议且无须承担违约责任。对高校而言，高校应根据用人单位的要求如实介绍毕业生的在校表现，也应将所掌握的用人单位的信息发布给毕业生。高等学校在毕业生签订就业协议过程中应进行监督和指导。

平等协商原则

就业协议的当事人在签订就业协议时的法律地位是平等的，一方不得将自己的意志强加给另一方。学校也不得采用行政手段要求毕业生到指定单位就业（不包括有特殊情况的毕业生），用人单位亦不应在签订协议时要求学生缴纳高数额的风险金、保证金。当事人的权利义务应是一致的。除协议书规定内容外，当事人如有其他约定事项可在协议书“备注”中加以补充。

（二）就业协议订立的步骤

就业协议的订立一般要经过两个步骤，即要约和承诺。

要约 毕业生持学校的就业推荐表参加各种形式的供需见面洽谈会，进行双向选择或向用人单位寄发简历，应为要约邀请；用人单位收到毕业生材料，对毕业生进行考查后，表示同意接收并将接收函寄给高校或毕业生本人，即为要约。

承诺 毕业生收到用人单位接收函或得到用人单位答复后，从中作出选择，与用人单位签订协议，即为承诺。

(三)签订就业协议的程序

◆ 毕业生和用人单位达成协议并在就业协议书上签名盖章，用人单位应在就业协议书上注明接收毕业生档案的准确名称和地址以及邮政编码。

◆ 用人单位招聘如须经主管部门同意，则应报上级主管部门批准。

◆ 用人单位或毕业生将签订的协议书送到学校毕业生就业工作部门。

◆ 学校审查同意后，应按要求上报并及时将协议书反馈给用人单位和毕业生。

(四)就业协议的解除

就业协议的解除分为单方解除和双方解除。

单方解除包括单方擅自解除和单方依法或依协议解除。单方擅自解除协议属违约行为，违约方应对另两方承担违约责任。单方依法或依协议解除是指一方解除就业协议有法律上的或协议上的依据，如学生未取得毕业资格，用人单位有权单方解除就业协议；或依协议规定，毕业生考取研究生后，可解除就业协议，等等。此类单方解除，解除方无须对另两方承担法律责任。

双方解除是指毕业生、用人单位经协商一致取消原订立的协议，使协议不发生法律效力。此类解除应是双方当事人真实意思表示一致的体现，双方均不承担法律责任，但须征求学校同意。解除就业协议应办理解约的相关手续，在解约手续办理完毕后，毕业生才可以重新择业。

(五)办理解约的手续及程序

为维护就业方案的严肃性，学校对就业中的解约行为实行宏观控制，就业协议生效后一般不允许解约。但因特殊情况，其中一方提出解约，须经过另两方同意后方能办理解约手续，如解约行为给另外一方造成实际损失，应承担相应责任。

办理解约的手续及程序是：

◆ 原签约单位出具同意解约的公函（简称退函），它体现对用人单位或毕业生的知情权的尊重。退函要注明解约的原因，以确认违约方的责任。

◆ 持单位退函（若毕业生解约，须同时持有本人的解约申请书，注明申请事由及是否愿意承担违约责任等），到学校就业主管部门审核批准后，换发新的就业协议书。这一过程主要是起到监督和维护各方权利的作用。

三、签订就业协议的注意事项

毕业生就业协议明确三方的权利和义务，具有法律约束力，也涉及毕业生的切身利益，因此，毕业生在就业签约时应注意以下几个问题：

（一）认真地了解和掌握国家和省、市有关就业的相关政策和法律规定

国家和地方有关毕业生就业的政策和法律规定，是毕业生明确择业方向、选择择业范围，以及确立劳动关系的依据，毕业生从中了解自己在择业和就业过程中可以做什么、不可以做什么，以及怎样去做。例如，关于择业期内户口、档案的迁移、保管，定向国防生等政策规定。

（二）慎重签订就业协议

毕业生在与用人单位签订就业协议前，要认真阅读协议书中的全部条款，特别是要明确用人单位提出的附加条款，并了解清楚它的内容和含义，同时还应学会运用协议条款维护自己的合法权益，以及掌握签订就业协议的具体步骤和程序。为此，毕业生在签订就业协议时，应当做到以下几点：

查明用人单位的资质　签订就业协议的当事人必须具备合法的主体资格，一般而言用人单位必须具有依法从事各项经营或管理活动的能力，单位应有录用指标和录用自主权。

按规定的程序签订协议　毕业生应通过与用人单位洽谈，并在双方意见一致后与用人单位签订就业协议，然后交学校就业管理部门审核。就业协议由学校作最后审核，更有利于维护学生的合法权益。

有关条款的内容必须明确 就业协议一般由省就业主管部门事先拟定，对签约双方起到规范约定作用。毕业生与用人单位经协商，可以在就业协议中增加相应内容，但应采用规范条款。如确有必要进行补充或增加，则在内容上必须明确，不应产生歧义，特别是协议中涉及福利待遇、工作期限、违约责任等内容的条款必须明确。否则，一旦发生争议不利于双方合法权益的保护。如就业协议中无附加条款，应当将空白部分划去，注明“以下空白”或不在空白处签字盖章。

注意将就业协议与劳动合同相衔接 大学毕业生在择业的过程中和就业后，先后与用人单位签订就业协议和劳动合同，两者既有联系，又有区别。由于毕业生就业协议签订在先，为避免在日后订立劳动合同时产生纠纷，应尽可能将劳动合同的主要内容体现在就业协议的约定条款中，并明确表示在今后订立劳动合同时应予确认。

对合同的解除条件做事先约定 毕业生就业协议一经订立，就对当事人具有约束力，一方不得随意解除。否则，应承担违约责任。

(三)注意所约定条款的合理性和可接受性

目前毕业生使用的就业协议书是由教育部统一印制的，由于地区之间、用人单位之间存在着差异和各自情况的不同，协议书中不可能规定得很全面、详细，许多内容要靠毕业生与用人单位约定。但是，毕业生在与用人单位进行约定的时候要注意，约定的条件是否合理；约定的条款毕业生本人能否承受(例如对于违约问题，有的用人单位为了惩罚违约的毕业生，约定的违约金数额过高，使学生难以承受)；毕业生与用人单位约定的备注条款，要注意必须有毕业生和用人单位双方的签字。否则，当发生争议时，由于没有双方的签字，备注条款很难发生作用。

四、就业协议争议的解决办法

目前，因大学毕业生就业协议争议问题时有发生，如争议问题不能妥善解决，毕业生和用人单位的合法权益都可能受到侵害，解决争议的办法主要有：

毕业生与用人单位协商解决 这种办法适用于因毕业生的原因引起的就业协议争议，毕业生出面向用人单位赔礼道歉，说明情况，赢得用人单位理解和原谅，经双方协商达成新的意向。

由学校出面或由当地省级毕业生就业主管部门出面与用人单位进行调解 这种办法大多适用于因用人单位引起的就业协议争议，由学校或行政部门介入，针对纠纷予以调解，取得双方的基本满意。

法院裁决 对经协商和调解无法达成一致意见的，毕业生和用人单位都可以直接向人民法院起诉，由人民法院依法裁决。

案例

违约与诚信

毕业生刘某参加一家银行的面试后，该银行迟迟未做出是否录用的答复。这期间一家外贸企业来招聘，刘某参加面试后被录用，并与外贸企业签约，约定违约金为 4000 元。签约后不久，刘某接到了银行的录用通知，于是刘某向外贸企业提出要解除就业协议并表示愿意承担违约责任，而外贸企业不同意。刘某电汇 4000 元违约金到该外贸企业后，向学校再次申领就业协议准备与银行签约，学校告诉他应先提交解除协议的证明方可办重新签约手续，刘某与企业交涉无结果，很是懊恼。

（案例来源：《思想理论教育》）

点评

一般而言，如无法律规定的免责事由，一方擅自解除就业协议(此行为即为违约)必须承担违约责任。从法律意义而言，毕业生违约无法定义务向用人单位说明违约原因，但其本人应承担违约责任，即当毕业生承担违约责任后，就业协议应自动失效。

高校应提倡毕业生诚信就业，也要切实维护毕业生应当享有的就业权益。诚信就业包括求职方式方法的诚信和诚信履行就业协议两个方面。学校是毕业生的教育者，同时又是学生权益的维护者。毕业生在就业过程中处于弱势地位，就业过程中的违约情形是客观存在的，也是法律所允许的，过分强调违约必须要有理由，这既无法律依据，又不利于保护毕业生的就业权益。根据有关法律规定，违约者应承担违约责任，这种责任既包括经济责任，也包括其他方面的责任，因而，引导学生严格履行就业协议应通过规范违约责任来进行。

案例

强化毕业生就业权益的自我保护意识

小汪是上海某高校的应届毕业生，各方面条件都比较好，但是身高只有156cm。看到银行等单位招聘都有一定的身高要求，既感到愤慨又觉得无可奈何。终于在临近毕业时与一家外资物流公司达成了就业意向。双方签订了《上海市普通高等学校毕业生就业协议书》，协议书约定：小汪毕业后到该公司报到，先进行三个月的试用，试用期满后签订劳动合同。由于临近毕业，小汪一直忙于毕业典礼，因此双方的就业协议书在单位盖章和小汪签字后没有及时拿到学校进行鉴证登记。8月份小汪凭就业协议到单位报到时，单位予以接收并安排了大量的工作让其负责。但是在试用期行将结束时，公司以协议书未经过学校鉴证而没有生效为由拒绝与其签订劳动合同，并拒绝承担任何赔偿责任。小汪在与单位交涉无果的情况下，将此事报告给当地劳动和社会保障局。劳动和社会保障局在对此事进行调查后，认为公司的做法确实不符合法律规定，要求其马上与小汪签订劳动合同，并对公司进行了一定的处罚。

（案例来源：《中国大学生就业》2005年02期）

点评

本例中，小汪的就业权益多次被侵犯。首先，在求职过程中，小汪就遭到了就业歧视。毕业生应享有平等就业的权利，小汪由于身高原因丧失了很多就业机会，单位以身高为限制侵犯了毕业生的平等就业权。其次，在签订就业协议的过程中，双方关于试用期的约定违反了法律的规定。试用期应当包括在劳动合同期限之中，两者的起始时间应当是一致的，不能将试用期从劳动合同期限当中剥离，否则就变相增加了签订劳动合同的不确定性。再次，按照正常的程序，小汪到公司报到的时间就是签订劳动合同的时间，不存在先试用再签劳动合同的情形。

小汪的就业权益之所以屡遭侵犯，主要是因为其不熟悉就业相关的政策法规，法律意识淡薄所致。不过值得庆幸的是，小汪具有较强的维权意识，她通过向劳动行政主管部门反映情况，较好地保护了自己的合法权益。

第二节 劳动法与劳动合同法及相关法律制度

我国劳动法律制度在逐步完善，劳动法及其相关法律制度已经建立起来。大学毕业生在整个求职、择业、就业的过程中，要增强法律意识，学会运用劳动法律知识保护自身的合法权益。

一、劳动法的概念及特征

(一)劳动法的概念

劳动法是指以维护劳动者的合法权益为目的，调整用人单位和劳动者之间、政府与用人单位之间、政府和劳动者之间为实现和保障社会劳动过程而产生的权利义务关系的法律规范的总和。

◆“以维护劳动者的合法权益为目的”，反映了劳动法的本质属性。劳动法明确用人单位的义务和政府的相关责任，将劳动者的利益视为一种社会利益，来达到保护劳动者的目的。

◆明确了劳动法调整的对象为“用人单位和劳动者之间、政府与用人单位之间、政府和劳动者之间”的权利义务关系。这种关系是一个复合体，由劳动者和用人单位之间的劳动关系、政府和用人单位之间形成的劳动监察关系及政府和劳动者之间的促进就业与职业保障关系构成。

◆劳动法确认劳动者和用人单位之间在社会劳动过程中产生的权利义务关系。保障劳动者和用人单位之间，为实现具体劳动过程而发生的一方有偿提供劳动力与另一方提供的生产资料相结合而形成的社会关系。

(二)劳动法的特征

劳动法的基本价值取向是侧重保护劳动者

劳动法通过法律的强制来弥补劳动者的弱势地位，因此，侧重保护劳动者是劳动法与生俱来的使命。但同时它也不忽视对用人单位利益的保护。

强制性规范与任意性规范相结合,以强制性规范为主

劳动法大多属于强制性规范,它对用人单位设定的义务,用人单位应当严格遵守。

实体法和程序法相统一

一般而言,实体法和程序法是一种互为依存、相互独立的关系。而劳动法则不然,其本身既有实体性法律规范,也有程序性法律规范,这使得劳动法的实体法和程序法相统一。

二、劳动者的权利和义务

(一)劳动者的主要权利

我国宪法规定,中华人民共和国公民有劳动的权利和义务,一个公民既有劳动的权利,同时又有劳动的义务。公民的劳动权利主要包括以下几个方面:

平等就业的权利

平等就业的权利主要有三层含义:一是任何公民都有平等就业的权利和资格,不因民族、种族、性别、年龄、文化、宗教信仰、经济能力而受到限制。二是在应聘某一职位时,任何人都需要平等地参与竞争,任何人不享有特权,也不得对任何人予以歧视。三是平等不等于同等,平等是对于符合要求、符合特殊职位条件的人,而不是不论条件如何都同等对待。

选择职业的权利

劳动者选择职业的权利,是指劳动者根据自己意愿选择适合自己才能、爱好的职业。《劳动合同法》明确规定,订立劳动合同,应当遵循合法、公平、平等自愿、协商一致、诚实信用的原则。任何单位和个人都不能强迫劳动者签订违背自身意志的劳动合同。劳动者拥有自由选择职业的权利,有利于劳动者充分发挥个人的特长,促进社会生产力的发展。

取得劳动报酬的权利

我国宪法不仅规定公民有劳动的权利,而且给予劳动者的劳动权利

得以现实的物质的和法律的保障。《劳动合同法》第三十条明确规定，用人单位应当按照劳动合同约定和国家规定，向劳动者及时足额支付劳动报酬。用人单位拖欠或者未足额支付劳动报酬的，劳动者可以依法向当地人民法院申请支付令，人民法院应当依法发出支付令。

享有休息休假的权利

我国宪法规定，劳动者有休息的权利。国家发展劳动者休息和休养的设施，规定职工的工作时间和休假制度。《劳动合同法》第三十一条规定，用人单位应当严格执行劳动定额标准，不得强迫或者变相强迫劳动者加班。用人单位安排加班的，应当按照国家有关规定向劳动者支付加班费。

获得劳动安全卫生保护的权利

劳动安全卫生保护，是保护劳动者的生命安全和身体健康，是对享受劳动权利的主体切身利益最直接的保护。《劳动合同法》第三十二条规定，劳动者拒绝用人单位管理人员违章指挥、强令冒险作业的，不视为违反劳动合同。劳动者对危害生命安全和身体健康的劳动条件，有权对用人单位提出批评、检举和控告。

接受职业技能培训的权利

职业技能培训是指对准备就业的人员和已经就业的职工，以培养或提高其基本的职业技能为目的而进行的技术业务知识和实际操作技能教育和训练。我国宪法规定，公民有受教育的权利和义务。受教育既包括受普通教育，也包括受职业教育。

享受社会保险和福利的权利

社会保险是国家和用人单位依照法律规定或合同的约定，对具有劳动关系的劳动者在暂时或永久丧失劳动能力以及暂时失业时，为保证其基本生活需要，给予物质帮助的一种社会保障制度。疾病、年老等是每一个劳动者都不可避免的，社会保险是劳动力再生产的一种客观需要。

提请劳动争议处理的权利

劳动关系当事人作为劳动关系的主体，各自存在着不同的利益，双方不可避免地会产生分歧。用人单位与劳动者发生劳动争议，劳动者可以依法申请调解、仲裁，提起诉讼。

(二)劳动者的主要义务

权利和义务是统一的，劳动者在行使法定权利的同时，也应履行法定义务。

诚信义务

在签订劳动合同时，劳动者有义务就其与劳动合同直接相关的基本情况，向用人单位如实说明。

守法义务

劳动合同法是规范劳动合同双方当事人行为的法律。劳动者作为劳动合同的一方，应当遵守法律的规定和双方的约定。劳动者有违法行为或者违约行为的，应该依法承担法律责任。劳动合同法对劳动者违法或者违约行为所应承担的法律责任作了明确规定，主要是：劳动者违反与用人单位约定的服务期和竞业限制协议的，应按约定向用人单位支付违约金。劳动者违反劳动合同法的规定解除劳动合同，或者劳动合同中约定的保密义务或者竞业限制，给用人单位造成损失的，应当承担赔偿责任。劳动者与原用人单位尚未解除或者终止劳动合同，又与其他用人单位建立劳动关系，给原用人单位造成损失的，由劳动者与其他用人单位承担连带赔偿责任。

完成劳动任务的义务

这是劳动关系范围内的法定的义务，同时也是强制性义务。劳动者不能完成劳动义务，就意味着劳动者违反劳动合同的约定，用人单位可以解除劳动合同。

劳动者的其他义务

其他义务包括劳动者应提高职业技能、执行劳动安全卫生规程，遵守劳动纪律和职业道德，这既是劳动者的义务，也是劳动者完成劳动任务的保证。现代社会化的大生产，客观上要求每个劳动者严格遵守劳动纪律，以保证集体劳动的协调一致，从而提高劳动生产率，保证产品质量。劳动者在维护企业和自身利益的同时，还要就自己提供的产品和服务向社会负责，这是现代社会法律要求劳动者必须履行的义务。

三、劳动合同法

(一)劳动合同的概念

2007年6月29日第十届全国人大常委会第二十八次会议通过2008年1月1日施行的《中华人民共和国劳动合同法》(以下简称《劳动合同法》)明确规定了劳动合同的订立、履行和变更、解除和终止、监督检查、法律责任等。它是调整劳动合同双方当事人权利和义务关系的基本法律。2008年9月18日国务院公布施行的《中华人民共和国劳动合同法实施条例》是劳动合同法的配套法规。

劳动合同是劳动者和用人单位(企业、事业、机关、团体等)之间关于确立、变更和终止劳动权利和义务关系的协议。

《劳动合同法》规定:劳动合同分为固定期限劳动合同、无固定期限劳动合同和以完成一定工作任务为期限的劳动合同。

固定期限劳动合同,是指用人单位与劳动者约定合同终止时间的劳动合同。用人单位与劳动者协商一致,可以订立固定期限劳动合同。

无固定期限劳动合同,是指用人单位与劳动者约定无确定终止时间的劳动合同。用人单位与劳动者协商一致,可以订立无固定期限劳动合同。有下列情形之一,劳动者提出或者同意续订、订立劳动合同的,除劳动者提出订立固定期限劳动合同外,应当订立无固定期限劳动合同:(1)劳动者在该用人单位连续工作满十年的,连续工作满十年的起始时间,应当自用人单位用工之日起计算,包括劳动合同法施行前的工作年限;(2)用人单位初次实行劳动合同制度或者国有企业改制重新订立劳动合同时,劳动者在该用人单位连续工作满十年且距法定退休年龄不足十年的;(3)连续订立两次固定期限劳动合同,且劳动者没有本法第三十九条和第四十条第一项、第二项规定的情形,续订劳动合同的。用人单位自用工之日起满一年不与劳动者订立书面劳动合同的,视为用人单位与劳动者已订立无固定期限劳动合同。

以完成一定工作任务为期限的劳动合同,是指用人单位与劳动者约定以某项工作的完成为合同期限的劳动合同。用人单位与劳动者协商一致,可以订立以完成一定工作任务为期限的劳动合同。

(二)劳动合同的内容

劳动合同的内容是指劳动者与用人单位双方通过平等协商所确立的双方各自的权利和义务的具体内容的条款。劳动合同条款可分为法定必备条款和约定必备条款。

《劳动合同法》第十七条规定,劳动合同应当具备以下条款:

用人单位的名称、住所和法定代表人或者主要负责人;劳动者的姓名、住址和居民身份证或者其他有效身份证件号码;劳动合同期限;工作内容和工作地点;工作时间和休息休假;劳动报酬;社会保险;劳动保护、劳动条件和职业危害防护;法律、法规规定应当纳入劳动合同的其他事项。

《劳动合同法》第十七条第二款还规定,劳动合同除前款规定的必备条款外,用人单位与劳动者可以约定试用期、培训、保守秘密、补充保险和福利待遇等其他事项。

(三)劳动合同与就业协议的异同

毕业生在择业的过程中和就业后,先后与用人单位签订就业协议和劳动合同,两者既有联系,又有区别。

两者的相同点是:毕业生与用人单位签订的就业协议与劳动合同都具有法律效力,受我国有关法律的保护,任何一方违约,都要承担违约责任。

两者的不同点是:(1)主体范围不同:就业协议是专指高校毕业生与用人单位签订的工作协议;劳动合同则无此限制,既可以是高校毕业生,也可以是其他劳动者同用人单位签订合同;(2)内容不同:就业协议是确定用人单位录用毕业生的书面协议,体现了双向选择的结果;劳动合同是明确劳动者与用人单位之间具体权利和义务的书面协议,一些具体条款应当体现在合同里;(3)签订时间不同:大学生没有到用人单位报到前,还不是法律意义上的劳动者,只能同用人单位签订就业协议;大学生到用人单位正式报到后,应该以一名劳动者的身份,同用人单位签订劳动合同。因此,签订就业协议书在先,签订劳动合同在后。

依据《劳动法》的规定,大学生到用人单位报到后,应及时同用人单位签订劳动合同。但是,有些用人单位在毕业生报到后,以已经签订了就业协议为由,拒绝与毕业生签订劳动合同,这是没有法律根据的;也有个别用人单位在辞退毕业生时,以没有签订劳动合同,不存在劳动关系为由,逃避应承担的责任。大学生应明确:只要签订了就业协议,毕业生与用人单位的事实劳动关系已经确立，毕业生可以据此维护自己的权利。

(四)订立劳动合同的原则

平等自愿原则

劳动合同双方当事人订立合同的法律地位平等，意思表示真实。凡是采取欺诈、胁迫等手段把自己的意愿强加于对方，或者所订条款与双方当事人的真实意思不一致，都不符合平等自愿原则。

协商一致原则

劳动合同双方当事人应进行充分的协商，在双方意思表示一致的基础上签订劳动合同。

公平原则

即公平合理，合同内容的确定应当遵循公平原则，要求法律主体本着公平的原则订立劳动合同，实施民事法律行为，司法机关应根据公平原则处理劳动合同纠纷。

诚实信用原则

诚实信用是指双方当事人应诚实，讲信用。要求当事人在订立劳动合同活动中应尊重他人利益 ，以诚实、善意的态度行使权利和履行义务。

合法原则

订立劳动合同应当遵循合法原则，其基本要求是：(1)订立劳动合同的目的合法。当事人不得以订立劳动合同的合法形式掩盖非法目的。(2)订立劳动合同的主体合法。即双方当事人必须具备法律规定的主体资格。(3)订立劳动合同的内容合法。双方当事人在劳动合同中约定的权利、义务应当符合国家法律的规定。(4)订立劳动合同的程序、形式、期限等合法。

(五)订立劳动合同的程序

提出签订劳动合同的建议

在签订劳动合同前，劳动者或用人单位提出订立劳动合同的建议，一般由用人单位提出并起草劳动合同草案，称为要约。接受提议是指另一方接受建议并表示完全同意，称为承诺。

双方协商

双方当事人对已提出的劳动合同建议进行认真磋商，充分讨论。用人单位应向劳动者如实告之本单位的真实情况，以使劳动者能够对用人单位提出的劳动合同草案并充分表达自己的意见和要求。在协商过程中，一方表示接受建议，称为承诺。双方意思表示一致后，协商即告结束。

双方签约

双方当事人意思表示一致后，用人单位的法定代表人和劳动者在合同书上签字、盖章，并注明日期。如果用人单位法定代表人不能亲自参加，应以书面形式委托有关人员代理。劳动合同经双方当事人签字、盖章生效，并送劳动鉴定机关办理鉴定手续。

（六）无效劳动合同

劳动者与用人单位订立的违反劳动法律、法规的劳动合同被视为无效劳动合同。根据我国《劳动合同法》第二十六条规定，下列劳动合同无效或者部分无效：

1. 以欺诈、胁迫的手段或者乘人之危，使对方在违背真实意思的情况下订立或者变更劳动合同。(1)欺诈。指劳动合同当事人一方故意捏造、歪曲事实，掩盖其非法目的，使另一方当事人误认为是事实而造成人身伤害或财产损失；(2)胁迫。致使对方屈服其压力，作出违反自己真实意思表示的承诺而签订合同。

2. 用人单位免除自己的法定责任、排除劳动者权利的劳动合同。

3. 违反法律、行政法规强制性规定的劳动合同。

对劳动合同的无效或者部分无效有争议的，由劳动争议仲裁机构或者人民法院确认。劳动合同部分无效，不影响其他部分效力的，其他部分仍然有效。劳动合同被确认无效而劳动者已付出劳动的，用人单位应当向劳动者支付劳动报酬。劳动报酬的数额，参照本单位相同或者相近岗位劳动者的劳动报酬确定。

（七）非法“劳动合同”

大学毕业生求职择业要学法懂法，签订劳动合同要慎之又慎，要学会用法律武器维护自身合法权益，绝不能草率签订以下非法的劳动合同：

口头合同

有的用人单位与毕业生并不签订正式书面合同，而只是口头约定，甚至向毕业生许诺一些动听的空话。因为找不到任何法律依据，毕业生一旦同用人单位发生纠纷，很难得到法律的保护和支持。

简单合同

这类合同虽然有文字为证，但内容过于简单，其中许多条款概念不清、表述模糊。这种内容少且空的合同，对用人单位基本上无约束力，一旦发生纠纷，用人单位往往以劳动合同没有规定为由，拒不负责，最后吃亏的还是大学生自己。

一边倒合同，又可称单方合同

有的用人单位看准了大学生求职心切的心理，只约定大学生的义务和责任，而不约定或很少约定用人单位的义务和责任。

抵押合同

即用人单位在劳动合同中写明：就业者在工作期间要交付相当数额的风险抵押金，被厂方"保留"身份证等，如果劳动者自行辞退工作，用人单位可以没收"风险抵押金"和身份证等。用人单位的这种行为不仅明显违反了我国劳动法律、法规，而且侵害了劳动者的人身权利。

生死合同

我国劳动法规定：劳动者在工作期间受到伤害，用人单位应承担治疗、护理及误工赔偿等经济责任。但个别用人单位为逃避责任，要求劳动者签约时承诺，一旦发生人身伤害或意外事件，用人单位不承担责任，由劳动者自行负责等。

两张皮合同

有的用人单位为躲避劳动主管部门的监察，往往与劳动者签订两份合同。一份合同用来应付劳动主管部门检查，一份劳动合同是双方真正履行的合同。双方实际履行的合同对劳动者来说，肯定是一份不平等合同。

(八)劳动合同的形式

订立书面劳动合同是签订劳动合同的法定形式。《劳动合同法》第十条规定："建立劳动关系，应当订立书面劳动合同。已建立劳动关系，未同时订立书面劳动合同的，应当自用工之日起一个月内订立书面劳动合同。"《劳动合同法实施条例》规定："自用工之日起一个月内，经用人单位书面通知后，劳动者不与用人单位订立书面劳动合同的，用人单位应当书面通知劳动者终止劳动关系，无需向劳动者支付经济补偿，但是应当依法向劳动者支付其实际工作时间的劳动报酬。用人单位自用工之日起超过一个月不满一年未与劳动者订立书面劳动合同的，应当依照劳动合同法规定向劳动者每月支付两倍的工资，并与劳动者补订书面劳动合同；劳动者不与用人单位订立书面劳动合同的，用人单位应当书面通知劳动者终止劳动关系，并依照劳动合同法规定支付经济补偿。"

(九)劳动合同变更、解除和终止

劳动合同签订后，用人单位与劳动者应当按照劳动合同的约定，全面履行各自的义务，任何一方不得任意变更、解除或终止劳动合同。只有依照法律规定或经双方当事人同意，按照法定程序，才可以变更、解除或终止劳动合同。

劳动合同的变更

劳动合同依法订立后，即具有法律约束力，双方当事人必须履行合同中规定的义务，任何一方当事人都不得擅自变更劳动合同的内容。但是在合同订立后或者履行过程中，由于客观条件的变化，可以变更劳动合同。《劳动合同法》第三十五条规定："用人单位与劳动者协商一致，可以变更劳动合同约定的内容。变更劳动合同，应当采用书面形式。"

劳动合同的解除

劳动合同的解除分为法定解除与协议解除，双方解除与单方解除。《劳动合同法》对劳动合同解除的条件、程序和方式都作出了明确具体的规定。

双方当事人协商解除劳动合同 《劳动合同法》第三十六条规定："用人单位与劳动者协商一致，可以解除劳动合同。"

劳动者解除劳动合同 《劳动合同法》和《劳动合同法实施条例》规定，劳动者解除劳动合同的情形有：(1)劳动者提前三十日以书面形式通知用人单位，可以解除劳动合同；(2)劳动者在试用期内提前三日通知用人单位，可以解除劳动合同；(3)用人单位未按照劳动合同约定提供劳动保护或者劳动条件的;(4)用人单位未及时足额支付劳动报酬的;(5)用人单位未依法为劳动者缴纳社会保险费的;(6)用人单位的规章制度违反法律、法规的规定,损害劳动者权益的;(7)用人单位以欺诈、胁迫的手段或者乘人之危,使劳动者在违背真实意思的情况下订立或者变更劳动合同的;(8)用人单位在劳动合同中免除自己的法定责任、排除劳动者权利的;(9)用人单位违反法律、行政法规强制性规定的;(10)用人单位以暴力、威胁或者非法限制人身自由的手段强迫劳动者劳动的,或者用人单位违章指挥、强令冒险作业危及劳动者人身安全的,劳动者可以立即解除劳动合同,不需事先告知用人单位。

用人单位解除劳动合同 《劳动合同法》和《劳动合同法实施条例》规定:用人单位可以解除劳动合同的情形有:(1)劳动者在试用期间被证明不符合录用条件的;(2)劳动者严重违反用人单位的规章制度的;(3)劳动者严重失职,营私舞弊,给用人单位造成重大损害的;(4)劳动者同时与其他用人单位建立劳动关系,对完成本单位的工作任务造成严重影响,或者经用人单位提出,拒不改正的;(5)劳动者以欺诈、胁迫的手段或者乘人之危,使用人单位在违背真实意思的情况下订立或者变更劳动合同的;(6)劳动者被依法追究刑事责任的;(7)劳动者患病或者非因工负伤,在规定的医疗期满后不能从事原工作,也不能从事由用人单位另行安排的工作的;(8)劳动者不能胜任工作,经过培训或者调整工作岗位,仍不能胜任工作的;(9)劳动合同订立时所依据的客观情况发生重大变化,致使劳动合同无法履行,经用人单位与劳动者协商,未能就变更劳动合同内容达成协议的;(10)用人单位依照企业破产法规定进行重整的;(11)用人单位生产经营发生严重困难的;(12)企业转产、重大技术革新或者经营方式调整,经变更劳动合同后,仍需裁减人员的。用人单位单方解除劳动合同,应当事先将理由通知工会。用人单位违反法律、行政法规规定或者劳动合同约定的,工会有权要求用人单位纠正。用人单位应当研究工会的意见,并将处理结果书面通知工会。

用人单位应提前通知劳动者解除劳动合同的情况 《劳动合同法》第四十条规定:有下列情形之一的,用人单位提前三十日以书面形式通知劳动者本人或者额外支付劳动者一个月工资后,可以解除劳动合同:(1)劳动者患病或者非因工负伤,在规定的医疗期满后不能从事原工作,也不能从事由用人单位另行安排的工作的;(2)劳动者不能胜任工作,经过培训或者调整工作岗位，仍不能胜任工作的；(3)劳动合同订立时所依据的客观情况发生重大变化，致使劳动合同无法履行，经用人单位与劳动者协商，未能就变更劳动合同内容达成协议的；(4)由于经济性裁减人员，用人单位按照法定程序与被裁减人员解除劳动合同。

用人单位不得解除劳动合同的情形 《劳动合同法》第四十二条规定，劳动者有下列情形之一的，用人单位不得解除劳动合同：(1)从事接触职业病危害作业的劳动者未进行离岗前职业健康检查，或者疑似职业病病人在诊断或者医学观察期间的；(2)在本单位患职业病或者因工负伤并被确认丧失或者部分丧失劳动能力的；(3)患病或者非因工负伤，在规定的医疗期内的；(4)女职工在孕期、产期、哺乳期的；(5)在本单位连续工作满十五年，且距法定退休年龄不足五年的；(6)法律、行政法规规定的其他情形。

劳动合同的终止

劳动合同期满或者当事人约定的劳动合同终止条件出现，劳动合同即行终止。依据《劳动合同法》第四十四条规定，劳动合同终止的情形有：(1)劳动合同期满的；(2)劳动者开始依法享受基本养老保险待遇的；(3)劳动者死亡，或者被人民法院宣告死亡或者宣告失踪的；(4)用人单位被依法宣告破产的；(5)用人单位被吊销营业执照、责令关闭、撤销或者用人单位决定提前解散的；(6)法律、行政法规规定的其他情形。

(十)违反劳动合同法的法律责任

用人单位的法律责任

依照《劳动合同法》和《劳动合同法实施条例》的规定，用人单位的法律责任主要是：

(1)用人单位的规章制度违反法律、法规规定的；提供的劳动合同文本未载明《劳动合同法》规定的劳动合同必备条款或者用人单位未将劳动合同文本交付劳动者的，由劳动行政部门责令改正；给劳动者造成损害的，应当承担赔偿责任。

(2)用人单位自用工之日起超过一个月不满一年未与劳动者订立书面劳动合同的，违反劳动合同法规定不与劳动者订立无固定期限劳动合同的，应当向劳动者每月支付两倍的工资。

(3)用人单位违反劳动合同法规定与劳动者约定试用期的，由劳动行政部门责令改正；违法约定的试用期已经履行的，由用人单位按已经履行的超过法定试用期的期间向劳动者支付赔偿金。

(4)用人单位扣押劳动者居民身份证等证件的，由劳动行政部门责令限期退还劳动者本人，并依照有关法律规定给予处罚。以担保或者其他名义向劳动者收取财物的；劳动者依法解除或者终止劳动合同，用人单位扣押劳动者档案或者其他物品的，由劳动行政部门责令限期退还劳动者本人，并以每人五百元以上两千元以下的标准处以罚款；给劳动者造成损害的，应当承担赔偿责任。

(5)用人单位有下列情形之一的，由劳动行政部门责令限期支付劳动报酬、加班费或者经济补偿；劳动报酬低于当地最低工资标准的，应当支付其差额部分；逾期不支付的，责令用人单位按应付金额百分之五十以上百分之一百以下的标准向劳动者加付赔偿金：①未按照劳动合同的约定或者国家规定及时足额支付劳动者劳动报酬的；②低于当地最低工资标准支付劳动者工资的；③安排加班不支付加班费的；④解除或者终止劳动合同，未依照本法规定向劳动者支付经济补偿的。用人单位违反劳动合同法规定解除或者终止劳动合同的，应当依照经济补偿标准的两倍向劳动者支付赔偿金。

(6)用人单位有下列情形之一的，依法给予行政处罚；构成犯罪的，依法追究刑事责任；给劳动者造成损害的，应当承担赔偿责任：①以暴力、威胁或者非法限制人身自由的手段强迫劳动的；②违章指挥或者强令冒险作业危及劳动者人身安全的；③侮辱、体罚、殴打、非法搜查或者拘禁劳动者的；④劳动条件恶劣、环境污染严重，给劳动者身心健康造成严重损害的。

(7)用人单位违反劳动合同法有关建立职工名册规定的，由劳动行政部门责令限期改正；逾期不改正的，由劳动行政部门处两千元以上两万元以下的罚款。

(8)用人单位招用与其他用人单位尚未解除或者终止劳动合同的劳动者，给其他用人单位造成损失的，应当承担连带赔偿责任。

劳动者的法律责任

《劳动合同法》规定：劳动者违反本法规定解除劳动合同，或者违反劳动合同中约定的保密义务或者竞业限制，给用人单位造成损失的，应当承担赔偿责任。

劳务派遣单位的法律责任

依照《劳动合同法》和《劳动合同法实施条例》的规定，劳务派遣单位违反本法规定的，由劳动行政部门和其他有关主管部门责令改正；情节严重的，以每人一千元以上五千元以下的标准处以罚款，并由工商行政管理部门吊销营业执照；给被派遣劳动者造成损害的，劳务派遣单位与用工单位承担连带赔偿责任。

劳动行政部门和其他有关主管部门的法律责任

《劳动合同法》规定：劳动行政部门和其他有关主管部门及其工作人员玩忽职守、不履行法定职责，或者违法行使职权，给劳动者或者用人单位造成损害的，应当承担赔偿责任；对直接负责的主管人员和其他直接责任人员，依法给予行政处分；构成犯罪的，依法追究刑事责任。

四、劳动争议处理制度

(一)劳动争议的概念

劳动争议就是劳动纠纷，是指劳动关系双方当事人因劳动权利与义务引起的纠纷。劳动争议的产生是建立在劳动法律关系的基础之上的，其双方当事人一方为用人单位，另一方为劳动者。争议的标的是劳动权利和劳动义务。

(二)劳动争议的处理范围

依据2008年5月1日实施的《中华人民共和国劳动争议调解仲裁法》第二条规定，劳动争议处理的范围包括：

- 因确认劳动关系发生的争议；
- 因订立、履行、变更、解除和终止劳动合同发生的争议；
- 因除名、辞退和辞职、离职发生的争议；
- 因工作时间、休息休假、社会保险、福利、培训以及劳动保护发生的争议；
- 因劳动报酬、工伤医疗费、经济补偿或者赔偿金等发生的争议；
- 法律、法规规定的其他劳动争议。

(三)我国劳动争议的处理机构

根据《中华人民共和国劳动争议调解仲裁法》规定，我国目前处理劳动争议的机构为企业劳动争议调解委员会，依法设立的基层人民调解组织，在乡镇、街道设立的具有劳动争议调解职能的组织，地方劳动争议仲裁委员会和地方人民法院。企业劳动争议调解委员会由职工代表和企业代表组成。职工代表由工会成员担任或者由全体职工推举产生，企业代表由企业负责人指定。企业劳动争议调解委员会主任由工会成员或者双方推举的人员担任。劳动争议仲裁委员会按照统筹规划、合理布局和适应实际需要的原则设立。省、自治区人民政府可以决定在市、县设立；直辖市人民政府可以决定在区、县设立。直辖市、设区的市也可以设立一个或者若干个劳动争议仲裁委员会。劳动争议仲裁委员会不按行政区划层层设立。劳动争议仲裁委员会由劳动行政部门代表、工会代表和企业方面代表组成。劳动争议仲裁委员会组成人员应当是单数。

(四)劳动争议的处理程序

发生劳动争议，劳动者可以与用人单位协商，也可以请工会或者第三方共同与用人单位协商，达成和解协议。如果当事人不愿协商、协商不成或者达成和解协议后不履行的，可以向调解组织申请调解；不愿调解、调解不成或者达成调解协议后不履行的，可以向劳动争议仲裁委员会申请仲裁；对仲裁裁决不服的，除追索劳动报酬、工伤医疗费、经济补偿或者赔偿金，不超过当地月最低工资标准十二个月金额的争议，以及因执行国家的劳动标准在工作时间、休息休假、社会保险等方面发生的争议外，其他争议可以向人民法院提起诉讼。

五、社会保险制度

(一)社会保险的概念及功能

社会保险是国家通过立法强制征集专门资金，用于为保障劳动者在丧失劳动能力或丧失劳动机会时提供基本生活需求的一种物质帮助制度。它既是保证劳动力再生产的必要条件，也是提高劳动生产率、均衡企业负担的有利因素；同时它也为企业改善经营管理和搞好劳动保护工作提出了统一的规范，为解决一系列社会问题创造了条件。

(二)社会保险的种类及内容

根据我国《宪法》和《劳动法》及有关社会保障法规的规定，我国当前实施的社会保险制度主要包括五种社会保险和住房公积金，简称“五险一金”制度。

养老保险制度

我国目前实行退休制度。所谓退休是指劳动者因为年老或者因工因病完全丧失劳动能力，依法退出工作岗位休养的制度。养老保险就是通过在劳动者工作期间，由劳动者和用人单位缴纳一定的社会保险费用，在劳动者退休以后，由社会保险机构定期支付养老金，以保障劳动者的基本生活。我国对养老保险制度的规定及相关改革内容主要有：《国务院关于企业职工养老保险制度改革的决定》、《国务院关于完善企业职工基本养老保险制度的决定》。

医疗保险制度

劳动者可能会患上疾病，从而产生医疗费用。医疗保险是劳动者在患病时依法得到物质帮助的社会保险制度。通过在劳动者工作期间，由劳动者和用人单位缴纳一定的社会保险费用，在劳动者患病时，由社会保险机构承担一定的费用，以免影响劳动者的正常生活。目前我国对养老保险制度的规定及相关改革内容可参见《关于建立城镇职工基本医疗保险制度的决定》。

失业保险制度

劳动者可能因各种原因暂时失去工作岗位，丧失收入来源。失业保险制度通过由劳动者和用人单位缴纳一定的社会保险费用，保证劳动者失业后仍然可以从社会保险机构获得一定的收入以维持基本生活。我国相关的规定有：《失业保险条例》（国务院令第 258 号）、《关于事业单位参加失业保险有关问题的通知》。

工伤保险制度

工伤保险是向法定范围的劳动者补偿其因职业伤病而导致的全部经济损失，包括预防、治疗、护理、康复和疗养的费用，以及在收入方面保证其生活水平不至于因职业伤病下降的社会保险项目。目前我国关于工伤保险的规定有：《工伤保险条例》、《关于实施〈工伤保险条例〉若干问题的意见》、《关于农民工参加工伤保险有关问题的通知》。

生育保险制度

生育保险是向法定范围内的劳动者，尤其是妇女部分或全部提供怀孕、生产、哺育期间的医护费用，保证产假和哺育假期间的经济来源，使其不至于因生育而导致基本生活需求没有保障的社会保险项目。我国的相关规定有:《关于发布〈企业职工生育保险试行办法〉的通知》。

此外，用人单位应根据国家《住房公积金管理条例》为职工办理住房公积金。住房公积金是用于职工购买、建造、翻建、大修自住住房使用。单位录用职工的，应当自录用之日起 30 日内到住房公积金管理中心办理缴存登记。新参加工作的职工从参加工作的第二个月开始缴存住房公积金，月缴存额为职工本人当月工资乘以职工住房公积金缴存比例。住房公积金由单位和职工共同缴纳，职工个人缴存的住房公积金，由所在单位每月从其工资中代扣代缴。

应当指出的是，我国的各项改革正在深化，社会主义市场经济体制在逐步建立，全国统一的社会保障法也正在制订过程中。因此，目前的社会保障主要根据有关单位的规定、条例执行。由于各个企业经营状况不同，经济效益差别很大，因而各项保障费用的实际标准及支付情况也不一样，这种状况短时间内不可能改变，只有将来全国统一的社会保障制度真正健全了，这个问题才能彻底解决。

案例

用人单位不得收取押金变相克扣工资

从 2006 年 10 月以来，张某等人先后被某股份有限公司聘为保安，负责公司的安全保卫工作。当事人双方口头约定，张某等人的月工资为 1200 元至 1500 元不等。自用工以来，当事人双方并没有签订书面劳动合同，而且用工单位在用工期间，以保安服装担保金为名，从张某等人的工资中每人扣除 500 元押金。2008 年 4 月，双方解除劳动关系后，某股份有限公司一直未将保安服装押金退还张某等人，为此，当事人之间就有关工资支付和保安服装押金问题产生了争议。2008 年 4 月 1 日，张某等人向当地劳动争议仲裁机构申请劳动争议仲裁，要求用人单位依法支付其2008年2月1日至2008年3月31日两个月的两倍工资，并返还服装押金。

（案例来源：http://zhidao.baidu.com/question/85168292.html）

点评

在本案中，用人单位有如下不法行为：

1. 在用工期间，以保安服装担保金为名，从张某等人的工资中每人扣除500元押金的行为不合法，根据《劳动合同法》第九条的规定，用人单位招用劳动者，不得扣押劳动者的居民身份证和其他证件，不得要求劳动者提供担保或者以其他名义向劳动者收取财物。

2. 自用工以来，当事人双方没有签订书面劳动合同是不合法的，根据《劳动合同法》第七条的规定，用人单位自用工之日起即与劳动者建立劳动关系。第十条规定，建立劳动关系，应当订立书面劳动合同。已建立劳动关系，未同时订立书面劳动合同的，应当自用工之日起一个月内订立书面劳动合同。

3. 关于张某等人要求某股份有限公司依法支付其2008年2月1日至2008年3月31日两个月的两倍工资，并返还押金是否合法的问题。如果张某等人在2008年2月1日至2008年3月31日工作而单位又没有支付工资的话，属于克扣工资行为，依据《劳动合同法》第八十五条的规定，由劳动行政部门责令限期支付劳动报酬；逾期不支付的，责令用人单位按应付金额百分之五十以上百分之一百以下的标准向劳动者加付赔偿金。如果劳动行政部门责令限期支付，而单位按照劳动行政部门责令的限期支付而没有逾期，则不用加付赔偿金。

第三节　毕业生就业权益及保护

在就业形势日益严峻的当下，一些大学毕业生的就业权益屡受侵犯，毕业生要在守法的前提下，学会用法律的武器保护自己，维护自己的合法就业权益，更好地走向职场。

一、毕业生就业的基本权利与义务

(一)毕业生就业的基本权利

了解国家就业方针、政策和相关规定的权利

毕业生有了解国家和各级政府(含各级教育、行政部门)有关就业政策的权利。学校就业指导服务部门有责任、有义务把国家和各级政府的就业政策向毕业生宣传、讲解。同时还要提供有关就业政策的咨询服务。

接受就业指导的权利

国家《高等教育法》中规定:“高等学校应当为毕业生提供就业指导和服务。”各高校应当成立专门的毕业生就业指导服务机构,建立一支师德高尚、业务精湛、梯队合理的指导课教师队伍,对毕业生进行全程就业指导与服务。

自主选择用人单位的权利

毕业生在国家就业政策规定的范围内,有自主选择用人单位的权利。不允许任何人、任何单位干涉或强迫毕业生选择指定的用人单位。

了解用人单位基本情况的权利

用人单位的基本情况包括单位的性质、沿革、规模、名称、地点、工作环境以及提供给毕业生的岗位、工资福利待遇等情况。

参加公开竞聘、平等就业的权利

凡是符合用人单位要求,具有毕业生资格,都具有参加用人单位公开招聘的权利,并进行公正、平等地竞争。同时,我国法律和道德都强调男女毕业生平等就业,因此用人单位不得以任何理由和借口歧视女性毕业生。

自愿签订毕业生就业协议和劳动合同的权利

签订毕业生就业协议和劳动合同必须坚持双方自愿的原则,不允许采用欺诈和胁迫的方式要求毕业生签订就业协议和劳动合同。

违约求偿权

毕业生与用人单位签订就业协议和劳动合同后，如果用人单位不履行协议书和劳动合同的，毕业生可以依法要求用人单位予以赔偿损失。

(二)毕业生就业的义务

自觉服从国家需要的义务

目前，我国高校毕业生正在建立“市场导向、政府调控、学校推荐、学生与用人单位双向选择”的新机制。大学毕业生在择业过程中，虽然有了充分的自主权，但他们上大学还不完全是个人的投资行为，国家和社会为他们的成长付出了很多心血。因此，当代大学生要把个人的命运同整个民族，乃至国家的命运紧紧联系在一起，把国家利益放在首位，服从国家的需要，到国家最需要的地方去。

自觉履行就业协议和劳动合同的义务

毕业生一旦与用人单位签订就业协议和劳动合同，就应该诚实守信，自觉遵守就业协议和劳动合同的条款，并爱岗敬业，出色完成用人单位交给的任务，不能任意违约，甚至侵犯用人单位的商业秘密。那样做，必然损害用人单位、学校和个人的利益，并且要承担相应的违约和侵权责任。

自觉履行诚实信用原则的义务

毕业生向用人单位进行自我推荐、自我介绍和接受考察时，应全面地、实事求是地反映个人情况，所提供的一切求职材料都应该是真实可靠的，不能夸大其词、弄虚作假。否则，会失去用人单位的信任，给自己今后的发展带来不利的影响。

二、毕业生就业过程的法律保护

(一)《民法》与权益保护

《民法》的平等、自愿、公平和等价有偿原则与诚实信用原则，对毕业生保护自身的就业权益有着重要意义。

反对职业歧视，保护自身权益

依据我国《民法》的规定，大学毕业生同用人单位作为民事行为主体，拥有平等的民事权利，即双方平等协商、双向选择。但面对当今毕业生就业的“买方市场”，毕业生作为市场中的弱势群体，在双向选择中常常会处于不平等的地位。而一些用人单位置法律于不顾，制定出一些内部的规定来约束毕业生，造成对毕业生的职业歧视。主要表现在：年龄歧视、身份歧视、性别歧视、相貌歧视、工作经验歧视、身高歧视、学历歧视等。

《劳动法》第三条也规定：“劳动者享有平等就业和选择职业的权利”。因此，我们有权要求用人单位转变观念，停止就业歧视行为。

认证主体资格，保护自身权益

《民法》规定的民事法律关系主体主要有公民和法人。公民包括个体工商户、农村承包户；法人包括企业法人、机关、事业单位和社团法人以及联营企业等。大学毕业生就业应选择法人单位，应从以下几个方面来了解法人的主体资格：第一，是否依法成立；第二，法人的名称、组织机构和场所；第三，法人的经营范围；第四，注册资金、总资产额、债务情况；第五，事业单位、企业和公司的章程等情况，避免上当受骗。

追究民事责任，保护自身利益

民事责任是民事违法行为人必须承担的法律后果。在毕业生就业过程中，常存在用人单位中途违约、取消被录用者的录用行为；毕业生到单位报到，单位拒绝接收；单位接收毕业生报到后没有按约定给予相应的待遇；用人单位将毕业生个人的知识产权据为己有；对毕业生依法维护权益的行为进行人身攻击或威胁等情况。毕业生的民事权利，不仅受到《民法》的保护，而且还受到包括《宪法》、《刑法》、《行政法》等法律的保护。毕业生在就业过程中自身权益受到侵害，有权追究用人单位的责任。

（二）劳动法及劳动合同法与权益保护

《劳动法》和《劳动合同法》是大学生就业过程中的重要法律，大学生应善于运用《劳动法》及《劳动合同法》赋予劳动者的各项权利，保护自身权益。

平等就业权利的保护

《劳动法》第十二条规定：“劳动者就业不因民族、种族、性别、宗教信仰不同而受歧视。”第十三条规定：“妇女享有与男子平等的就业权利。在录用职工时，除国家规定的不适合妇女的工种或者岗位外，不得以性别为由拒绝录用妇女或者提高对妇女的录用标准。”

订立劳动合同的相关内容

依据《劳动合同法》第十条的规定：“建立劳动关系，应当订立书面劳动合同。已建立劳动关系，未同时订立书面劳动合同的，应当自用工之日起一个月内订立书面劳动合同。用人单位与劳动者在用工前订立劳动合同的，劳动关系自用工之日起建立。”第三条规定：“订立劳动合同，应当遵循合法、公平、平等自愿、协商一致、诚实信用的原则。”第二十六条对无效合同做了规定：“以欺诈、胁迫的手段或者乘人之危，使对方在违背真实意思的情况下订立或者变更劳动合同的；用人单位免除自己的法定责任、排除劳动者权利的；违反法律、行政法规强制性规定的。”

关于工作时间和休息休假

关于国家工时制度，《劳动法》第三十六条规定：“国家实行劳动者每日工作时间不超过 8 小时、平均每周工作时间不超过 44 小时的工时制度。”第三十八条规定：“用人单位应当保证劳动者每周至少休息 1 日。”

对于延长工作时间的，《劳动法》第四十一条规定：“一般每日不得超过 1 小时；因特殊原因需要延长工作时间的，在保障劳动者身体健康的条件下延长工作时间每日不得超过 3 小时，但每月不得超过 36 小时。”

关于法定假日，《劳动法》第四十条对法定假日做了规定。同时，《国务院关于修改〈全国年节及纪念日放假办法〉的决定》规定自 2008 年 1 月 1 日起施行新的放假制度：元旦放假 3 天；春节放假 7 天；清明节放假 3 天；“五一”国际劳动节放假 3 天；端午节放假 3 天；中秋节放假 3 天；国庆节放假 7 天。

关于延长工时的报酬支付问题，要求用人单位必须按下列标准支付高于劳动者正常工作时间工资的工资报酬：“安排劳动者延长工作时间的，支付不低于工资的 150％的工资报酬；休息日安排劳动者工作又不能安排补休的，支付不低于工资的 200％的工资报酬；法定休假日安排劳动者工作的，支付不低于工资的 300％的工资报酬。”《劳动合同法》第三十条关于劳动报酬方面问题也规定：“用人单位应当按照劳动合同约定和国家规定，向劳动者及时足额支付劳动报酬。”

关于工资、劳动安全卫生、女职工特殊保护、社会保险和福利

(1)用人单位必须按《劳动法》规定,以货币形式按月支付劳动者工资,不得克扣或无故拖欠;劳动者在休息日和法定休假日及婚丧假期间,用人单位应当依法支付工资。

(2)用人单位必须依法保护劳动者的安全和健康。《劳动法》第五十二条规定:"用人单位必须建立、健全劳动安全卫生制度,严格执行国家劳动安全卫生规章程序和标准,对劳动者进行劳动安全教育,防止劳动过程中的事故,减少职业危害。"

(3)女职工的特殊保护。《劳动法》和《女职工禁忌劳动范围的规定》(劳安字[1990]2 号),明确了女职工禁忌从事以下劳动:矿山井下作业;森林业伐木、归楞及流放作业;《体力劳动强度分级》标准中第四级体力劳动强度的作业;建筑业脚手架的组装及拆除作业以及电力电信业的高处架线作业;连续负重每次超过 20 公斤,间断负重每次超过 25 公斤。同时,任何单位不得以结婚、怀孕、产假、哺乳等为由辞退女职工或者单方面解除劳动合同。《劳动法》还对女职工的经期、孕期、产期、哺乳期等作了各项保护规定。

(4)依据我国相关法律的规定,用人单位和劳动者必须参加社会保险,即参加养老保险、疾病保险、失业保险、工伤保险、生育保险。用人单位无故不缴纳社会保险费的,由劳动行政部门责令其限期缴纳;逾期不缴纳的,可以加收滞纳金。

(三)就业促进法对毕业生就业权益的保护

2007 年 8 月 30 日,《中华人民共和国就业促进法》由十届全国人大常委会第二十九次会议审议通过,自 2008 年 1 月 1 日起施行。《就业促进法》的颁布,进一步丰富和完善了我国劳动保障法律体系,对于促进包括大学毕业生在内的劳动者就业、构建社会主义和谐社会,具有重要而深远的意义。其具体体现在如下方面:

确立了促进就业的方针以及政府的职责

(1)《就业促进法》在法律中明确了"劳动者自主择业"的方针,充分调动劳动者就业的主动性和能动性,促进他们发挥就业潜能和提高职业技

能，依靠自身努力，自谋职业和自主创业，尽快实现就业。

(2)明确“市场调节就业”，充分发挥人力资源市场在促进就业中的基础性作用。通过市场职业供求信息，引导劳动者合理流动和就业；通过用人单位自主用人和劳动者自主择业，实现供求双方相互选择；通过市场工资价位信息，调节劳动力的供求。

(3)明确“政府促进就业”，充分发挥政府在促进就业中的重要职责，通过发展经济和调整产业结构，实施积极就业政策，扩大就业机会；通过规范人力资源市场，维护公平就业；通过完善公共就业服务和加强职业教育和培训，创造就业条件；通过提供就业援助，帮助困难群体就业，等等。

建立了促进就业的政策支持体系

《就业促进法》为我国实施积极的就业政策提供了法律保障，其将经过实践检验、行之有效的积极的就业政策上升为法律规范，并按照促进就业的工作要求，规定了政策支持的法律内容。主要包括十个方面：(1)实行有利于促进就业的产业政策；(2)实行有利于促进就业的财政政策；(3)实行有利于促进就业的税收政策；(4)实行有利于促进就业的金融政策；(5)实行城乡统筹的就业政策；(6)实行区域统筹的就业政策；(7)实行群体统筹的就业政策；(8)实行有利于灵活就业的劳动和社会保险政策；(9)实行就业援助制度；(10)实行失业保险促进就业政策。

明确规定了维护公平就业

为了维护劳动者的平等就业权，反对就业歧视，《就业促进法》对公平就业做出了规定，包括七个方面：

明确政府维护公平就业的责任 各级人民政府应当创造公平就业的环境，消除就业歧视，并制定政策和采取措施对就业困难人员给予扶持和援助。

规范用人单位和职业中介机构的行为 《就业促进法》规定：用人单位招用人员、职业中介机构从事职业中介活动，应当向劳动者提供平等的就业机会和公平的就业条件，不得实施就业歧视。

保障妇女享有与男子平等的劳动权利 用人单位招用人员，除国家规定的不适合妇女的工种或者岗位外，不得以性别为由拒绝录用妇女或者提高对妇女的录用标准。同时，对用人单位录用的劳动合同内容做了法律规定。

保障各民族劳动者享有平等的劳动权利 用人单位招用人员，应当依法对少数民族劳动者给予适当照顾。

保障残疾人的劳动权利 各级人民政府应当为残疾人创造就业条件。用人单位招用人员，不得歧视残疾人。

保障传染病病原携带者的平等就业权 规定用人单位招用人员，不得以是传染病病原携带者为由拒绝录用。同时对其不能从事的工作作了法律限制。

规定了劳动者受到就业歧视时的法律救济途径 违反本法规定，实施就业歧视的，劳动者可以向人民法院提起诉讼。

政府积极实施就业援助

《就业促进法》明确规定各级人民政府建立健全就业援助制度。包括四个方面：

明确了就业援助的对象 它是指因身体状况、技能水平、家庭因素、失去土地等原因难以实现就业，以及连续失业一定时间仍未能实现就业的就业困难人员。就业困难人员的具体范围，由省、自治区、直辖市人民政府根据本行政区域的实际情况规定。

明确了就业援助的措施 其一，各级人民政府建立健全就业援助制度，采取税费减免、贷款贴息、社会保险补贴、岗位补贴等办法，通过公益性岗位安置等途径，对就业困难人员实行优先扶持和重点帮助。其二，地方各级人民政府加强基层就业援助服务工作，对就业困难人员实施重点帮助，提供有针对性的就业服务和公益性岗位援助；鼓励和支持社会各方面为就业困难人员提供技能培训、岗位信息等服务。其三，政府投资开发的公益性岗位，应当优先安排符合岗位要求的就业困难人员。被安排在社区公益性岗位工作的，按照国家规定给予岗位补贴。其四，各级人民政府采取特别扶助措施，促进残疾人就业，并要求用人单位应当按照国家规定安排残疾人就业。

特别规定了对城市零就业家庭的就业援助 县级以上地方人民政府采取多种就业形式，拓宽公益性岗位范围，开发就业岗位，确保城市有就业需求的家庭至少有一人实现就业。同时规定了街道、社区公共就业服务机构在就业援助中的具体职责。

规定了对就业压力大的特定地区的扶持 国家鼓励资源开采型城市和独立工矿区发展与市场需求相适应的产业，引导劳动者转移就业。对因资源枯竭或者经济结构调整等原因造成就业困难人员集中的地区，上级人民政府应当给予必要的扶持和帮助。

三、毕业生就业过程中权益保护的途径

(一)各级政府毕业生就业主管部门的保护

毕业生就业主管部门通过制定有关规则来保护毕业生的权益，并依据国家的政策、法律、法规对侵犯毕业生合法权益的行为予以处理。如对签订侵害毕业生权益的就业协议，省毕业生就业主管部门不予签订、不予审批就业方案和核发《就业报到证》；对就业双方存在的劳动争议和违约等问题，进行协调处理。必要时还可通过新闻媒体的舆论监督作用揭露某些用人单位在招聘和试用毕业生过程中的不公平、不公正行为，以引起社会重视，使一些本来并不复杂、完全应该有公正结果，但却迟迟得不到解决的问题得以解决，这在一定程度上可遏制毕业生就业过程中不公正现象的滋生和蔓延。

(二)高等院校的保护

学校可以通过各种途径向毕业生提供真实可靠的用工信息；对毕业生进行有效的全程就业指导，要提醒毕业生在就业中存在着若干不公平、不公正行为，甚至存在求职陷阱；在毕业生签订就业协议过程中，要予以监督和指导，对用人单位与毕业生签订的不合法的就业协议，学校有权拒签。

(三)毕业生的自我保护

加强学习，树立维权意识、法纪意识、诚信意识 大学毕业生在就业中的基本权利是法律赋予的。通过学习，不仅要掌握《民法》、《劳动法》、《劳动合同法》的相关内容，还要掌握相关法律法规及政策，做到知法、学法、懂法，自觉树立维权意识、法纪意识、诚信意识，自觉维护自身的合法权益。

遵循市场规则，预防侵害自身权益行为的发生　求职过程中，毕业生要有风险意识，对于有些用人单位夸大优厚条件，以欺骗手段吸引人才的做法要有提防戒备心理，预防自身合法权益受到侵害。

用法律手段维护自身合法权益　由于毕业生就业市场发育不够成熟，有关法律、法规和规章尚不健全，毕业生在就业过程中的一些合法权益有时会受到侵害。此时，毕业生有权向用人单位的上级主管部门、向高校、向劳动行政部门申诉并听取它们的处理意见；也有权要求劳动争议仲裁和向法院起诉；还可以借助新闻媒体进行救济，通过各种合法途径维护毕业生在就业中的合法权益。

案例

企业能如此终止合同吗？

王女士到某独资公司工作已经8个月了，与她同时进公司的其他员工，在工作上都早已能独当一面了，唯独她还不能胜任本职工作，她十分着急，经常利用业余时间补习业务知识，可收效甚微。公司认为，王女士虽然能力较差，但工作态度还是认真的，于是决定给她一次提高技术水平的机会，参加脱产3个月的技术培训。遗憾的是，王女士参加培训后，仍然不能胜任本职工作。公司做出了30日后与她终止劳动合同的决定。王女士认为公司跟其签订的劳动合同是无固定期限的，不能随意终止。但公司认为无固定期限劳动合同并不意味着不能终止，因为劳动合同中已经约定了一些终止条件，只要这些终止条件出现，劳动合同就可以终止。另外，王女士认为即使公司可以按这条规定跟其终止劳动合同，也应该给其一些经济补偿金。公司认为，终止合同和解除合同是不一样的，按国家规定，解除劳动合同时企业应当支付经济补偿金，而终止劳动合同时企业就可以不给经济补偿金。根据劳动合同中的约定，公司与王女士现在是属于终止合同，所以公司不支付经济补偿金。

那么，公司可否这样终止合同，并且不支付补偿金？

点评

根据上述案情，公司终止合同必须支付补偿金。

《劳动法》第二十三条规定："劳动合同期满或者当事人约定的劳动合同终止条件出现，劳动合同即行终止"；《劳动合同法》第四十条规定，有下列情形之一的，用人单位提前三十日以书面形式通知劳动者本人或者额外支付劳动者一个月工资后，可以解除劳动合同：（二）劳动者不能胜任工作，经过培训或者调整工作岗位，仍不能胜任工作的；《劳动合同法》第四十六条规定，有下列情形之一的，用人单位应当向劳动者支付经济补偿：（三）用人单位依照本法第四十条规定解除劳动合同的。

在本案中，公司与王女士约定的终止条件，是《劳动法》第二十六条第二项规定的法定解除条件，并且符合劳动合同法的规定，虽然是无固定期限劳动合同，但是只要符合了法律规定的条件，单位是可以解除劳动合同的，不过，单位需要支付经济补偿金。

案例

用人单位违反劳动合同约定的劳动条件，职工可以解除劳动合同

1999年7月，刘某从某矿冶学校毕业后，被某有色金属矿山企业录用，并签订了5年期劳动合同。劳动合同中约定，刘某负责指导一线开采工作，企业提供必要的劳动保护条件，工资待遇与企业管理人员相同。刘某工作后，企业为刘某提供了半年的培训，然后按劳动合同约定安排到一线工作，但一直没有提供相应的劳动保护设备。刘某找到企业负责人，企业负责人答复说对刘某是按管理人员培养的，不是真正的一线工人，不能像一线工人那样领取劳动保护设备，由于工作需要，刘某也无法享受企业机关科室人员的工作环境。刘某认为企业的这种做法违反了劳动合同中关于劳动条件的约定，提出了解除劳动合同，企业则拒绝了此要求。刘某到当地劳动争议仲裁委员会申诉，劳动

争议仲裁委员会审理后裁定：该企业违反了劳动合同中关于劳动条件的规定，刘某可以解除劳动合同，不需支付赔偿费用。

（案例来源：http://www.ldht.org/Html/case/al/959605.html，有删减）

点评

关于劳动者的劳动条件，《劳动法》第十九条明确将其规定为劳动合同的必备内容之一。第三十二条规定："有下列情形之一的，劳动者可以随时通知用人单位解除劳动合同……（三）用人单位未按照劳动合同约定支付劳动报酬或者提供劳动条件的"。本案当事人双方已经在劳动合同中约定了劳动条件，企业以刘某的工作性质比较特殊为由，不予提供相应的劳动保护设备，违反了劳动合同约定，刘某根据上述规定，可以提出解除劳动合同。在劳动合同的几项主要内容中，人们往往对合同期限、工作内容、劳动报酬等"硬件"要素比较注意，忽视劳动条件等"软件"要素。实际上，必要的劳动条件不但是劳动者身体健康的保障，也是劳动者顺利履行义务的保障。违反了《劳动法》关于劳动条件的规定和劳动合同的约定，劳动者身体健康和履行义务都失去了保障，劳动者依法提出解除劳动合同是合法的。

第四节 辽宁省促进普通高等学校毕业生就业规定

为促进普通高等学校毕业生就业，促进经济发展与扩大就业相协调，促进社会和谐稳定，根据《中华人民共和国就业促进法》等有关法律、法规，结合辽宁省高校毕业生的实际情况，辽宁省人民政府制定了《辽宁省促进普通高等学校毕业生就业规定》（以下简称《促进高校毕业生就业规定》）。该规定是我国首部促进普通高等学校毕业生就业的地方政府规章，是促进辽宁省高校毕业生就业和创业的重要的地方性法规，具有典型的示范作用。

一、辽宁省促进高校毕业生就业的一般规定

(一)促进高校毕业生就业的方针和原则

促进高校毕业生就业的方针

《促进高校毕业生就业规定》第四条对促进高校毕业生就业的方针做了明确规定:"高校毕业生就业实行自主择业、市场调节就业、政府促进就业的方针。倡导高校毕业生树立正确的择业观和科学的创业观,提高就业能力和创业能力;鼓励高校毕业生面向基层就业、自主创业,以创业带动就业。"

促进高校毕业生就业的原则

《促进高校毕业生就业规定》第七条明确规定:"高校毕业生享有平等就业的权利,不因民族、种族、性别、宗教信仰、工作经历、婚姻状况、户籍、毕业学校等不同而受歧视。"在此基础上,第八条进一步规定了高校毕业生实行平等就业原则的具体内容:"用人单位招用高校毕业生,职业中介机构从事职业中介活动,应当向高校毕业生提供平等的就业机会和公平的就业条件。用人单位招用高校毕业生,除国家规定的不适合女性的工种或岗位外,不得以性别为由拒绝录用女性高校毕业生或提高录用标准,不得歧视残疾高校毕业生。"

(二)各级人民政府及有关部门促进高校毕业生就业的职责

省政府有关部门和市、县政府促进高校毕业生就业的职责

《促进高校毕业生就业规定》提出:省人民政府有关部门和市、县人民政府应当建立促进高校毕业生就业协调机制,协调解决高校毕业生就业工作中的重大问题,统一指导高校毕业生就业工作。

应当将高校毕业生就业工作纳入国民经济和社会发展规划及就业再就业工作体系,通过发展经济和调整产业结构、增加高校毕业生就业岗位、规范高校毕业生就业市场、完善就业服务、加强就业指导和培训、提供就业援助等措施,创造就业条件,促进高校毕业生就业。省人民政府有关部门和市、县人民政府应当通过积极发展经济和各项社会事业增加就业岗位,积极开发和创造适合高校毕业生就业的公益性岗位,鼓励各行各业吸纳高校毕业生就业。

各级政府有关部门促进高校毕业生就业的职责

《促进高校毕业生就业规定》提出：教育、人力资源社会保障部门按照法定职责做好高校毕业生就业促进工作。发展改革、财政、公安、工商、税务等有关部门根据各自职责做好高校毕业生就业促进相关工作。

省公务员主管部门应当按照公开、平等、择优的原则，有计划地从高校毕业生中招录公务员。公安、司法、工商、税务、质检等执法部门新增人员，应当重点从高校毕业生中考试录用。事业单位补充新增专业技术人员和管理人员，应当优先面向高校毕业生。政府组织的各类重点建设工程和项目，所需人员应当优先从高校毕业生中录用。

工会、共青团、妇联、科协、残联及其他社会组织，可协助人民政府及有关部门开展高校毕业生就业促进工作。

新闻媒体促进高校毕业生就业的职责

《促进高校毕业生就业规定》提出：新闻媒体应当宣传促进高校毕业生就业的方针、政策，宣传促进就业和吸纳人才的成功经验，宣传毕业生到基层就业、自主创业的先进典型，引导全社会关心、理解和支持高校毕业生就业工作。

（三）高校促进毕业生就业的职责

提高毕业生的就业能力

高校应当根据当地经济社会发展和产业结构调整的实际需要，结合本校实际，树立以就业和社会需求为导向，科学规划人才培养方向的理念，提高高校毕业生的就业能力。

建立健全毕业生就业服务机构，保障工作经费

高校应当制定就业工作总体规划，建立健全毕业生就业推荐制度，定期召开就业工作协调会议，了解和解决毕业生在就业中遇到的困难。

设置就业指导必修课程，建立稳定的实习实训基地

高校应当将就业创业指导作为教育管理的重要组成部分，将就业指导课程建设纳入日常教学工作。各年级应当开设就业指导公共必修课，并设置相应的学分。

高校应当根据专业特点、实践教学需求及学生规模等实际，结合企业

人才需求情况，制定教学实习基地的总体规划。具备专业条件的高校通过与企业、行业部门合作，建立稳定的、能满足专业培训要求的实习实训基地，确保学生专业实习和毕业实习的时间和质量，建立并完善高校毕业生实习实训期间意外伤害保险制度。

二、辽宁省促进高校毕业生就业的政策支持

(一)鼓励承担项目单位聘用高校毕业生参与项目研究

《促进高校毕业生就业规定》提出：鼓励承担国家和地方重大科研项目的单位聘用优秀高校毕业生参与项目研究，其劳务性费用和有关社会保险费补助按规定从项目经费中列支，具体办法按国家有关规定执行。高校毕业生参与项目研究期间，其户口、档案可存放在项目单位所在地或入学前家庭所在地人才交流中心。聘用期满，根据工作需要可以续聘或到其他岗位就业，就业后工龄与参与项目研究期间的工作时间合并计算，社会保险缴费年限连续计算。

(二)鼓励企业吸纳高校毕业生就业

省、市、县人民政府设立的中小企业发展资金，应当向聘用高校毕业生达到一定数额的中小企业倾斜。企业应承担起社会责任，通过吸纳高校毕业生就业、提供大学生就业实习见习岗位、与高校合作开展定单式技能培训，提升大学生的就业能力，为企业发展提供智力支持和人才储备，支持高校人才培养，适应产业结构调整、转型、升级和企业人力资源需求的变化。

(三)鼓励高校毕业生到基层就业

省、市、县人民政府有关部门和各高校应当动员高校毕业生参加国家和本省组织的专项就业项目，通过项目引导，鼓励高校毕业生到基层就业。有关部门应当做好代偿助学贷款、生活补贴、户口档案迁转等方面的后续服务工作。

高校毕业生从事志愿服务、到扶贫开发重点县就业、到社区就业或创办公益性服务实体、到经济欠发达地区创业的，享受国家和本省的有关优惠待遇。

(四) 鼓励高校毕业生到非公有制单位就业

高校毕业生到非公有制单位就业的，在专业技术职称评定方面，应当

与国有企业员工享受同等待遇；对从事科技工作的，在按规定程序申请省、市、县级科研项目和经费、申报有关科研成果或荣誉称号时，应当根据情况给予支持。在非公有制单位（含自由职业）就业并参加基本养老保险的高校毕业生，考录或招聘到国家机关、事业单位工作，其缴费年限可以合并计算为工龄。高校毕业生到非公有制经济组织就业或者以非全日制形式就业的，可以在其就业所在地落户。

对以从事自由职业、短期职业、个体经营等方式就业的高校毕业生，有关部门应当提供必要的人事和劳动保障代理服务，为社会保险费缴纳和保险关系接续提供保障。

对从事个体经营的高校毕业生，除国家限制的行业外，自工商行政管理部门登记注册之日起3年内免交登记类、管理类和证照类的各项行政事业性收费。

（五）高校毕业生自主创业的政策支持

省、市人民政府设立的大学生创业资金和小额贷款担保基金，按规定为高校毕业生自主创业提供资金扶持。有关部门应当建立大学生创业资金的规范管理和运作机制，通过网络和媒体及时向社会公布资金申请程序、要求和管理办法。

建立大学生创业孵化体系，为创业大学生的孵化企业提供创业培训、开业指导、项目推介、经营咨询等服务，所需资金从就业工作专项资金中列支。

对自主创业的高校毕业生，由市教育、人力资源社会保障部门颁发《自主创业证》，作为高校毕业生享受政府优惠政策的有效凭证。高校毕业生就业服务指导部门应当建立高校毕业生自主创业管理制度，逐步实现全省高校毕业生自主创业信息和项目资源共享。

（六）建立困难家庭高校毕业生就业援助制度

市、县人民政府应当建立困难家庭高校毕业生就业援助制度。教育、人力资源社会保障、财政和民政等部门，采取费用减免、贷款贴息、社会保险补贴、岗位补贴等办法，通过公益性岗位安置等途径实行就业援助。省、市人民政府设立的困难家庭高校毕业生就业援助资金，专项用于为就业援助对象提供求职补贴、就业见习补贴等。

（七）完善落实高校毕业生的社会保障政策

省、市、县人民政府有关部门应当完善落实高校毕业生的社会保障政策，落实失业登记、临时救助和就业后社会保险参保等政策。

对登记失业的高校毕业生，人力资源社会保障部门应当建立专门登记制度，免费提供政策咨询、职业指导和职业介绍服务，组织参加职业资格培训、职业技能鉴定或就业见习、创业培训，并按规定给予职业培训补贴。

三、促进高校毕业生就业的市场服务和信息服务

（一）促进高校毕业生就业的市场服务

省、市、县人民政府有关部门应当建立高校毕业生就业市场，通过组织专场招聘会、信息发布、网上求职等多种形式，为高校毕业生免费提供就业指导、职业介绍、创业培训等就业服务。政府有关部门设立的就业服务机构应当为高校毕业生提供免费职业介绍服务。

高校毕业生就业市场提供就业服务时，应当遵守国家的法律、法规及有关政策，坚持诚实信用和公开、公平、公正的原则。有关部门应当加强高校毕业生就业市场管理，严格规范招聘收费行为，禁止举办以赢利为目的的高校毕业生招聘活动，严厉打击虚假招聘行为。

（二）促进高校毕业生就业的信息服务

省高校毕业生就业服务指导部门应当会同有关部门定期发布人才需求和高校毕业生就业状况信息，建立高校毕业生就业状况预警机制。有关部门应当依法定权限，根据就业状况调控高等学校学科、专业设置，将就业状况作为制定招生计划和专业设置的重要依据，对就业率较低的专业，应当减少其招生计划。

市、县人民政府和高校应当逐步加大对高校毕业生就业信息化建设的经费投入，实施大学生就业信息工程，逐步实现远程网上面试、网上职业规划测评和就业状况动态监测。

四、违反《促进高校毕业生就业规定》的法律责任

（一）有关部门工作人员的法律责任

《促进高校毕业生就业规定》第三十五条规定："有关部门工作人员违反本规定，有下列情形之一的，由其所在单位或者上级主管机关依法给予

行政处分;构成犯罪的,移交司法机关依法追究刑事责任:(1)不履行促进高校毕业生就业工作职责的;(2)拒不实施政府有关促进高校毕业生就业扶持政策和措施的;(3)虚报促进高校毕业生就业考核指标的;(4)重大决策失误导致较多高校毕业生失业的;(5)其他玩忽职守、滥用职权、徇私舞弊行为的。”

(二)高校的法律责任

《促进高校毕业生就业规定》第三十六条规定:“高校有下列情形之一的,除依法承担民事责任外,有关部门应当对直接责任人和主管领导给予行政处分:(1)高校在推荐高校毕业生时出具不真实材料,给用人单位造成损失的;(2)高校隐瞒高校毕业生身体健康状况进行派遣,给用人单位造成损失的;(3)因高校审查不严格,造成不符合资质规定的用人单位进入高校毕业生就业市场,给高校毕业生造成损失的。”

(三)其他法律责任

《促进高校毕业生就业规定》第三十七条规定:“假冒政府有关部门或者高校毕业生市场名义举办的高校毕业生招聘会,有关部门应当依法处理;构成犯罪的,移交司法机关依法追究刑事责任。”

学习与思考

1. 如何签订就业协议?发生争议如何解决?

2. 劳动合同的基本内容有哪些?

3. 毕业生就业权益受到侵害,可以通过哪些途径获得帮助?

4.《辽宁省促进高校毕业生就业规定》的基本内容有哪些?意义何在?

第八章

创业的认知与准备

本章提要　本章主要介绍创业的基本概念及在当今时代大学生创业教育的任务；简要分析了当前大学生创业的现状；阐述了大学生创业应具备的基本素质和能力；介绍了大学生创业所面临的机遇和挑战。本章将会帮助有志创业的大学生了解创业，做好创业准备。

第一节　创业的基本概念

创业也是就业的一种模式，所不同的是为自己创造就业岗位，是对所从事的工作不断创新，不断超越。创新是一个民族的灵魂，是一个国家兴旺发达的不竭动力。大学生要努力培养自己的创新、创业意识，为将来可能走上创业道路积累资本。

一、创业和创业教育

(一)创业

什么是“创业”？在《辞海》里表述为“开创基业”。“创业”一词的最基本含义是创立自己的事业。创立是指从无到有的创造性工作；事业是一个人一生要做的、自己认为最能体现自身价值的事情，是指个人或集体为一定的目标而从事的经常性活动。自主创业，顾名思义就是自己做主，创建一个经济组织，按自己的意志行事。创业可以从零做起，但并不一定是新办一家企业从小做到大，也不一定必须有新产品或高新技术。创业是一个创造的过程，创业的潜在价值需要通过市场来体现。机会追求是创业的核心要素，创业以追求回报为目的，如个人自主权的满足与实现、知识与财富的积累等。

大学生自主创业是狭义上的“创业”。我们应将它严格定义为：“包括创造价值在内的，创建并经营一家新的营利性企业（公司、中介服务机构、创意产业等）的过程，通过个人或一个群体投资组建公司，来提供新产品或服务，以及有意识地创造价值的过程。”大学生创业，是指大学生中的创业者发现机会、整合资源、开办企业，最终实现自己创业目的的一系列创业活动。创业是一个过程，是一种生产活动，具有发展的特性。创业强调各种要素和各个环节的有效集成；创业需要相关资源，资源是创业成功的基础；创业的直接结果是产出，产出可以是产品，也可以是服务，但都必须是有用的或者是有实用价值的；创业的直接目的是增值，没有增值过程，创业就没有意义，也不可能存活。由于创业强调创造性和创新性，创业的创意就成为关键的一环。创意常常来自于顾客、现有企业、分销渠道、政府机构以及企业的研究与开发活动。分析客户心理及市场需求，改进自己的产品或服务，以获得更大的发展机会，这也是创业过程中不可缺少的环节。同时，创业者还要制定营销计划、组织计划、财务计划，而创业融资、各项计划的实施和企业的可持续发展才是创业的核心部分。创业必须使这几个工作环节连接起来，每个环节都不可缺少，相辅相成，这样才可使创业取得成功。

创业具有发展特性。创业与一般的生产活动的区别就在于它的发展特性。就创业本身来讲，既可以是从无到有的创造，也可以是在现有基础上的革新。但不论是创造还是革新，独立地考察创业的内涵都是一个从无到有，从弱到强，从幼稚到成熟的过程，发展是创业的最重要的特性，成功地创业都是快速、稳健的发展过程。

（二）创业教育

创业教育是高等学校开展的，以培养学生创新精神、创业意识为主体，为有创业意向的学生提供创业技能指导，全面提升大学生综合素质的一种教育活动。目前，发达国家普遍重视创业教育，结合我国国家实际，我国大学生创业教育应侧重以下方面：

第一，形成创业光荣的社会氛围。美国70%的大学生期望拥有自己的企业，并乐于为此学习。而调查发现，我国大学生身上普遍存在较强的计划经济痕迹和大工业依赖症，他们更期望被企业雇佣，而对创业不感兴趣。

从世界角度看，创业已经成为21世纪的大趋势，但是目前"个体户"在我国尚未被大多数人完全认知，大学生自主创业还未被社会普遍接受。因此，需要在社会最敏感和最前卫的大学中制造一种"创业时尚"，通过大学的创业教育，使大学生率先举起自主创业的旗帜，通过成功大学生创业者的榜样力量，使创业成为最受社会崇尚的职业选择，使创业精神成为一种先进文化，为大众接受。因此，实施创业教育的首要功能是：转变观念，用创业光荣的新文化替代雇佣光荣的旧文化，将学生被动的就业观扩展为主动的创业观，鼓励学生将创业作为自己职业的选择之一。

第二，形成更广泛的创业意识。大学毕业生是否创业，何时创业，完全取决于他们对于环境机会和自身资源的知觉。因此，不能简单地拿有多少人创业这一单一指标来评价创业教育。创业教育是播种机，在大学生的头脑中播下创业的火种，一旦他们认为创业的时机成熟，火种就能够自燃为创业的火炬。知识经济时代的教育主要应该是创造、创新、创业的教育。创业教育是大学生成为创造性人才的摇篮和创业者的催生婆。

第三，促进科技成果转化。高校是知识的高地，随着高校越来越注重自己的科研产出，每年都会产生大量的科技成果和专利成果。如何将这些科技成果及时地转化为生产力，是困扰我国经济发展的主要问题。世界各地的经验表明，创业扮演着连接高新技术和商业经营之间纽带的重要角色。大学生是富有知识、充满活力的群体。在当前我国经济腾飞的关键时刻，大学生创业不能仅仅停留在解决自己的就业问题和生存问题上，更应该通过创业使自己成为将科技成果转化为生产力的重要力量，将自己的知识转化为生产力来实现自己的价值，开拓个人发展广阔的空间。

第四，探索先进的教育模式。大学里积极开展的创业教育，为改变我国创业活动落后的状态提供了反思和改进的机会。但是创业教育并不仅仅是大学阶段的任务，如果大学生从小没有养成积极创新的思维模式，仅靠大学里有限时间的创业教育是不够的。因此，通过大学生创业教育的开展，可以探索一种注重培养创新探索精神的教学模式，促进当前教学模式的变革，带动大学各门功课的学习都能体现以人文本、鼓励创新的积极意义。同时，大学生创业教育的经验和成果，又可以辐射到中学、小学以及全社会，形成有益于创新、创业精神成长的有利的社会氛围。

二、大学生创业的现状

（一）我国大学生创业的现状分析

时代呼唤大学生自主创业

我国实施的建设创新型国家、培养创新型人才战略将不断激励大学生勇于创新、创业。同时，随着就业形势的日益严峻，社会可提供的就业岗位有限，用人单位招聘人才又打出“经验牌”，没有工作经验的毕业生在求职过程中面临挑战。所以，在校大学生应积极接受创业教育，提高创业能力，就业时就可以选择创业之路。

各类创业教育项目兴起

教育部创业项目　2002 年 8 月，教育部在北京航空航天大学召开“全国高校创业教育研讨会”，随后在中国人民大学、清华大学等 8 所学校率先进行教育试点，并形成了课堂式、实践式和综合式三种创业教育模式。同时，加大了对创业教师的培训，举办创业教育骨干教师培训班。

KAB 创业教育(中国)项目　KAB(Know About Business)创业教育项目是国际劳工组织为培养大学生的创业意识和创业能力而专门开发的课程体系。该项目通过教授有关企业和创业的基本知识和技能，帮助学生提高创业意识和创业能力，培养有创业意识和创新精神的专门人才。2005 年以来，KAB 创业教育(中国)项目已培养大批创业教师，为在高校开展创业教育提供了有利条件。

SIYB 项目培训　“创办和改善你的企业(Start and Improve Your Business)”中国项目的总体目标是为消除社会贫困和创造就业机会做出贡献，直接目标是通过培训和技术支持提高失业人员的能力和技能，使他们能够创业和发展自己的微型和小型企业，并为社会上其他人提供就业机会。据统计，2004～2005 年全国共组织 43 万人参加培训，某项目省市共组织 9.5 万人参加培训，培训后创业成功率达到 60%，实现平均 1 人创业带动3人就业的倍增效应。

中国青年创业国际计划 中国青年创业国际计划(Youth Business China)是共青团中央、中华全国青年联合会、中华全国工商业联合会倡导发起的青年创业教育项目,该项目参考总部在英国的青年国际计划(Youth Business International)扶助青年创业模式,动员社会各界、特别是工商界力量为青年创业提供咨询以及资金、技术、网络支持,帮助青年人创业。目前该项目已帮助多人成功创业。

(二)我国大学生创业的主要选择方向

目前,对资金、能力、经验都有限的大学生创业者来说,在创业方向的选择上较为集中,主要集中于四种形式,我们以案例说明如下:

【案例一】 1998年初,就读于上海海运学院的研究生傅章强,投资两万余元,置办三台电脑,开始了创业历程。傅章强在浦东正式注册了必特软件有限公司,同年12月,申德宝公司为其出资100万元作为风险资金,半年后,傅章强趁上海浦东软件园首期工程结束招商之际,成为第一家入驻浦东软件园的公司。现今,傅章强仍然是上海必特软件公司的董事长兼总经理。公司总资产从注册时的100万元增长到2000多万元,并拥有四家控股子公司。

【点评】 大学生创业的方向之一即为**高科技领域**。身处高新科技前沿阵地的大学生,在这一领域创业有着"近水楼台先得月"的优势。但并非所有的大学生都适合在高科技领域创业,一般来说,技术功底深厚、学科成绩优秀的大学生更有成功的把握。有意在这一领域创业的大学生,可积极参加各类创业大赛,获得脱颖而出的机会,同时吸引风险投资。主要类型:软件开发、网页制作、网络服务等。

● ● ● ● ● ●

【案例二】 在同一区域内居住的人,无论相识与否,如顺路或有同一目的地,就可设计一条行车路线,"拼打"一辆出租车上下班。两名厦门大学的研究生小庄和小蔡发现,许多网友在网上寻找上下班"拼车"的伙伴,这种自发行为成功几率并不高。于是他们筹办专业公司为"拼车"人牵线搭桥,从当"拼车"顾问开始自己的创业历程。人们登录他们自办的“出行网”,填写表格,说明出发地、出发时间等要求。小庄和小蔡每天登录网站,为想“拼车”的人配对,联系司机。帮助“拼车”成功后,向每名乘客收取50元。仅一个月,已经有5辆经他们“配对”的“拼车”上路了。

【点评】 大学生创业方向之二为**智力服务领域**。智力是大学生创业的资本,在智力服务领域创业,更容易赚到第一桶黄金。因为此类智力服务创业项目成本较低,一张桌子、一部电话就可开业。所以受到许多大学生的欢迎。主要类型:家教、家教中介、设计工作室、翻译事务所等。

● ● ● ● ● ●

【案例三】 当贾黎大学毕业决定自行创业的时候,并没有明确的方向,一次偶然机会,她发现了荣昌洗衣。在北京,荣昌与源于欧洲的伊尔萨环保干洗合作,建立特许经营连锁网络,门店几乎遍布京城,而贾黎也预见到今后洗衣业会有很大的发展。有了这样的想法,贾黎开始通过各种渠道获取荣昌的信息,加盟了连锁店,为了搞好自己的生意,她开始在店铺周边做相关调查以满足周围客户的需求,渐渐在周边地区打响了名号。

【点评】 大学生创业的方向之三为**连锁加盟领域**。加盟创业的最大特点是利益共享,风险共担。创业者只需支付一定的加盟费,就能借用加盟商的金字招牌,并利用现成的商品和市场资源,还能长期得到专业指导和配套服务,而不必摸着石头过河,创业风险也有所降低。目前,连锁加盟有直营、委托加盟、特许加盟等形式,而大学生大多是选择启动资金不多、人手配备要求不高的加盟项目,从小本经营开始。主要类型:快餐业、家政服务、校园小型超市、数码速印站等。

● ● ● ● ● ●

【案例四】 走进“生活色拉”,各种别致的小物品让你的眼睛为之一亮,店长刘虹是复旦大学99级行政管理专业本科学生,她在逛街时觉得市场上的精品饰品千篇一律,缺乏特色。于是,萌生了在学校周围开一家特色精品店的想法。刘虹平时阅读了大量企业经营管理方面的书籍，并把这些知识充分地运用到了小店的运营中。顾客中复旦大学学生占了一半左右，复旦附中的学生、新东方的学生也是重要的顾客群。精品店第一个月实现收支平衡，第二个月销售额达到了1.6万元左右，略有盈余。

【点评】 大学生创业方向之四是**开店**。在学校周围开店一方面可充分利用高校的学生顾客资源；另一方面，由于熟悉同龄人的消费习惯，因此入门较容易。推广工作往往很重要，需要经常在校园里张贴广告或和社团联办活动，使小店广为人知，而大学正好可以提供宣传平台。主要类型：餐厅、咖啡屋、美发屋、文具店、书店、服装店等。

(三)辽宁省大学生创业现状

政府推动，扶持创业

2003年以来，辽宁省委、省政府出台一系列扶持创业的政策（详细政策第三章已重点介绍，也可登陆 www. lnjy. com. cn 查询），为大学生创业创造了条件；制定《自主创业证》，2003年至今，共有3908名高校毕业生领取了《自主创业证》，并享受到了优惠政策，带动了2万多人实现创业。

开展创业教育和培训

辽宁省每年都组织自主创业报告团，深入高校，巡回演讲；编辑大学生自主创业案例和创业案例光盘；举办创业展洽会，定期评选创业示范校；创办了创业教育硕士研究生班；举办大学生KAB创业教育培训、创业指导师SIYB培训。

设立创业资金，建立孵化基地

2007年，辽宁省设立了创业资金5000万元，专项用于支持大学生创业，还为大学生建立专业孵化基地，开展创业带头人培训等，通过政策支持、鼓励引导、典型示范等方式，鼓励大学生自主创业。截至2009年6月，全省建立大学生创业孵化基地84个，其中省、市建立41个，高校建立43个，各级各类孵化基地在孵创业（企业）项目260个。省、市政府的大学生创业资金达1.3亿元，扶持大学生创业项目830个，累计发放了资金

1343万元，为136名毕业生发放自主创业小额贷款，累计发放贷款444万元。全省各高校设立创业资金258万元，扶持大学生创业项目99个。

(四)大学生创业面临的问题

尽管扶持创业的政策不断出台，鼓励创业的环境日趋良好，但大学生创业还面临着一些问题，主要表现为：

项目选择太盲目

大学生创业时如果缺乏前期市场调研和论证，只是凭自己的兴趣和想象来决定投资方向，甚至仅凭一时心血来潮做决定，很容易导致创业失败。

大学生创业者在创业初期一定要做好市场调研，在了解市场的基础上创业。一般来说，大学生创业者资金实力较弱，选择启动资金不多、人手配备要求不高的项目，从小本经营做起比较适宜。

缺乏创业技能

很多大学生创业者眼高手低，当创业计划转变为实际操作时，才发现自己根本不具备解决实际问题的能力，这样的创业无异于纸上谈兵。一方面，大学生应先到企业打工或实习，积累相关的管理和营销经验；另一方面，积极参加创业培训，积累创业知识，接受专业指导，提高创业成功率。

融资渠道单一

如果没有广阔的融资渠道，创业计划只能是一纸空谈。除了银行贷款、自筹资金、民间借贷等传统方式外，还可以充分利用风险投资、创业基金等融资渠道。

社会资源贫乏

企业创建、市场开拓、产品推介等工作都需要调动社会资源，大学生在这方面会感到非常吃力。平时应多参加各种社会实践活动，扩大自己人际交往的范围。创业前，可以先到相关行业领域工作一段时间，通过这个平台，为自己日后的创业积累人脉。

管理过于随意

一些大学生创业者虽然其技术水平出类拔萃，但理财、营销、沟通、管理方面的能力普遍不足。要想创业成功，大学生创业者必须将技术、经营两手抓，可从合伙创业、家庭创业或从虚拟店铺开始，锻炼创业能力，也可以聘用职业经理人负责企业的日常运作。

案例

“大学生农民”创业实例

在咸宁市咸安区，致力于种植有机水果的“大学生农民”师智敏的事迹，已广为流传。大学期间从“学工”转向“学农”，毕业后放弃当公务员回乡务农。他用实际行动，证明了自己的理想与价值。

师智敏出生于咸安区桂花镇明星村一个农民家庭。1994 年高考填志愿，师智敏全部填报农业类院校，家人对此都强烈反对。为平息家人的情绪，师智敏将第一志愿改成了华工，其他志愿依然全是农业院校。哪知自己考了全校第二名，“被迫”进入华工就读。师智敏中途提出要求转入华中农业大学。喜爱他的老师反复劝说，师智敏只好编了个理由：家里很穷，“华工”的学费 2000 元，而“华农”的学费只要 800 元。1995 年 4 月，师智敏如愿转入“华农”果树系。大学毕业后，师智敏可以被保送读研究生，也可以去武汉某涉农部门当公务员，可最后，他选择到四川当农业技术员。

2001 年底，师智敏毅然回到家乡湖北咸宁市咸安区创业。5 年来，师智敏创立的果业协会无偿培训农民 2000 多人，向农民推广良种良法建园 5000 多亩，自己年收入也达到几十万元，成为当地农民科技致富的带头人。

点评

创业需要激情，但创业选择更重要！师智敏选择了自己喜欢的领域，并为这个梦想执著奋斗，他把自己所学与自己的兴趣有机结合，并用实际行动证明自己的坚持是正确的。什么是成功？成功是在自己喜爱的岗位上，对社会做出贡献，实现个人的理想和价值。

资料

1000美元可以做点什么?

1980年的某一天,刚满19岁的得克萨斯大学的学生戴尔,靠卖电脑配件赚到了1000美元。他在日记中写道,用这1000美元可以:一、搞一次不为世人所知的酒会;二、买一辆二手福特车;三、成立一家电脑公司。

第二天,戴尔用这1000美元注册了公司,开始代销IBM电脑。一年后,他开始组装电脑,并推出了自己的品牌。由于可以采纳世界上各家电脑公司的配件,使各个档次的用户都能满意,戴尔电脑很快成为热销品牌。如今,戴尔电脑的销售额和利润额在全球已名列前茅。

中国青年唐骏,1990年赴美国攻读博士学位时,靠打工和贷款维持学业。当他有了不到1000美元的积蓄时,他用这笔钱,开发了一个卡拉OK机的打分软件。这项技术被韩国的三星公司买下,唐骏得到了8万美元的专利费。用这8万美元,他注册了第一家公司——美国双鹰软件公司,接着,又开办了一家影业公司和一家移民咨询公司。他的才能被比尔·盖茨看中,许以高位和期权。他先是担任微软总部一个项目部门的经理,接着升任微软全球技术中心总经理,2002年3月,升任微软中国有限公司总裁。

1000美元,折合人民币还不到1万元。如今,很多人都能拥有一个一万元的存折。有人用它去购买心仪已久的名牌服装;有人购买了旅行社的团票,到某个风景名胜去观光。更多的可能还有:应当存入银行,今后要用于成家、购房,以备不时之需。而敢于在时机最佳时,想到用它去注册一家公司的人实在少之又少。

很多时候,我们并不缺那1000美元,缺少的是创业的决心和信心。商海中大部分成功人士,都是在别人认为“那是在做梦”的情况下,勇敢地迈出了创业的第一步。无论是退学去鼓捣视窗软件的比尔·盖茨,还是发现门户网站背后商机的张朝阳;无论是辞掉公职去乡下搞养殖的刘永好兄弟,还是弃官不做、借5万块钱办起用友软件公司的王文京,他们的成功都是在创业条件不完全具备的情况下，迈出了创业的步子。创业的一切条件都会随着时间的推移而逐渐具备，唯有创业的勇气和机遇，要靠自己把握。如果要等到万事皆备才去注册公司，谁能保证这些成功者的命运不会被改写？

● ● ● ● ● ●

资料

各国科技创新特点

半个多世纪以来，世界上众多国家都在各自不同的起点上，努力寻求实现工业化和现代化的道路。一些国家主要依靠自身丰富的自然资源增加国民财富，如中东产油国家；一些国家主要依附于发达国家的资本、市场和技术，如一些拉美国家；还有一些国家把科技创新作为基本战略，大幅度提高科技创新能力，形成日益强大的竞争优势，国际学术界把这一类国家称为创新型国家。

目前世界上公认的创新型国家有 20 个左右，包括美国、日本、芬兰、韩国等。这些国家的共同特征是：创新综合指数明显高于其他国家，科技进步贡献率在 70%以上，研发投入占 GDP 的比例一般在 2%以上，对外技术依存度指标一般在 30%以下。此外，这些国家所获得的三方专利（美国、欧洲和日本授权的专利）数占世界数量的绝大多数。

目前，我国科技创新能力较弱，根据有关研究报告，2004 年我国科技创新能力在 49 个主要国家（占世界 GDP 的 92%）中位居第 24 位，处于中等水平。

第二节　创业者的素质与能力

自主创业是一项极具挑战性的社会活动，是对创业者自身智慧能力、气魄胆识的全方位考验。大学毕业生要实现成功创业，仅有激情是不够的，必须要注重培养良好的综合素质和能力。

一、创业者的基本素质

创业是一项充满挑战的人生选择，创业者应具备的素质有以下几个方面。

（一）专业技术素质

创业者是企业生产经营的管理者、组织者，同时也需要具备或掌握一定的专业技术基础知识和职业技能，乃至成为内行。有创业理想的大学生一定要使自己成为技能型、复合型人才。

（二）心理素质

所谓心理素质是指大学生创业者的心理条件，即大学生创业者从事或即将从事创业实践活动的一切心理过程、心理状态、心理现象以及关系到所从事行业的个性心理特征。包括自我意识、性格、气质、性情等。良好的心理素质是创业成功的必备条件。作为大学生创业者，良好的心理素质主要包括合作、果断、克制、坚韧等。

（三）身体素质

身体素质是指大学生创业者要身体健康、精力充沛，思路敏捷。创业与经营是艰苦而复杂的，创业者工作繁忙、压力大，尤其是大学生创业者，刚刚从学校毕业到社会，难以适应社会的快节奏和创业中必须面对的种种困难，良好的身体素质应当作为创业的基础和后盾。

（四）职业道德素质

职业道德是人们在职业活动中所遵守的道德行为规范的总和。职业道德的基本要求有爱岗敬业、诚实守信、遵纪守法、服务群众等。对创业者来说，高尚的职业道德素质主要包括：树立高度的创业责任感；树立高尚的创业情操；树立科学的创业观念。

二、创业精神与创业特质

创业是极具挑战性的社会活动，一个人要想获得创业的成功，必须拥有创业精神并具备基本的创业特质。特别是在大学生就业难的社会背景下，创业精神和创业特质的培养对大学生就业和创业都具有重要的意义和作用。

(一)创业精神

对于创业精神的准确定义,目前还没有统一的界定,存在着不同的观点和解释。人们用不同的词语描绘创业精神(或企业家精神),如:创新精神、合作精神、冒险精神、敬业精神、自强不息、百折不挠等;步入新时代,又加进了时代精神、社会责任感、奉献、事业荣誉感、创业勇气、艰苦奋斗、至诚至信、胸怀广阔等。

创业精神的本质是一种创新活动的行为过程,而非指企业家的人格特质。创业精神的主要含义为创新,也就是创业者通过创新的手段,将资源更有效地利用,为市场创造新的价值。虽然创业常常是以开创新公司的方式产生,但创业精神不一定只存在于新事业中。一些成熟的组织,只要创新活动仍然旺盛,该组织依然具备创业精神。"创业精神"类似一种能够持续创新成长的生命力,区分为个体的创业精神(independent entrepreneurship)及组织的创业精神(corporate entrepreneurship)。个体的创业精神是以个人力量,在个人愿景引导下从事创新活动,进而创造一个新事业;而组织的创业精神则指在一个组织内部,以群体力量追求共同愿景,从事组织创新活动。创业精神是一种思维方式,这种思维方式的基础是创新;创业精神的实质在于发现和把握机会,并且创造价值。创业精神,并不能仅仅停留在精神层面,创业观念和思维必须付诸行动。也就是说,创业精神必须将创业观念和思维与实践结合起来,才会产生结果、绩效和价值。

(二)创业特质

创业能否成功,与创业者的特质关系极大。创业者须具备哪些特点和素质,不少学者均做过研究。在对创业人群进行性格和技能方面的调查研究中发现,创业者一般要具备以下特质:

领导能力

领导能力是协调技术和工作活动的综合能力。在创业过程中,创业者的领导能力通常体现为"4E",即 Energy(活力。创业者要有巨大的个人能量,对于行动有强烈的偏爱,干劲十足,不屈服于逆境,不惧怕变化,不断学习,积极挑战新事物)、Energizer(鼓动力。创业者要有激励和激发他人、员工的能力,能够带动周围的人,善于表达和沟通自己的构想与主意)、Edge(锐力。创业者要有竞争精神、自发的驱动力、坚定的信念和主张,还要有坚定的意志与注意力,以及清除那些碍手碍脚因素的勇气)、Execution(实施力。创业者提交结果,能够将构想和结果联系起来,而不仅仅是口头说说而已,要把构想变成切实可行的行动计划并直接参与和领导计划的实施)。

风险承担

创业就要面对很多风险,创业者要有能力去衡量和评估风险,包括成本和收益、成功的机会以及风险可规避性等各种可能性的比较。有些人认为创业者就是赌徒,这种认识是错误的。创业者对风险的承担是在对风险进行衡量和评估后的理性选择,是指对适当风险的承担,而非轻率地冒险。

自信与执著

要获得成功,创业者就必须相信自己,相信自己具备实现设定目标的能力。对于创业者来说,自信是不可缺少的品质,尤其是在创业期间,只有自信的创业者才能顶住压力,不断坚持,最终取得创业成功。执著指的是对待自己向往的事物或工作有锲而不舍的劲头,对自己的创业目标和信念永不放弃。经历一次次失败也绝不放弃,是创业者的主要行为特征。

决策能力

对处境的各方面做出快速而细致的权衡,可以提高做决定并将决定坚持下去的能力。决策者应该是积极、向上的,优柔寡断可能会让你错失良机。

好奇与敏锐

好奇心强是创业者的一个重要特征。比尔·盖茨具有惊人的好奇心和创造力,在不到 20 年的时间内,从一个毛头小子一跃成为世界首富,把过去的石油大王、钢铁大王远远抛在后面,谱写了知识经济时代的神话。创业者要具有极强的好奇心,尤其对创业过程中的各种不确定性保持好奇心,这是创业的动力。有了好奇心,才会多问几个为什么,才会有对现有知识的创新动力。此外,诚实可靠、持之以恒、主动性等也都是创业者的特征。

创业者特质自我评估测试

在下列问题中，选一个适合你的情况或接近你的情况的描述。

1.(A)不用别人告诉我，我自己就会独立完成一些事情。

(B)如果有人让我做，我就会顺利完成。

(C)尽管做起来很简单，但除非是我必须要做的，否则我是不会做的。

2.(A)我喜欢与人交往，愿意与任何人进行沟通。

(B)我已经有很多朋友，我不需要其他的人了。

(C)我发现大多数的人都很麻烦。

3.(A)当我开始做事的时候，我会让很多人和我一起做。

(B)如果有人告诉我必须做，我会命令别人去做。

(C)我会让其他人去做，如果我喜欢会一起去做。

4.(A)我愿意负责。

(B)如果必须要我做，我会负责的，但是我更愿意让别人去负责。

(C)周围总有人愿意显示他们的聪明，就让他们去做吧。

5.(A)我喜欢在做事前制定一个计划。我是一个经常将事情安排得井然有序的人。

(B)我会做好大多数事情，如果很有困难，我就会放弃。

(C)如果有人安排和处理整个事情，那么我更愿意随遇而安。

6.(A)只要需要我就会坚持做，我不会介意为我想做的事而努力工作。

(B)我会努力工作一段时间，但当我觉得做够的时候，我就不会做了。

(C)我不会为了有点成就就去努力工作的。

7.(A)我能很快地做出决定，并且大多数都是对的。

(B)如果我有足够多的时间，我就能够做出决定。但是，如果时间很短就做出决定，我经常会过后改变主意。

(C)我不喜欢做决定，因为我经常做出错误的决定。

8.(A)人们相信我说的，我从来不说谎话。

(B)我大多数的时间里都讲真话，但有些时候却不能做到。

(C)如果人们不知道事情的真伪，我为什么要讲真话呢?

9.(A)如果我决心做什么事情,任何情况都不能阻止我完成它。

(B)如果不犯什么错误,我通常会完成我的事情。

(C)如果事情进展不顺,我就会放弃,何必为此烦恼呢。

10.(A)我的健康状况非常好,总是精力充沛。

(B)我有足够的精力去做我想做的事情。

(C)在我的朋友看来,我总是力不从心。

自我测评参考答案:创业者特质自我评估测试分数的意义

1.大多数是(A),例如:7~10个。

说明你是个称职的创业者。

2.少数是(A),多数是(B),例如:小于7个(A),或者7~10个(B)。

说明当你试图自己去经营一个企业时,你可能会遇到很多困难。给你一个好的建议就是找到一个或两个能够弥补你劣势的合作者。

3.大多数是(C),例如:7~10个。

说明创办和经营一个企业目前对于你来说可能不是一个可行的选择。如果你希望创业,那么就要努力培养创业者所必备的能力。另外,你可以在企业里工作或从事其他你更感兴趣的工作。总之不要气馁!

(资料来源:Adapted from Olm K. W. and G. G. Eddy. 1985. Entrepreneurship and Venture Management: Text and cases. Charles E Merrill Publishing Co., Columbus, Ohio.)

三、大学生创业者的能力

(一)决策能力

决策能力是创业者根据内外部环境,因地制宜、把握机遇、创造机会、及时获取与分析信息、正确地确定创业的发展方向、目标、战略以及具体选择实施方案的能力。决策是一个人综合能力的表现,一个创业者首先要成为一个优良的决策者。良好的决策能力是良好的分析能力加果断的判断能力。创业实际就是一个充满创新的事业,所以创业者必须具备创新能力,有创新思维,无思维定式,不墨守成规,能根据客观情况的变化,及时提出新目标、新方案,不断开拓新局面,创出新路子。

(二)经营管理能力

经营管理能力即对人力、物力、财力、时间、空间进行合理组合、科学运筹与优化配置的能力。它主要体现在以下四个方面:一是明察时势的预见能力;二是经营决策的能力;三是管理能力;四是理财能力。其中明察时势的能力是所有创业者做出决策的依据,是最能决定一个创业者能否创业成功的因素之一。作为大学生创业者,本身缺乏社会经验和对市场的熟悉度,因此在决策的时候更要全方位考虑,借助各方信息。

(三)人际交往与协调能力

人是社会的人,人与人之间要通过语言、文字、情绪、肢体来表达观点、意见和情感,交流思想,传达信息。在人际交往中,让信息的给出与反馈有较高的效率和好的效果就是一个人的人际交往能力。大学生创业者不但要与消费者、本企业雇员打交道,还要与供货商、本行业同仁等打交道,因此必须具有较强的人际交往能力。大学生应该从两方面培养人际交往能力:一是看待问题的角度和立场,要设身处地地为他人着想,这是与人交往的出发点。二是遵循真诚、尊重、宽容、互助、双赢的基本原则。只有善于站在对方角度理解对方、体谅对方,才可能与他人合作共事、和睦相处,达到双赢。

(四)创新能力

创业活动中创新能力占有很重要的地位,主要表现在:创业者的各项活动要有创意,善于以"新"取胜。创意是人们产生的思维、主意、点子、想象等新的思维成果,它是一种创造新事物或新形象的思维方式。

创新的主要特征:积极的思维、奇妙的想象力、活跃的灵感。创新的思维可分为:发散思维、收敛思维、想象思维、联想思维、逻辑思维与辩证思维。创新的技法主要有:设问法、组合法、逆向转换法、分析列举法、联想类比法。

创新是一个长期积累所爆发的灵感,大学生创业者可以将创新能力作为一个核心竞争力。这就首先要求创业者具有丰厚的知识储备和充分的准备。

(五)筹资能力

自主创业遇到的首要问题即是资金问题。没有足够的启动资金是无法创业的。筹资是实现创业梦想的关键,大学生可以利用政府对大学生自主创业的扶持政策,通过参加各地区的创业孵化基地,争取创业贷款等方式获得创业的启动资金,也可以通过加盟大公司的连锁经营、寻找风险投资、争取免费创业场所等方式获得资金、场地支持。

创业能力自我测试

1. 对于团体的工作,你抱着:

A. 热心参加的态度　　B. 漠不关心的态度

C. 十分厌烦的态度

2. 你对工作的态度是:

A. 宁肯做待遇低些但价值高的工作

B. 认为工作只不过是为了解决生活

C. 一心一意只做报酬高的工作,不理会工作有没有意义

3. 当自己逐渐变老时,你同时会:

A. 积累更多的知识或者技能　　B. 内心感到恐惧与不安

C. 毫无感觉,不予理会

4. 对于交朋友,你会感觉到:

A. 十分重要,因此在平时你就喜欢与人交往,注意礼貌,争取友谊

B. 以为友谊很平常,不必重视

C. 友谊无价值,不如孤独自处

5. 对于报章刊物的看法:

A. 认为有注意的必要,因此常选择性阅读,以了解世界大事,学习新的知识

B. 当做是茶余饭后的消遣,可有可无

C. 不予注意,认为与其看报章,不如去看戏

6. 对于服装,你的态度是:

A. 要求端正、整齐,不必奢华

B. 只要保暖合体,不必讲究

C. "先敬罗衣后敬人",对服装十分讲究

7. 当你孤独寂寞时，你就会：

A. 去找朋友，或去找些事情来做

B. 独自去散散步，或者去看看戏

C. 闭门胡思乱想来打发时间

8. 当自己有缺点的时候，你就：

A. 承认自己的缺点，极力设法改正

B. 如果没有人发觉，就不予理会，也不自我检讨

C. 即使有人指点，也极力否认

9. 对于生活开支，你：

A. 精打细算，量入为出，养成储蓄的习惯

B. 认为只要不欠债就行

C. 今朝有酒今朝醉，不必有什么计划

10. 当遇到困难时，你就：

A. 找出产生困难的原因，并且把遇到的挫折当做是一次经验和教训

B. 内心不安，设法找人来帮忙

C. 独自悲哀，感到消极，对前途无望

11. 当别人批评你时，你就：

A. 冷静地考虑别人的意见，如果是对的，就予以接受；不当的也不随便发怒，只找机会辩白一下

B. 不理会别人的批评，不作任何反应

C. 对别人的批评，一概表示不满，并且与人争吵

12. 对男女关系的看法，你认为：

A. 男女地位是平等的，彼此是合作的关系，任何一方均不应抱有利用对方的心理。和异性朋友来往，不可存有邪念

B. 男女之间应保持相当距离

C. 男女关系很平常，可以很随便

13. 当别人遇到困难时，你就：

A. 首先判断对方遇到的是什么困难，如果有援助的必要，就立即去帮助对方

B. 不问理由，尽力去助人

C. 认为这是别人的事，采取袖手旁观的态度

14. 对事物的"新"或"旧"的看法：

A. 认为事物不必分新旧，好不好要看价值如何

B. 一视同仁

C. 只接受新的事物，旧的一概不要

15. 你对生活的安排是采取：

A. 拟定一年的计划，在一年之中又按月拟定具体的工作和学习目标

B. 请他人为自己安排，或者仿照他人的生活计划

C. 认为过一天算一天，不必做什么安排

评分标准

每题A记5分，B记2分，C记0分。各题得分相加，统计总分。

诊断结果

60分以上 优等。你对生活和事业抱有崇高理想，能面对现实，遇见困难挫折能设法克服，能与人合作，创造事业。

40～59分 中等。你对生活和事业有一定想法，基本上能正视现实，对大部分困难和挫折能想方设法克服，但有时也会产生悲观消极的念头。

39分以下 说明你对各种问题的认识尚不清楚，或抱有错误观念，对克服困难缺乏信心。你必须加紧练习，锻炼自己，多多交友，才能有美好的前途。

（资料来源：《大学生KAB创业基础》，共青团中央、中华全国青年联合会、国际劳工组织组编，高等教育出版社）

第三节 大学生创业的机遇与挑战

随着我国经济全球化的到来，大学生的就业之路既面临前所未有的机遇，也面临着"国内竞争国际化，国际竞争国内化"的严峻挑战。在就业制度深化改革的今天，大学生科技创新、自主创业逐渐成为人们关注的话题。一批有市场前景的学生科技创业项目和创业公司的诞生，让我们看到了"知识英雄"时代的希望。

一、大学生创业的机遇

社会已经逐渐形成创业风尚，创业文化正蓬勃兴起

全球经济一体化步伐的加快以及以信息技术为代表的知识经济的来临，正不断地改变着人们旧有的价值观念。大学生创业活动，是随着知识经济到来而萌发的，人们的创业意识已经逐步转变，从过去的瞻前顾后的保守观念中解放出来，形成理解创业、鼓励创业、投身创业、服务创业的浓厚氛围和“劳动致富、创业光荣”的新风尚。

创业形式日益多样化，创业门槛降低

传统的创业方式中，最为常见的就是开店、办公司、经营企业。然而，随着时代发展的日新月异，可供大学生选择的、新鲜的创业方式层出不穷：网络创业、概念创业、团队创业、兼职创业等多种新鲜的创业模式吸引着每个大学生创业者的眼球。

大学生依托互联网创业并取得辉煌业绩，在国外已经是非常普遍的现象。我国较早的大学生网络创业成功个案发生在20世纪90年代末。如网易总裁丁磊、新浪网创始人王志东等，他们利用互联网在我国方兴未艾的有利时机，大胆创新，走出了一条比较典型的“网络平台＋高新技术＋风险投资”的创业道路。

网络创业的门槛相对较低。在软件和网络没有出现以前，大学生要想创业，想“白手起家”，往往只能是“天方夜谭”式的幻想。但是如今大学生不管是否毕业，也不管专业为何，只要他熟悉网络，就可以去做网站、开网络公司，成为在家办公的soho一族。同时，借助网络和风险投资，年轻人只要有好的创意和能力，完全可以跳过传统商业中最困难的“资本原始积累阶段”，利用风险投资商的融资，实现低成本的投入和快速扩张。

网络创业知识含量相对较高。网络消费的客户群一般都有相应的文化背景，以大学生、都市白领和时尚一族为主，因此，要求网络大学生创业者能够引领消费潮流，把握社会文化心理。以网上开店为例，引进货源是商务谈判的一种实践；商品推介与描述是市场营销学的实践；进账出账是基本财务管理实践；发货与售后服务是人际交往和客户管理的实践。这样的创业过程，能够发挥大学生的自身优势，做到学以致用。

同时，网络创业的方式比较灵活，有多种途径可供选择：第一，网上开

店、网上加盟。第二,建立自己的门户网站,以富有个性的服务和创意,寻找自己的客户资源,在互联网平台上拓展自己的盈利空间。如广州商学院大四学生陈校,建立中客网,利用自己开发出的中文博客搜索引擎,与450万个中文博客实现数据同步对接,成为目前中国最大的中文博客搜索引擎。第三,网上自由职业者创业,如网络撰稿人、网络畅销书作者、专栏作家等,从网络创业经营方向来看,创业大学生所从事的经营活动呈多元化趋向,如软件开发与销售、网络制作、教育培训、中介服务、商品代理、信息处理等。

二、大学生创业所面临的挑战

创业环境尚不尽如人意,大学生应充分利用国家优惠政策

尽管很多大学生创业热情高涨,但真正投入创业的人却为数不多,就目前来说,大学生创业并不缺乏勇气和热情,而是现实的创业环境有待于改善。一份关于大学生创业的调查显示,有56%的大学生对所在学校的创业环境不满意,认为创业环境一般的占20.5%。清华大学《全球创业观察中国报告》中指出,我国的创业环境在参与GFM全球创业观察的37个国家和地区中排在第23位,属于中下水平。

大学生若要注册一个公司,审批程序时间较长,费用相对较高。至于各种审批、执照所需支付的这些显性费用占人均年薪的11%。从2002年起,国家陆续出台一系列鼓励大学生自主创业的政策,各省、市也纷纷比照,制定了相关政策,大学生可以参照国家及各省、市的政策,寻求经营领域、融资渠道和税收上的优惠,例如创办小型微利企业,按照20%的比例减征所得税,可以申请小额担保贷款,一些行业三年内免交各种行政事业性收费,等等。

创业教育总体还显不足,大学生应该有意识地自我培养

随着就业压力的增大,很多高校为大学生开设了就业指导课程,但只是为毕业年级的大学生进行阶段性教育,创业教育的相关课程在目前还比较匮乏,不仅大学生缺乏整体的、系统的创业教育,而且创业教材的实用性、创业指导的实战性和众多的大学生创业比赛的适宜性都有待进一步商榷。另外,创业课授课教师普遍缺乏创业经验,专业素质不高,在一定程度上也制约着大学生创业。

尽管当前很多大学生有创业的热情，但很多大学生缺乏自我培养意识，很少进行自我实践锻炼，因此他们的自主创业难以形成规模，而且很容易因遭受挫败而放弃创业。因此，有创业意向的大学生应该有意识地学习一些相关的课程，如企业管理、财务管理、领导科学等，同时在学校时就通过大学社团活动、课余打工、参与学校科研项目等方式增加实践经验，培养自己的团队合作精神，锻炼组织、协作、资源利用等能力。

创业服务体系尚未健全，大学生获取信息的能力亟待提高

不少大学生在接受调查时表示，创业最艰难的问题还不是资金，而信息的缺乏才是创业的最大困难。我国的创业中介服务起步较晚，创业中介机构在数量和发展规模上还不具相当水平，而且总体发展存在较大的不平衡，创业信息平台建设也明显滞后，仅有的创业信息网站无法满足大学生的大量需求，甚至出现了“创业投资找不到合适的项目，大学生创业者找不到创新创业合作人”的情形。因此，平日有创业意向的大学生应有目的地收集信息，例如从地方政府或服务机构，从各类商会、行业协会等民间商业和群众团体获得商业信息等。同时，大学生还有一些特殊途径学习创业知识，获取创业信息，比如从大学图书馆通常能找到创业指导方面的报刊和图书，广泛阅读能增加对创业市场的认识；纸质媒体如《21世纪经济报道》、《中国经营报》以及网络媒体，如《中华创业网》等都可以学到创业知识。

案例

“象牙塔”创业发展历程

2003年8月，“象牙塔”信息技术中心在北京召开新闻发布会，宣布资助贫困复读生。作为中国最早一批由大学生自己创办的公司，“象牙塔”以实际行动回报社会的举措格外令人关注。李永新，北京大学1999届毕业生，在当年学生创业大潮中，成立了新兴伟业信息技术有限公司，最初经营方向是向大学生提供从入学到毕业的全程、全方位服务。就在李永新与同伴们踌躇满志准备大干一场时，投资方突然撤资，理由是经营理念不同。学生公司遭遇第一次灭顶之灾。“投资人撤走全部资金，我们身无分文，真正感受到了创业的艰辛。”李永新说。3个月的时间里，李永新东拼西凑借了3万元钱，拿到了如今的“象牙塔”信息技术中心的营业执照。当时，公司经营困窘，连办公室租金都要向房东赊账。没钱租宿舍，只好每天晚上铺报纸、睡地板，每天吃饭都计算并定量。他们分析自己的资源：背靠北大，有全国最优秀的学生与老师。公司拥有得天独厚的资源，何不把北大的这种资源引到地方去呢？“高考状元全国巡回演讲团”就此诞生。北大高考状元的先进学习经验在全国受到广泛欢迎，靠着这个项目，“象牙塔”起死回生，从3万元注册资金，发展到现今200万元资产，业务从当初的单一项目发展到如今包括MPA培训、司法考试辅导培训等多个项目。

点评

创业机遇在每个人的身边，就看你怎么把握。创业也是艰难的，是机遇，更是挑战，只有不言放弃，才能取得成就。“象牙塔”的成功在于发现了机遇，并在困境中坚定信念，终于赢来了胜利的曙光。

模拟训练>>>

列出最近进入你视野的一家新企业的五个机会，你是怎样意识到这些机会的？列出在过去一两周内你遇到的机会来源，如果不能列出很多，考虑一下如何去开发更多的机会来源。

学习与思考

1. 什么是创业，大学生创业的基本现状如何？
2. 如何理解创业精神和创业素质？
3. 当前大学生创业面临哪些机遇和挑战？

第九章

大学生自主创业实务指导

本章提要 本章有针对性地介绍了大学生创业所必须掌握的实务知识，包括创业思路的生成方法、创业项目展开与决策方法和创业商机评价方法，以及开发创业资源的方法等。每个独立内容都配有需要同学们或是通过调查研究、或是通过系统思考才能填写的表单。希望本章的内容能够让同学们对创业的操作知识有一个全面的了解，为成功创业助一臂之力。

第一节 创业思路生成方法

创业是对机会的追求，确切地讲是对环境变化所产生的商业机会的追求。例如，亚马逊公司的创始人杰夫·贝索斯(Jeff Bezos)，曾经是一个成功的程序员，在20世纪90年代中期供职于华尔街的一家投资企业。他注意到了利用万维网(world wide web)和互联网的用户数呈现出爆炸性的增长(当时每月的涨幅甚至达到了2300%)，这件事不断地困扰着杰夫，他决定放弃他的工作而去追求他认为将出现巨大机会的互联网零售市场，历史表明他的选择是正确的。今天亚马逊公司通过它知名的网站销售书籍、音像制品、家庭装修产品、照相机、轿车、家具、珠宝以及大量其他商品。

“幸福的家庭是一样的，不幸的家庭各有不幸”，你是否发现成功创业者的“幸福规律”是：他们都能够敏锐地发现商机，并能适时地利用和把握商机。

商机是创业的核心，发现商机是创业者的核心能力。有人认为，创业家是靠直觉发现商机的，因此是无法学习的。其实不然，商机既然是一种客观存在，就必然有其客观规律，只要有心有法，就能够发现其规律，这样，才可能避免凭直觉或冲动而误入创业陷阱的悲剧。

一、创业思路、创业备选项目与创业商机

发现商机是一个创造过程，这个过程的三部曲是：激发创业思路－将思路展开为创业备选项目－从项目中识别商机。创业思路、创业备选项目与创业商机之间既有联系又有区别，如图 9-1 所示。

图 9-1　创业思路、创业备选项目和创业商机模型

创业思路是商机之源

创业思路即我们常说的“生意点子”，是一种未经市场需求评价和竞争分析检验的创业意念，可能来自于环境变化趋势中，也可能来自于突发奇想，它可能成为创业备选项目，并最终成为创业商机，成为创业者的生意，但其中绝大多数会因未能通过商机评估而被“毙”掉。所以，创业思路不等于创业商机，但它是创业商机之源。

创业备选项目是创业思路的具体化

一个创业思路可能展开成一系列备选的产品或服务，也可能展开成一系列备选的营销模式，或一系列新的管理体制，创业备选项目是创业思路的具体化。

创业商机是经过评价后的备选创业项目

创业商机是在一定时间和空间条件下，存在于客观环境中的一种未被别人发现或未被满足的夹缝市场需求，是具有潜在增长性、一定模糊性、较高回报性和适度风险性的，是与创业者资源相适宜的创业备选项目。

实践中发现，大学生创业的失败率很高，造成这一结果的原因很多，其中一个重要原因是很多大学生创业者分不清创业思路、创业备选项目和创业商机的区别。创业思路或创业备选项目往往被高估，大学生们热衷于对创业思路或创业备选项目新、奇、特的孤芳自赏，而常常忘记市场的竞争和顾客的需要。其表现是：

误认为创业思路就是创业商机 把一个突发奇想的创业思路或道听途说的生意点子误认为创业商机，未经评估，盲目上马，仓促创业，结果是激情创业，惨淡经营，凄凉倒闭，给创业者造成巨大伤害。

不能把创业思路具体化 不能把一个好的创业思路与创业团队共享，使之发育成一个产品或一个营销模式，而是把创业思路视为自己的"重大发明"，捂着盖着，别人摸不得碰不得，更不要说组成一个团队，将其变成具体的项目和生意的实践。

图 9-1 所传达的信息是：创业思路、创业备选项目和创业商机是创业活动的三部曲，它们互为基础，既有联系又有区别。创业思路是基础，创业备选项目是基座，把握创业商机才是丰碑。

对于向往创业而仅仅热衷于"生意点子"的大学生朋友一定要记住：创业思路（点子）的重要性如同农民抓的猪崽子，只有把它养大、育肥、出栏，杀了卖肉并获得收益，才有价值，否则它将一文不值。说到底，创业活动不是比谁更聪明，比谁点子更精灵的游戏，而是比谁能够把思路变成赚钱的生意的实践。

...思考与练习...

1."人怕入错行"，创业思路是入行，创业者在入行问题上应该注意些什么？

2.如何把一个创业思路变为一系列的创业备选项目？

3.为什么说 100 个创业备选项目中可能有 99 个是陷阱？

4.为什么在上述发现商机的过程中要得到业内专家的帮助，你应如何获得这一帮助？

二、创业思路的生成方法一——环境分析中找思路

1998 年，互联网公布了以下信息：

1999 年 1 月 1 日，欧元成为 12 个成员国的共同货币；

2002 年 1 月 1 日，欧元纸币和硬币进入欧元区 12 国流通领域；

2002 年 2 月 28 日，欧元区其他 9 国放弃原有货币的法定兑换率，旧的本国货币同时彻底退出流通领域。此前，银行为客户兑换欧元免收手续费；

2002年3月31日之前,欧元区国家的旧纸币可在各国中央银行指定地点免费兑换成欧元。此后,兑换要收取手续费……

5欧元纸币为灰色,长、宽分别为120毫米和62毫米;

10欧元纸币为红色,长、宽分别为127毫米和67毫米;

20欧元纸币为蓝色,长、宽分别为133毫米和72毫米;

50欧元纸币为橘色,长、宽分别为140毫米和77毫米;

100欧元纸币为绿色,长、宽分别为147毫米和82毫米;

200欧元纸币为赭石色,长、宽分别为153毫米和82毫米;

500欧元纸币为紫罗兰色,长、宽分别为160毫米和82毫米……

很多人是以猎奇、好玩、休闲的视角看待这些公众信息的,可是温州的商人们却以他们独有的视角,在这些公众信息中警觉地发现:欧元的尺寸大于原欧盟各国的货币,于是他们迅速利用温州皮革生产成本低、质量好的优势,生产和制作了专用于欧元的"大"钱夹,供应给欧盟各国,赚了一大笔钱。

机会产生于变化的环境中,因此商机无限。从环境分析中发现创业思路是创业的出发点。由于环境十分模糊和复杂,因此,只能对其进行分类,从不同的断面上进行分析,然后再进行系统性综合。可以利用图9-2理解创业环境的概念。

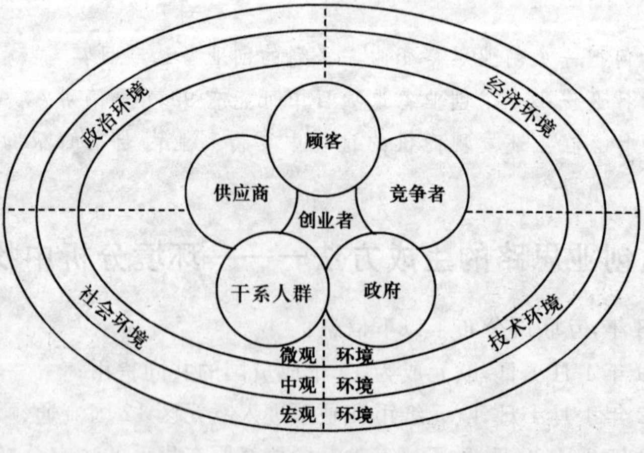

图9-2　创业环境

以企业为中心，根据对创业者的影响程度，可以把创业环境划分为：宏观环境、中观（行业）环境和微观环境。宏观环境和中观环境又称为一般环境，而微观环境就是具体环境。

一般环境

从空间上看，宏观环境一般是指国际、国家、省、市范围；从内容上看，宏观环境关注的是社会大趋势而不是社会时尚。例如，“全球化”是一种由大社会、大经济、大政治和大技术的变化所形成的大趋势，构成了当代的宏观环境；而城市吉普车的流行则是不可预测的、短暂的和没有社会、经济及其政治意义的时尚。杰夫·贝索斯和他的亚马逊公司告诉世人，成功的创业公司都是那些能够认识宏观环境中尚未被满足的需要和趋势（大趋势）并能够及时做出盈利反应的公司。有的大学生可能认为，自己刚刚创业、小得很，宏观大环境与自己太遥远。其实并非如此，假设你要开一家小食品厂，当你得知“中国人吃什么才安全?”已成为国务院总理和政治局讨论和关注的民族安全的政治问题时，那么生态、绿色就将成为大趋势，必将会成为食品厂的商机（当然也可能成为威胁，如果生产低质价廉的食品）。分析宏观环境的大趋势，发现机会与威胁，是环境分析的首要任务。

中观环境 般是指企业所属的行业或产业。行业是企业的舞台，企业定位主要是在行业中确定扮演的角色，技术进步、企业竞争主要发生在行业层面。因此，中观环境决定着企业的生存，是企业最关注的领域。创业者主要是根据中观环境中的机会来确定创业竞争战略，使企业在产业中具有长期优势。

通常从政治、经济、社会和技术四个角度对其进行划分：

从政治角度看环境 通过国家和政府制定和执行的政策看政治大趋势，例如，当前党和政府提出的科学发展观和建设和谐社会，就是我国未来政治的大趋势。

从经济角度看环境 通过经济指标看经济发展大趋势。例如，根据GDP总量、人均GDP、银行利率、通货膨胀率、可支配收入、进出口贸易额等项指标看经济的大趋势。

从社会角度看环境 通过人口数量、结构和社会文化演变潮流看社会发展的大趋势。

从技术角度看环境 主要看行业技术变化的大趋势。例如，数字技术对本行业的影响，新的装修材料对装修公司业务的影响等。

具体环境

具体环境通常是指创业者所处的微观环境，一般是从供应商、顾客、竞争者、政府和干系人群五个方面来分析创业的具体环境的特征。

一个创业者被环境所包围，环境中既蕴涵着无限的商机，也隐藏着威胁，创业者在环境中很渺小，唯一的生存方式是适应环境的要求与变化，即充分地利用环境提供的机会，规避环境中的风险与威胁。

请你利用表 9-1 进行创业环境调查和创业思考。

表 9-1　　环境分析表

		分析指标	提供了什么机会	带来了什么威胁	创业思路
中观环境	政治环境	国家发展目标			
		国家方针政策			
		国家法令法规			
		其他			
	经济环境	银行利率			
		通货膨胀率			
		可支配收入			
		其他			
	社会环境	人口状况			
		价值观(时尚)			
		风俗和品位			
		其他			
	技术环境	新技术/新方法			
		新产品			
		新材料			
		其他			
微观环境	供应商	人力资源供给			
		财务供给			
		原材料等供给			
		其他			
	顾客	当前的需要			
		潜在的需要			
		需要的变化			
		其他			

（续表）

		分析指标	提供了什么机会	带来了什么威胁	创业思路
微观环境	竞争者	提供的产品			
		价格			
		销售			
		其他			
	政府	省政府政策			
		市政府政策			
		区政府政策			
		社区政策			
		其他			
	干系人群	当地居民			
		环保组织			
		其他利益集团			
		其他			

环境提供的最大机会和发现的创业思路是：

...思考与练习...

1. 中国经济持续增长为你的创业提供了什么商机？
2. 网络为你的创业提供了什么商机？
3. 顾客需求的变化为你的创业提供了什么商机？
4. 创业者如何进行环境调查与分析？

三、创业思路的生成方法二——调查研究中找思路

1986 年 6 月 30 日，美国著名的市场营销权威菲利普·科特勒在北京对外经贸大学的报告中讲了一个西方家喻户晓的故事：

美国某制鞋公司在寻找国外市场，公司总裁派一个销售人员到非洲某国家，让他了解一下能否向该国卖鞋。这个销售员到该国后一下飞机就给公司发回一封电报："这里的人不穿鞋，没有市场"。公司总裁看了电报后很不满意，因为他没有提供什么有用的商业信息。于是又派去另一名销售人员。第二个销售员在该

国待了一周，然后发回一封电报："这里的人不穿鞋，市场巨大"。公司总裁看了电报后仍然很不满意，因为他和第一个销售员一样，只不过从相反的方向发回一封没有商业价值的电报。于是又派去第三位销售员，第三个销售员在该国待了三个星期，发回一封电报："这里的人不穿鞋，但有脚疾，需要鞋，不过他们不需要我们生产的鞋，因为我们的鞋太窄，不适合他们常年赤足而形成的宽脚，我们必须生产宽鞋。这里的部落首领不让我们做买卖，除非我们搞大市场营销。我们只有向他的金库进一些贡，才能获准在这里经营。我们需投入大约 1.5 万美元，他才能开放市场，我们每年能卖大约 2 万双鞋，在这里卖鞋可以赚钱，投资收益率 15%……"

通过这个故事不难发现，调查研究是创业思路的催生婆，没有深入实际的市场调查和社会调查，就不会发现与环境相容且满足顾客需要的商机。调查研究不能走马观花，要深入实际"下马观花"，要"一看二想"。只想不看，不做市场调研，凭想当然；十有八九因不能满足顾客的需要而失败。只看不想，缺乏深入的分析，仅凭看到的表面现象就得出"无市场"或"市场巨大"的结论也必败无疑。调查与研究缺一不可。我们要学习第三位销售员，不仅对市场需求进行调查研究，还对社会、政府和当地的文化等诸多相关信息进行研究，不仅从调查中获得关于产品设计、财务核算和生产规模等的相关信息，而且还研究出相应的经营对策。

在经营区域内有目的地进行社会调查和市场调查，用定义问题、分析问题、收集和分析数据、开发和测试潜在的解决方案、选择最优方案等步骤，这种方法被称为"科学法"，这是创业者形成创业思路、产生创业项目的一个基本方法，它是创业活动的成事之基、谋事之道，是发现创业机会的依据。

调查是研究的前提和基础，研究是社会调查的延续。这两个环节中，第一个是科学地了解、掌握真实的资料；第二个是对所得的各种资料去粗取精、去伪存真，正确认识运行状态，提出科学的对策。大学生创业的特点决定了创业思路调查研究的特点是：

范围小——主要在经营的区域范围内进行调查研究；

直接性——收集现实中真实和直接的第一手资料；

深入性——深入现实生活中进行实地调查研究；

直觉性——根据直觉捕获隐藏于市场中的有价值的微弱信号。

创业思路调查研究的主要方法包括：

观察法

观察即用眼睛看。观察法是通过仔细地察看，进而产生和修正创业思路的方法。

人们获得的信息70%来自于视觉，所以观察能够获得大量的信息。但这种观察切忌走马观花，一定要深入实际。例如，你准备在一条200米长的街面上开一家饭店，那么就应该在这条街上至少来回走上100次，反复观察这条街的整个环境、结构、布局、现状、未来、人际关系、企业联系、相关因素等每一个细节。而且每走一趟都要至少发现一个问题，并作记录。比如，顾客的状况、竞争者的状况、公众的状况、街区环境卫生状况、白天的效果、晚上的效果等等。以创业为核心，对一切与之相关的情况进行观察，发现其中所蕴藏的商业机会，并把这些记录下来，作为创业思路和备选项目的依据。

体验法

体验即通过亲身实践来认识周围事物。体验法就是通过亲自体验来发现和修正创业思路。

俗话说："不当家，不知柴米贵"，"不养儿，不知父母恩"，体验是比观察更深入的调查研究。观察主要是用眼睛捕捉商机，体验则主要靠自己的实践去捕捉商机。多数创业者对自己发现的创业思路和选择的创业项目具有强烈的偏爱，但事实上，并非是态度决定人的行为，而是行为体验决定人们的态度，人们对不曾经历过的事情往往缺乏准确的把握和认识，或是觉得太难，或是觉得太容易，因此这种偏爱是靠不住的。好多创业者都有过看似应该成功的项目，一做才发现不像想象的那样简单，不会轻易成功。例如，只有你到相同的饭店去品尝人家的手艺，才知道人家菜肴的风味和魅力；只有你作为顾客去体验服务员为你提供的服务，才知道应该培训服务员什么；只有你去参与促销活动，才能够知道促销活动的实际作用和效果等等。通过找不到橡皮的亲身体验，萌发把橡皮和铅笔连接在一起的创造思路，是值得创业者借鉴的。

询问法

询问即打听或征求意见。询问不是自己直接去看或体验，而是了解别人的看法和感受，属于第二手资料。观察法和体验法所得到的结果是自己亲眼所见和亲身感受，无疑是客观事实，但你的直觉未必就是消费者和竞争者的直觉，因此要向消费者询问他们的感受。而创业经验与教训是无法体验的，只有请教同行的创业者们，向有创业经验的亲朋好友、相关的顾客、周围的公众及其他业主询问，听取他们的经验、看法、意见与建议，进而对商机进行再次判断，才能少走弯路。

创业者形成创业思路的时候，既要亲自观察和体验，又要注意向业内资深专家请教，请他们为你的思路把脉。特别是在你所不熟悉的领域创业，更要倾听业内人士的意见，无论是否定还是肯定意见，对你都会十分有价值。

换位法

换位即转换自己的位置，从干系人（特别是顾客）的利益角度对商机进行调查研究。换位法不仅是调查研究的方法，更是调查研究的一种理念。因为创业思路与项目是否具有商机，不是因创业者的主观愿望而定，而主要是来自于外部干系人（包括顾客、竞争者、供应者、公众、政府甚至是反对者等）的需要与认可。因此，从这个意义上说：创业是给别人选择项目。所以，在进行创业机会调查研究时，就不能仅从创业者的一厢情愿出发，而应该站在顾客、竞争者、供应商、公众、政府甚至反对者的位置，从他们的角度和利益出发，运用观察法、体验法和询问法去进行调查和收集第一手资料。换位调查研究的理念，在一定意义上说是确认创业机会的关键。

毛泽东同志有一句至理名言：“没有调查研究就没有发言权”。这句话应该成为自主创业的大学生朋友的座右铭。大学生要格外重视对社会和市场的调查研究，不仅要把调查研究作为寻找和发现创业思路的途径，更要把它作为了解社会、学习社会、增长社会阅历与经验的途径。大学生最容易犯的错误就是忽视调查研究，想当然，凭小聪明，以为上网搜索一下，同学之间讨论一下就可以搞定一个创业项目，就可以进行创业了，这是十分危险的。

当然，大学生还可以运用其他调查研究的方法，如跟踪调查、抽样调查、蹲点调查、问卷调查等，当然运用互联网手段进行调查研究也是十分必要的。

请你结合自己的创业备选项目利用表 9-2 开展调查研究。

表 9-2 创业备选项目调查表

调查方法	调查对象	调查目的与含义	发现的创业思路
观察法	地址	观察企业周围环境并发现创业思路	
	社区环境	观察企业所在社区的特点并发现思路	
	公众	观察公众的偏爱和态度并发现思路	
	顾客	观察顾客消费习惯和状况并发现思路	
	竞争者	观察竞争者的行为并发现创业思路	
	产品	观察市场提供的产品与服务并发现思路	
	价格	观察产品与服务的价格并发现思路	
	销售方式	观察产品与服务的销售方式并发现思路	
	促销手段	观察产品与服务的促销方式并发现思路	
	其他		
体验法	服务质量	身临其境体验服务质量并发现思路	
	产品质量	身临其境体验产品质量并发现思路	
	产品特色	身临其境体验产品特色并发现思路	
	经营风格	身临其境体验经营风格并发现思路	
	视觉效果	身临其境体验视觉效果并发现思路	
	营销方式	身临其境体验营销方式并发现思路	
	促销手段	身临其境体验促销手段并发现思路	
	其他		
询问法	顾客满意度	询问顾客有什么不满意并发现思路	
	成功者经验	请教成功者并发现思路	
	失败者教训	请教失败者并发现思路	
	行业的规范	向经营者打听行规并发现思路	
	竞争者经历	向经营者打听竞争状况并发现思路	
	其他		
换位法	产品	以顾客的价值感受产品并发现思路	
	服务	以顾客的价值感受服务并发现思路	
	地址	以顾客的价值感受地址并发现思路	
	视觉效果	以顾客的价值感受视觉效果并发现思路	
	营销方式	以顾客的价值感受营销方式并发现思路	
	促销手段	以顾客的价值感受促销手段并发现思路	
	价格	以顾客的价值感受价格并发现思路	
	经营风格	以顾客的价值感受经营风格并发现思路	
	其他		

...思考与练习...

1. 为什么说没有调查研究就没有发言权?

2. 大学生怎样通过调查研究增长社会经验?

3. 为什么通过观察法、体验法、询问法和换位法可能发现创业思路?

四、创业思路的生成方法三——热点旁边找思路

贝索斯从互联网用户数快速增长这一热点中,萌生了创办亚马逊在线零售业的创业思路。类似的,私有高档住宅热产生了物业新行业,私人轿车热产生了汽车美容新行业,出国热产生了出国中介新行业,独生子女教育热产生了儿童校外教育新行业……总之,热点与新产业或新行业有着紧密的联系。

为什么热点旁充满了商机呢?这要从产品市场的发展规律中来寻找答案。从经济角度看,由潜在的市场变为现实的产业化市场,大致有以下五个主要步骤:

第一是种子市场阶段。消费者对尚未存在的东西具有的需要和欲望,形成种子市场。(例如,我国近年来出现的私有高档住宅和小区,催生了业主们想要有人为他们"看家护院"的需要和欲望);

第二是市场具体化阶段。市场上有人推出适合潜在市场的产品或服务,导致市场的具体化。(例如,物业公司与物业服务的出现);

第三是市场扩展化阶段。跟进者的行为,使市场得以扩展。(例如,我国大量的物业公司的迅速出现);

第四是市场独立化阶段。市场被跟进者占满以后,新产品就需要高度独特化,市场出现分裂。(例如,满足业主不同需要的各类物业服务的出现);

第五是市场再结合阶段。市场走向再结合。(例如,我国目前正由房地产商为主体的物业销售模式转变为由业主为主体的物业购买模式和提供各类独特业务的物业公司)。

图 9-3 是产品市场发展规律模型。

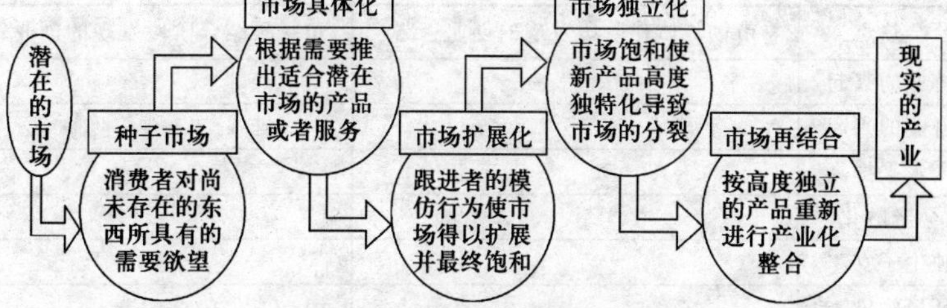

图 9-3 产品市场发展规律模型

热点旁有商机。一个新产业在“市场具体化”和“市场再结合”两个阶段变化最为剧烈，这两个阶段市场最火爆，也是创业最容易成功的阶段。剧烈的变化蕴涵着商机，蕴涵着新的需求，蕴涵着创业项目。因此，创业者要善于在热点旁边找创业思路。

按照变化产生热点，热点产生机会的规律，除了产业热点外，还有社会热点现象。社会热点又分为社会时尚和社会趋势两类。创业者要特别关注那些大势所趋的社会热点现象，这些热点旁，往往是新需求和新商机的诞生之地。

我国目前具有许多大势所趋的社会热点现象。例如，社会老龄化产生的老年需求热、高考产生的家教热、环境污染产生的优良环境需求热、网络时代产生的网络游戏热等。这些热点旁聚集着庞大的人群，他们有着共同需要，满足他们需要的创业项目是他们的期盼。

请你利用表 9-3 思考社会热点旁边的创业商机。

表 9-3　　搜集社会热点形成创业思路

社会热点	市场具体化阶段发现的创业思路	市场再结合阶段发现的创业思路
网络时代到来		
数字电视普及		
高档住宅产业		
轿车走进家庭		
视觉产品增多		
电脑的家庭化		
教育的国际化		
儿童校外教育		

（续表）

社会热点	市场具体化阶段发现的创业思路	市场再结合阶段发现的创业思路
旅游业的兴起		
健身业的兴起		
收入水平提高		
社会老龄化		
独生子女		
环境污染		
食品安全		
失业现象		
单亲家庭		
农民工进城		
个体创业现象		
三农问题		
城市扩大化		
宗教的兴起		
文明病的增多		
全民投资		

...思考与练习...

1.为什么热点旁商机多？

2.利用时尚热点进行创业要注意些什么？

3.请你针对每一个热点开发出3个创业思路。

五、创业思路的生成方法四——不满意中找思路

几年前，中央电视台“同一首歌”节目一炮打响，如今已经火了几年了，成为全国人民喜闻乐见的好节目。

为什么“同一首歌”节目如此受欢迎呢？因为“没有什么东西比歌曲的代沟更强烈了”，正所谓“一代人（唱）听一代人的歌”，在歌曲演唱和欣赏上，从来都是“隔代如隔山”。

中央电视台年轻导演孟欣恰恰看准了人们对歌曲“代沟”的不满意，将不同时代的歌曲在同一个舞台上进行了重现、反串、送戏、应时……这档节

目的创意很像沈阳市近年兴起的一道深受大众欢迎的地方菜“乱炖”(将若干种蔬菜放到一个锅里炖)。这种表演方式满足了各时代的人们对歌曲的需要,无论是观众还是歌手都举双手赞成。“同一首歌”是针对人们对歌曲代沟的“不满意”所进行的产品创新,正是这一“不满意”给予了其商机。

还有就是人们到医院看病会发现,患者向医生述说病情的时候,说了许多,可医生记入病历的内容却很少,由于记录患者的自述需要占用医生大量时间,因此,医生往往尽量少记或者不记,结果患者大量重要的身体健康方面的信息被医生过滤掉了。即便是医生认真记录了,还存在笔记潦草、难以辨认以及由患者自己保存病历容易丢失,或到医院才发现没带病历,再买新本的事情,当然一本病历写满了,再换新病历本,往往旧病历本就随手扔掉了……总之,围绕着病例我们有着太多的不满意。

我们常说,身体是自己的,健康是宝贵的,可是这么重要而宝贵的信息却得不到很好的收集与管理。一位美国大学生敏锐地发现了这个人们见怪不怪的问题所蕴含的商机,他提出建立电子病历系统的解决方案,并为此申请了专利。

该系统设计为:将患者看医生时的自述进行录音,然后将录音文件自动进行压缩处理,再通过互联网将压缩处理过的患者自述录音文件发送到以英语为母语而且劳动力又便宜的印度,由他们用人工将声音录入为文字文件,再通过互联网传送回美国,由医患签字确认,生成一个可以永久保存、续录和管理的电子病历,所有这些工作都在患者看病这一很短的时间内完成。这位大学生的产品既解决了医生从事简单琐碎的病历录入工作的“不满意”,又解决了患者自己保管病历的麻烦,一个产品解决了医患双方的两个“不满意”,当然会成为很好的卖点。托马斯·弗里德曼在他的名著《世界是平的》一书中描述了此事。

这两个案例告诉我们:不满意中蕴含着商机,有心人能够在不满意中生成大量的创业思路。从这个意义上看,我们每个人都生活在创业思路中,因为我们身边实在有太多的不满意。对于生活中的不满意,有的人发牢骚,有的人默默忍受,但敏锐的创业者却能从不满意中生成创业思路并开发为有价值的创业项目。

作为涉世不深的大学生要想成功创业,就必须成为有心人,要注意观察生活中的不满意,分析不满意中的原因,找到解决不满意的途径,形成商机。

什么是生意?生意就是市场获利行为;什么是市场?市场就是人们

的需求。因此，生意就是通过卖需求而获利。可是人们到底需要什么往往很难把握，但发现人们的不满意却很容易。因此，这个世界上几乎人人都在抱怨，他们在衣、食、住、行、玩、品位、文化等方面有太多的不满意需要去解决。从这些不满意中寻找需求，根据这一需求创造满意的产品或服务并把它们销售出去，这就是大学生自主创业者要练就的“生意经”。

请你利用表 9-4 寻找创业思路。

表 9-4　在不满意中寻找创业思路

类别	人们对什么不满意?	为什么会产生不满意?	发现的创业思路
衣			
食			
住			
行			
玩			
其他			

...思考与练习...

1. 为什么说不满意中蕴含着商机?
2. 为什么要求创业者要成为在不满意中捕捉商机的有心人?
3. 为什么说具有一定难度或专业知识才能解决的不满意，才最具商机?

第二节　创业项目展开和决策方法

从实施角度看，创业是围绕着创业项目的选择、设计和实施而进行的一系列活动，因此人们说，创业活动“项目为王”。事实上，创业是自主行为，创业核心任务是自主选择创业项目，创业教育的任务是帮助大学生掌握自主选择创业项目的方法，并完成创业项目的自主选择。

创业是对机会的发现、选择与驾驭。创业思路是关于入行选择的问题，即选择在哪一个领域进行创业；创业项目则是创业思路的具体化，即在创业思路领域中，可以做的具体项目是哪些。本章重点介绍如何将一个创业思路展开成创业备选项目。

一、思路-项目展开法

创业思路有时可能已经很具体了，如前面的电子病历案例。但更多的时候，创业思路往往是对于某一具有商机的领域的选择，是一种模糊的方向性创业意向，而不是具体的可实施的创业项目。创业是一件实实在在的事情，如果不能把意向、理念等虚构的东西变为具体的创业项目，创业思路就永远是没有实际价值的。因此要探讨将创业思路变为创业项目的方法。

创业项目要素

创业项目是指可以用来创建企业并获得长期盈利的生意形式，如开某种饭店或开办某种工厂等等。创业项目模式可以是一种独创的全新模式，也可以是模仿现有的生意或连锁加盟等。但无论是何种形式，创业项目必须满足两个要素，一是自主选择，二是具体。

一个创业项目要符合 SMART 要求：S——Specific，项日要明确和具体，如开办一个残疾儿童的幼儿园（而不是健康儿童的幼儿园）；M——Measurable，项目要可测量、可量化，如能够赚多少钱？盈亏平衡点是多少等；A——Agreed，创业团队成员对项目总目标与项目指标认识达成一致性；R——Realistic，在资源、行业知识等方面具有实际可行性；T——Time-bound，项目的时限性，即规定完成的时间。

创业项目展开因子

能够展开为创业项目的标志，被称为创业项目展开因子。常用的创业项目展开因子有：创业思路、创业愿景、个人兴趣、核心资源、创业动机、创业成功标准等。

创业项目展开表

创业项目展开表左侧是创业项目展开因子，右侧是根据创业项目展开因子展开的创业项目，该表为创业者提供了一种寻找创业项目的有效方法，见表 9-5。表 9-5 就是把汽车作为创业项目展开因子，利用创业项目展开表，将这一创业思路展开成一系列的具体创业项目。

表 9-5　　　　汽车-项目展开表

创业项目展开因子	展开成的创业项目	
汽车进家庭 做汽车生意	销售汽车/销售汽车配件	生产汽车装饰品
	汽车维修/汽车美容	培训新手停靠车位
	开办停车场	生产汽车装饰护杠
	生产移动汽车库	办汽车俱乐部(男)(女)/汽车旅游

创业项目展开表的填写方法

填写创业项目展开表时，可以运用头脑风暴法、联想法等启发式创意法，或者属性列举法等创意方法。当然，如果条件准许，创业者可以针对每一种创意方法，选择一批成员，按照不同方法每人完成一个表格的填写，然后再将不同方法和不同人员所生成的创业项目进行综合。

创业项目展开表的填写原则

◆ 求真务实原则。即项目越具体越好，不要从抽象概念到抽象概念；

◆ 大胆创新原则。即项目创意要大胆，跳出俗套，勇于创新；

◆ 需求细分原则。即对客户的需要进行细分，每一个细分需求对应一个创业项目；

◆ 不予否定原则。在项目讨论与表格填写过程中，只用加法，不用减法，不否定任何创业项目创意。请按上述方法与原则利用表9-6，把你的创业思路展开成具体的创业项目。

表 9-6　　　　以创业思路为展开因子的项目展开表

	创业思路			
	环境分析	调查研究	热点分析	不满意分析
把创业思路展开 成为创业项目				

...思考与练习...

1. 为什么创业项目展开时只用加法，不用减法？
2. 为什么要把市场需求细分并形成创业项目？

二、兴趣-项目展开法

一位成功创业人士说："创业活动的最高境界是不经意间选择了一个能够带来巨大报酬的爱好"。大学生创业者可以在创业思路的领域内，把兴趣与爱好作为创业项目展开因子，沿着自己的爱好与兴趣方向寻找创业项目。毫无疑问，如果能够按照个人的兴趣选择创业项目，做自己爱做的事情，那你将一生快乐。

表 9-7 是一位酷爱钓鱼的大学生创业者将自己的兴趣展开后的创业项目。

表 9-7 兴趣-项目展开表

我的兴趣是	按我的兴趣展开的创业项目	
钓鱼	卖垂钓诱饵	出版垂钓刊物
	生产制作垂钓工具	开办垂钓鱼场
	开垂钓器具店	开办垂钓俱乐部
	办垂钓学习班	开办垂钓旅游
	组织垂钓活动（交通、餐饮、住宿等系列服务）	

请你梳理自己的兴趣与爱好，利用表 9-8，把自己的兴趣与爱好写在左侧，并在右侧将其展开成创业项目。

表 9-8 以兴趣为展开因子的项目展开表

我的兴趣是	按我的兴趣展开的创业项目	

...思考与练习...

1. 你的兴趣是什么，能否把你的兴趣变为生意？
2. 创业是获利行为，为什么要尊重个人的兴趣？

三、资源优势-项目展开法

大学生的创业资源包括可见资源、不可见资源、个人资源、集体资源等。在众多的创业资源中，我们最关注的是创业者的核心竞争力资源，即那种具有价值性、稀缺性，不可模仿、不可替代、不可交易的，能够整合为高于业内平均水平的能力的，具有战略性的资源。

你可以把自己的核心竞争力资源作为创业项目展开因子，将自己的资源优势展开为创业项目优势。

表 9-9 是一位师范院校英语专业的大学生，根据自己具有创业欲望和较好的英语交流能力的资源优势，所进行的创业项目展开。

表 9-9　　核心竞争力资源-项目展开表

我的核心竞争力资源是	按我的核心竞争力资源展开的创业项目	
强烈的创业愿望 娴熟的英语技能	办双语幼儿园	为出国人员办理中介服务
	开办英语家教公司	开英语书店
	办各种实用性英语学校（补充我国英语应试教育的不足）	开英语发烧友音像店
	开办企业英语服务设计公司（企业介绍、产品介绍、广告等）	开办为外国旅游者提供导游的公司

请你梳理自己的核心资源，参照表 9-9，利用表 9-10，将自己的核心资源写在表的左侧，并在表的右侧展开成创业项目。

表 9-10　　以核心竞争力资源为展开因子的项目展开表

我的核心竞争力资源是	按我的核心竞争力资源展开的创业项目

...思考与练习...

1. 你的核心竞争力资源是什么？如何将这一核心竞争力资源转变为创业项目？

2. 既然创业精神的本质是以创新和独特的方式追求机会、创造价值和谋求增长，而不顾及是否拥有资源，为什么要以核心竞争力资源作为创业项目展开因子？

四、成功标准-项目展开法

成功标准是创业愿景的具体化，每个创业者都有自己的成功标准。可以把自己的成功标准作为创业项目展开因子，根据成功目标完成创业项目的展开。

表 9-11 是一位艺术设计专业毕业生给自己设定的创业成功标准，经过创业培训班同学运用头脑风暴法展开的创业项目。

表 9-11　　成功标准-项目展开表

<table>
<tr><th>我的成功标准</th><th colspan="2">按成功标准展开的创业项目</th></tr>
<tr><td rowspan="7">收入期望：年收入 20 万元
安全期望：压力不太大
心情指数：2（现在为 1）
关系指数：1.5（现在为 1）
事业期望：8 人以下的小公司</td><td>家庭装修公司</td><td>高考美术强化与报考指导学校</td></tr>
<tr><td>企业 CI 设计公司</td><td>专业美术用品商店</td></tr>
<tr><td>产品 CI 设计公司</td><td>布艺装饰画设计与生产公司</td></tr>
<tr><td>经典船模、火车模等设计与加工公司</td><td>城市园林绿化设计公司</td></tr>
<tr><td>动漫设计公司</td><td>牛仔风格产品设计与加工公司</td></tr>
<tr><td>广告设计公司</td><td>城市与大型组织纪念品设计公司</td></tr>
<tr><td>儿童美术学校</td><td></td></tr>
</table>

请你梳理自己的创业成功标准，参照表 9-11，利用表 9-12，将自己的创业成功标准写在表的左侧，并在表的右侧展开成创业项目。

表 9-12　　以成功标准为展开因子的项目展开表

<table>
<tr><th>我的成功标准</th><th>按成功标准展开的创业项目</th></tr>
<tr><td rowspan="5">收入期望：
安全期望：
心情指数：
关系指数：
事业期望：</td><td></td></tr>
<tr><td></td></tr>
<tr><td></td></tr>
<tr><td></td></tr>
<tr><td></td></tr>
</table>

...思考与练习...

1. 你的创业成功标准是什么？
2. 为实现创业成功标准，你该选择什么创业项目？

第三节　创业商机评价方法

马克·吐温回顾一生两次投资失败经历后写道:“我极少能够发现机会,往往在我发现的时候,它已经不是机会了”。及早地发现机会对于创业者是十分重要的。因为在创业的道路上布满了商机和陷阱,创业商机和创业陷阱之间往往只有一步之遥。创业陷阱的可怕和可悲之处在于:它是由创业者自己满怀激情挖掘的,然后他们满怀期望地跳下去,面带微笑地下沉、下沉,直到坠入井底,摔得粉身碎骨后才发现,这是一个玫瑰色的陷阱。大量创业实践证明,未经商机识别的创业思路和创业项目中十有八九是陷阱。

创业思路和创业项目并不等于创业商机,创业思路仅是一种未经市场需求评价和竞争分析检验的生意意念。创业项目仅是创业思路的具体化,可能是一个产品、一种服务、一种营销模式,或者是一个新的管理体制创新。评估和论证创业项目可能的竞争优势,是创业者必须掌握的方法。

在创业活动中,最难做出的决策有两个,一是是否创业,二是入什么行、选什么项目。入行选项的实质是根据市场的环境机会和创业者资源,在众多的创业思路和备选项目中进行判断并选择出最具有潜在价值的创业项目的过程。由于商机和陷阱总是鱼目混珠、难以辨认,所以,创业者要学习和掌握对创业商机进行评价的理念与方法。

一、陷阱判别法

如果创业思路主要来自创业者的直觉,那么评估创业商机则是对创业者判断力的验证。发现商机是一回事,把握商机是另一回事。把握商机的第一件事情就是在众多的“近似正确”和“可能错误”的备选项目中发现具有真正商业优势的创业项目。由创业思路到成功创业还有遥远和漫长的历程,创业思路和创业备选项目必须接受商机评估,只有通过商机评估的创业项目,才具有商业投资和开发价值,才有成功的可能。

创业思路、备选项目和商机之间是“广种薄收”的关系。在100个创业备选项目中可能只有一个能够成为适合自己的创业商机,其余99个则可能是创业陷阱(但可能是别人的商机)。所以说,提出创业思路和项目是务虚、是加法，选择创业商机是务实、是减法。我们的态度是：善待创业思路和创业备选项目，慎对创业商机，即对创业思路和备选项目要用头脑风暴法，要广泛采集、大胆设想、深入挖掘、来者不拒，激情、激情、再激情；而对创业商机的评价则要用反头脑风暴法，要战战兢兢、如履薄冰、三思而后行，理智、理智、再理智。

罗丹说雕塑就是“减去多余部分”，把泥坯雕琢为一件美丽的艺术品，是在做减法。创业亦如此，减去那些多余的项目，避免创业输在起跑线上，造成以后经营过程中致命的、难以扭转的局势。做创业减法的原则是：一要面对目标顾客的需求，如果搞不清项目的目标顾客定位，那就坚决放弃，切不可自以为是，以自己的偏爱作为目标顾客的需要；二要努力找到项目的核心竞争力，即做此项目，具有哪些别人无法与之竞争的优势，如果项目无核心竞争力，也要坚决放弃。

商机评价首先是防范陷阱，在动物世界中有许多防止堕入陷阱的好方法，我们可以借鉴一下。

狐狸的方法

狐狸是一种极为聪明的动物，据说在森林中，一个猎物出现后，狮子不吃，狐狸就绝不吃，狐狸的择食原则首先不是如何吃这个猎物，而是狮子为什么不吃？是肚子不饿、不合胃口、猎物太小不屑一吃，还是这个猎物有毒，根本不能吃？如果是狮子嫌猎物太小不屑一吃，狐狸就可以上去饱餐一顿，否则，后果只能是被毒死或反被狮子吃掉。

狐狸对猎物的判断原则用在创业中就是：创业项目所在的行业中是否有多个实力雄厚、占绝对优势的行业霸主存在？如果有，他们为什么不做该项目？如果是他们认为“盘子”太小，不值得做，或是事情太麻烦，不好做，或他们判断失误，没有发现其中的价值，那么该项目就有可能成为创业的商机，否则，就要小心行事。

小王曾经在一个大城市的“印刷一条街”中访问过一位具有行业霸主地位的民营印刷厂老板(别人一盒名片要价最便宜的只有5元钱，而他的“三色三凸”名片要价150元，并垄断了该城市的高端市场)。小王作为业外人士在与他探讨数字印刷的商机以及数字印刷与传统印刷的关系和发展趋势时，仅凭数字技术是大趋势这一肤浅的认识，就断定数字印刷是目前一个很好的创业商机，应该给予高度重视。但这位在印刷界打拼了18年的老板却否定了小王的看法，他随手拿出一封国际顶级数字印刷设备公司的信函说，类似这样的公司经常与他联系，都是以低价和许多优惠条件向他推荐产品，希望他成为该设备在该城市的“旗舰店”，但都被这位老板一一拒绝了。这位老板认为，印刷业是一个拼设备的行业，有什么设备做什么活，挣什么钱。尽管数字印刷技术具有个性化、少量印刷等优势，但是目前，数字印刷技术还处于家用印刷水平，远未达到传统商业印刷技术的要求，此时，谁花大价钱购买数字印刷设备，用不了两年，设备价值就会归零，因为有更好的数字印刷设备已经上市，没人再光顾你这台“没落贵族”了，你可能连购买成本都没赚回来，设备就被淘汰了，闹了个亏本赚吆喝。然后，这位老板说道：“这条街上，谁做什么我非常清楚，如果数字印刷能赚钱，那就轮不到他们做了，我早就下手了”。怎么样，你听到狮子喘息声了吗？

螳螂的方法

螳螂捕蝉，黄雀在后，螳螂丧生的原因是由于捕蝉的行为为黄雀提供了信息，暴露了目标，为蝉而丧生。选择创业项目与此同理，当你在市场中发现一个空白点，有了一个新创意时，首先要审视这一环境机会的启蒙教育周期有多长，能否给消费者带来立竿见影的利益点，如果这一利益点不是立竿见影，那就要谨慎行事，别学那只螳螂，“花了大量的资金，好不容易开辟的新市场”，却成为紧随其后的黄雀的腹中之物。

如果创业者选择了创新或填补空白性的创业项目，那么该项目是否具有顾客利益点突显、回收利润立竿见影等特点，就成为评价关键。例如，一名大学生创业者是电脑发烧友，他认为掌上电脑是一个极好的产品，因此开了一家掌上电脑代理销售店，而且他的店是该城市的第四家，因此他认为该业务具有填补空白性质，市场潜力会很大。但实际经营中发现，人们对于掌上电脑的了解很少，认知程度很差，很难销售。于是有人向他建议加大营销力度，向那些数码产品发烧友且有2000元左右消费能力、较为可靠的人群采取产品试用3天的方式进行“知觉性营销”，他也认为这种营销方式很好，但由于资金有限，供方又要求先付款后供货，因此无力实施这一营销方案，处于尴尬的境地。

猪八戒的方法

当你已经被创业项目的“美女”征服，并将此项目作为商机时，就需对该项目需要多少人力、管理、资金等投入进行认真清算，然后再拿着镜子照照自己，看看自己“能吃几碗干饭”；摸摸自己的口袋，看看自己是否有实力追到这个“美女”，追到后能否养得起。千万别学猪八戒背媳妇，弄得千辛万苦开业，没有半年又往外兑，人财两空。

大学生在创业商机评价过程中，不要相信“时间就是金钱、机会稍纵即逝”的说法，因为你只有这么一点点有限的创业资源，一旦决策失误，就是百分之百的损失。因此，一定要谨慎决策，正所谓“你可要想好了”！

请你按照以上三原则，利用表9-13对上一节每个创业项目逐一进行评价，把创业项目分为两类：创业陷阱——坚决放弃；非创业陷阱——进一步甄别。

表9-13　　创业项目陷阱评价表

第　　个创业项目是：
该项目所在的行业中是否有实力雄厚的霸主存在？他们为什么不做该项目？ A. 没发现；　B. 不屑做；　C. 太麻烦不好做；　D. 有陷阱 该项目能否给消费者带来立竿见影的利益点？项目的教育周期有多长？ A. 有立竿见影的利益点；　B. 需要较长期的启蒙教育才能够显现利益点 该项目需要哪些资源？资金量有多大？你的资源能否养得起该项目？ A. 力所能及；　B. 很勉强；　C. 力所不及
综合评价 对该创业项目的评价是： A. 一个好项目；　B. 一般项目；　C. 说不清；　D. 陷阱 按照以上三原则进行判断和比较，对该创业项目的最终选择是： A. 作为备选方案保留；　　B. 是创业陷阱放弃

…思考与练习…

1. 为什么创业项目与创业陷阱只有一步之遥？

2. 为什么评价创业项目要充分了解行业“老大”的态度？

3. 为什么要选择那些能给顾客带来立竿见影利益点的项目进行创业？

4. 如何预算创业项目的资金量？

二、生存评价法

几乎所有创业者最初所遇到的考验都是企业的生存问题，他们中的许多人都经历过“实在要挺不住了”的阶段。因此，评价创业项目是否具有商机的第一判断标准是“生存性”，即项目是否获得了“小企业生存空间”，能够垄断市场中某一个小领域，在竞争的边缘地带具有自己的独特之处，免遭强劲竞争者的打压。

按照华利威顾问所著的《中小企业的60种新思维》的建议，适合大学生进行小企业创业的生存空间主要有四种：

夹缝生存空间

由于大企业为了获得高额利润，追求“规模经济效益”，一般都采用少品种、大批量的生产方式，这就为小企业留下了很多大企业难以涉足的夹缝地带，该地带的产品或服务对于大企业来说商业价值不大，因为它们的特点是：市场规模小；多品种、小批量生产；小批量、特殊专用；大企业信誉风险大（如海尔曾一度进军快餐业，但因快餐业很容易损害海尔在制造业的高品质形象，因此很快退出了该经营领域）。

显然，这些被大企业遗漏而社会有需要的领域，正是小企业求得生存和发展的领域，在这些领域进行拾遗补缺的创业，恰是小企业力所能及的，构成了小企业的“夹缝生存空间”。

空白生存空间

在老一代产品开始衰退，新一代产品尚未投入之前，市场往往出现“空白”。小企业的灵活、敏感往往在填补空白方面具有优势，因此，空白为小企业的生存和发展提供了空间。例如，上海有一家做衬衫的小企业，看到传统衬衫趋于饱和，销售量衰退，而人们冬天穿厚衣服感觉臃肿、不潇洒，并且没有替代的新产品，于是迅速生产出超薄型保暖系列服饰。由于填补空白的新产品利益点明显，消费者接受快，迅速打开了市场，短短几年，就做到几个亿的销售量。

协作生存空间

企业的经济规模是生产各类零部件经济规模的最小公倍数。例如，一个企业的产品由3个零部件生产部门生产，3个零部件生产部门的经济规模分别是4，8，14，那么该企业的经济规模就是56。显然，对于生产复杂产品的大企业来说，不可能使每一道工序都达到经济规模要求。大企业欲谋求利润最大化或成本节约，摆脱"大而全"生产体制的桎梏，就可以与其外部（下包厂）协作，建立外包式供应链系统。比如，日本丰田公司一次向下发包的企业就有248家，这248家还要向4000多家企业二次发包。日本松下电器公司由协作厂生产的零部件达80%，一个大企业网罗一大批小企业的供应链经济被美国人称为隐形经济。除此之外，还有连锁加盟、品牌专卖等形式。

一旦创业的小企业成为这一巨大供应链上的一个环节，就变为"企业系列"，以专用资产与大企业长期合作，"背靠大树好乘凉"，形成"协作生存空间"。

专知生存空间

如果你创办的企业具有独特技术和生产工艺，并可以防止大企业进入你的"领地"，那么你就具有了"专知生存空间"。如饭店的老汤、中医的祖传秘方、刺绣的传统工艺等，许多手工作坊式的家庭小企业之所以能够成为百年老店，关键就是有自己的绝活。一旦创业者通过技术开发和工艺创新，获得具有新颖性、先进性和实用性的技术发明和专利，完成从技术开发着手的企业创业，形成了自己特有的专知小空间，那他就具备了长期生存的能力。专知生存空间具有有别于他人、别人难以模仿并且可以用来赚钱的特色。

请你依据上述观点和提示，利用表9-14，从生存性的角度对创业项目进行评价。

表9-14　　创业项目生存空间评价表

第　　个创业项目是：		
从夹缝生存空间的观点看，该项目是：（请在以下各项中选择） a. 市场规模小的产品，大企业不愿意做 b. 多品种、小批量生产的产品，大企业嫌麻烦不愿意做 c. 小批量特殊专用产品，大企业不愿意做 d. 大企业认为信誉风险大，不愿意做 e. 其他		
该项目是否构成了"夹缝生存空间"：	是	否

（续表）

从空白生存空间的观点看，该项目：（请填写） a. 创新点是 b. 能够填补的空白是 c. 创新和填补空白带给消费者的主要利益点是 d. 预计该利益点是否显著而被消费者接受 该项目是否构成了“空白生存空间”：　　是　　否
从协作生存空间的观点看，该项目：（请在以下各项中选择） a. 是大企业供应链上的一个链条 b. 是连锁经营方式 c. 是品牌专卖方式 该项目是否构成了“协作生存空间”：　　是　　否
从专知生存空间的观点看，该项目：（请在以下各项中选择） a. 具有独特技术 b. 具有独特工艺 c. 具有专有品牌 d. 具有别人做不来的标准化体系与行为规范 该项目是否构成了“专知生存空间”：　　是　　否
综合评价 综合以上四项，从生存性角度看，该项目的生存性： A. 强　　B. 中　　C. 弱 从生存性角度对该项目的最终评价是： A. 作为备选方案保留　　B. 是创业陷阱放弃

...思考与练习...

1. 人们说：只要你从事企业活动，那么你将每天都面临着保全公司的任务，使企业“活下来”是老板的首要责任。你认为是这样吗？为什么？果真如此，你还创业吗？

2. 大学生创业的生存期一般有多长时间？

3. 为什么要在项目选择时就考虑生存问题？

三、保本点评价法

不做亏本的生意是创业的基本要求。那么一个生意要做到多大，才能保本获利、盈亏平衡呢？成本、销售量和利润之间有以下关系：

$$\text{保本点（盈亏平衡点）}=\frac{\text{创业项目启动费用}}{\text{单位销售价格}-\text{单位变动成本}}$$

上式告诉我们，每个生意都由自己的“本”、“量”、“利”构成，只要搞清楚创业项目总的启动费用、单位变动成本和单位销售价格，就可以算出创业项目的保本点。

保本点是判断创业项目可行性的主要指标。如果保本点很高，说明销售量要很大才能够赚回本钱，对大学生来说就不是一个很好的生意。

...思考与练习...

1. 保本点的高低意味着什么？

2. 提高价格会带来哪些副作用？如何规避？

3. 成本可以无限降低吗？

第四节　开发创业资源

资源是指可利用的自然物质。创业资源则是指能够支持创业者创业的东西。创业资源包括可见的物质性资源、不可见的精神性资源、拥有的资源、不拥有但可支配的资源、可控的资源、可借用的资源、个人性资源、群体性资源、组织性资源、社会性资源、国内资源、国外资源等。总之，只要某一方面资源有助于你的创业，就是创业资源。

从大学生创业实务角度来说，受到关注的资源主要有：创业资金资源、创业愿景资源、创业团队资源和创业者个人资源。

一、开发创业团队资源

创业企业失败的原因很多，最常见的一是资金问题，二是团队问题，三是运营模式问题。一般来说，创业者都是有了一个好的想法或者运营模式，看好了一个项目才开始创业的。有了这些以后，就要组成一个创业团队，由一伙人分工合作，进行资金筹集使用、产品研发、市场开拓以及企业内部管理。大量创业实践证明，大学生创业失败往往由于创业团队这一环节出问题所致。

创业实践证明，一个优势互补的创业团队所掌握的资源以及潜在资源会弥补大学生创业资源的不足和身单力薄的劣势。团队竞争力是小企业赖以生存的主要法宝。大企业可以任用非常好的职业经理人，而小企业只能通过团队精神在人力资源上超过大企业。所以，寻找到好的优势互补的合作伙伴，组成一个高效的创业团队，是成功创业的保证。

从融资角度看，资金筹措和团队建设往往是捆绑在一起的。风险投资者通常不愿意考虑为这种单枪匹马的创业企业投资。他们在投资新创企业的时候，都会将团队因素列为重要的评估指标。因此，创业团队对于创业资金的筹集尤为重要，必须高度重视创业团队成员的人选和团队建设问题。

创业团队的类型与特点

创业团队大体可以分为三种，具体含义及特点详见表 9-15。

表 9-15　　创业团队类型与特点

类型	含　义	特　点
星状创业团队	· 一个有创业想法或创业项目的人作为核心主导人物，充当创业带头人角色 · 创业带头人选择团队成员 · 团队成员通常扮演支持者角色	· 带头人对其他成员影响巨大 · 组织结构紧密，向心力强 · 决策程序相对简单，组织效率较高 · 权力易过于集中，造成决策失误 · 与带头人严重冲突时，团队成员常选择离开团队
网状创业团队	· 团队成员在创业之前关系密切，如同学、亲友、同事、朋友等 · 就某一创业想法达成共识后开始共同创业 · 在创业团队组成时，没有明确的核心人物，大家根据各自的特点进行自发的组织角色定位 · 在企业初创时期，各位成员基本上扮演协作者或伙伴角色	· 团队没有明显的核心，结构较为松散 · 一般采取集体决策方式，决策效率较低 · 友情与创业活动结合在一起，采取协商的工作方式，氛围较为轻松和谐 · 团队成员地位相似，易形成多头领导局面 · 当团队成员之间发生冲突时，一般都采取平等协商、积极解决的态度消除冲突，团队成员不会轻易离开 · 但是一旦团队成员间的冲突升级，使某些团队成员撤出团队，就容易导致整个团队的涣散
虚拟星状创业团队	· 团队中有一个核心成员，但其地位是团队成员协商的结果，其行为必须考虑其他团队成员的意见 · 核心人物仅是团队的代言人，而不是主导型人物	· 由网状创业团队演化而来 · 基本上是前两种的中间形态 · 利弊具有前两种形态的共性部分

管理创业团队

创业团队成员确定后，企业的组织结构就已基本确定，团队管理问题随之发生。管理创业团队的实质是团队成员个体需要与企业目标相协调，个体价值发挥与群体绩效达成一致。

管理的基本方法是公司制度建设。在创业团队形成之初，必须通过公司章程或协议的方式，确定公司发展目标、业务领域、出资及退股原则、利润分配方法、分歧解决原则等一系列企业基本制度。尤为重要的是，创业团队要有好的分配制度，这一制度不仅充分照顾到现有团队成员的利益，还要考虑吸收新的团队成员或者企业员工时的股份再分配。

在企业制度建设方面，大学生创业者要注意两点：一是要摒弃爱面子、讲义气或所有的人都是正人君子的假设，一定要“丑话说在前”。大量事实证明，如果我们假设90%的人是无赖，并针对可能的无赖行为制定约束性制度，结果可能90%的人成为正人君子；而如果我们假设90%的人是正人君子，而无制度约束，最后的结果可能是90%的人会成为无赖。二是要抓大放小，建立健全企业的大制度，让小制度在实践中不断博弈优化。

在实际中组建创业团队

大学生创业团队的组成方式有：(1)同学型创业团队，由同寝室、同班、同年级、同专业、同学校等熟悉的同学组成的创业团队。(2)情侣型团队，由恋人组成的创业团队。(3)亲属型创业团队，由父母、亲属组成的创业团队。(4)师生型创业团队，由师生组成的创业团队。(5)社会型创业团队，在社会中选择各种人才组成的互补型创业团队。(6)雇用型创业团队，招聘人员组成的创业团队。

...思考与练习...

1. 创业一定要组成创业团队吗？团队创业的缺点是什么？
2. 你认为管理好创业团队最重要的是什么？
3. 管理创业团队最重要的管理制度有哪些？
4. 如果你是投资人，你关注创业团队什么？

二、开发创业者个人资源

有一个故事说：一个非常热爱柔道的男孩因车祸失去了左臂，其母念孩子可怜，花重金聘请了一位高级教练教孩子柔道，以满足孩子的爱好。一年一年过去了，这个失去左臂的孩子柔道技术不断增强，不仅参加了各级柔道比赛，而且取得了优异的成绩，最后在国家柔道比赛中获得了冠军。家人都感到诧异，问教练原因，教练说："第一，这个孩子喜爱柔道，特别是失去左臂之后，爱得更加强烈和专一；第二，我教给了他柔道的核心技术；第三，根据他没有左臂的特点，专门为他量身定做了一套战术，要想破此术，唯一的办法就是抓住他的左臂，而他恰恰没有左臂"。

从资源角度看，这个男孩在柔道方面拥有的资源是：(1)对柔道的热爱；(2)家庭的经济条件；(3)母亲的支持；(4)没有左臂。按常理，前3项是从事柔道的优势资源，没有左臂则是从事柔道的劣势资源，甚至是否定性条件，但是，这一劣势资源在教练的整合下，却成为男孩成功的优势资源。

创业资源包括的范围极其广泛，如创业者拥有的有形资产、无形资产、性别、年龄、民族、长相、体力、智力、经验、经历、技能、知识、社会关系等，还包括对这些有形和无形资源的整合。只要唤起强烈的创业愿景，点燃头脑中的创业火炬，就会发现"商机满地跑，只要你肯找"，"身上一根草，创业是个宝"。因此，创业者要从创业资源角度对自身重新认识、分析和整合，对自身资源进行开发与利用。

事实上，创业者的无形创业资源决定了有形创业资源的开发与利用，即创业者的创业愿景的强烈程度，决定着创业者自身的哪些东西可以成为创业资源，将身上的"一根草"变成创业的"法宝"。

作为一个创业者，第一要思考什么是你的创业资源，包括"没有左臂"；第二要考虑这些资源在怎样的运作下是优势，在怎样的运作下是劣势，要跳出传统的框框去思考：优势优吗？劣势劣吗？请你运用这些思想，填写表9-16，完成个体创业资源分析。

表 9-16　　创业者自身资源分析表

从自主创业的角度，重新评估自己的创业资源	优势	劣势	拟采取对策
我的有形资源是：现金、房屋、设备、材料、运输工具。其他：			
我的无形资源是：特殊技能、经营权、秘方、口碑、声誉。其他：			
我的社会关系资源是：亲属、朋友、同学。其他：			
我的人际交往资源是：人缘、交际能力。其他：			
我的体力资源是：力量、速度、耐力、灵活。其他：			
我的脑力资源是：算术、语言、悟性、记忆。其他：			
我的技术资源是：经营管理、销售、烹饪、修车、养鱼、品茶。其他：			
我的知识资源是：学历、阅历、社会知识。其他：			
我的学习资源是（能学什么）：手艺、语言。其他：			
我的兴趣资源是：花卉、汽车。其他：			
我的经历资源是：读书、务农、做工、参军。其他：			
我的经验资源是：销售经验、经商经验、管理经验。其他：			
我的年龄资源是：年轻、中年、老年。其他：			
我的民族资源是：少数民族、特殊风俗。其他：			
我的貌相资源是：憨厚、机灵、俊美。其他：			
我的其他资源是：			

按重要性排序，我的优势资源是：

1　　2
3　　4
5　　6

按重要性排序，我的劣势资源是：

1　　2
3　　4
5　　6

扬长避短，整合自己的创业资源，并转化为创业的核心竞争力的战略：

很多同学在填写完表 9-16 后，发现自己的优势资源并不多，甚至很少，从而感到前景很渺茫，不知所措。其实，这是正常的现象。

分析个人创业资源的目的，是根据创业的特点重新清理和整合个人资源，搞清楚什么是自己的优势资源，什么是自己的劣势资源，以及如何进行扬长避短的整合，充分利用自己的优势资源进行成功创业。

显然，优势资源多自然是件好事，但并不是最重要的，重要的是如何将某一个或某几个资源优势转化为创业的核心竞争力，即所谓“一招鲜，吃遍天”。所以，你不必为优势资源少而丧失信心，也没有必要和别人进行资源攀比，而应该把注意力集中在自己的一招“鲜”是什么？怎样用好这招“鲜”去“创”业，怎样把它变为企业创业的优势和竞争的优势，学习那位失去左臂的少年，完成将没有左臂的劣势转变为成功的优势的整合。

...思考与练习...

1. 大学生的优势资源是什么？
2. 大学生的劣势资源是什么？
3. 如何利用优势资源做生意？
4. 如何整合劣势资源做生意？
5. 你的“一招鲜”是什么？如何利用它“吃遍天”？

第五节　企业注册登记实务

一、选择企业的法律形式

目前我国企业有三种基本的法律形式：个人独资企业、合伙企业、公司企业。这三种不同的组织形式，有其各自的优势和劣势。

对于大学生个人创业来说，可以采取个人独资企业、合伙企业或一人有限责任公司的形式，当企业发展到一定规模，再对企业的形式进行改组。

个人独资企业

个人独资企业是指依法设立，由一个自然人投资，财产为投资人个人所有，投资人以其个人财产对企业债务承担无限责任的经营实体（该企业形式的个人连带责任风险最大）。

根据法律规定，设立个人独资企业应当具备以下五个条件：

(1)投资人为一个自然人，法律、行政法规禁止从事营利性活动的个人（如政府官员等），不得作为投资人申请设立个人独资企业；(2)有合法的企业名称;(3)有投资人申报的出资;(4)有固定的生产经营场所和必要的生产经营条件;(5)有必要的从业人员。

合伙企业

合伙企业是指依法设立的、由各合伙人订立合伙协议,共同出资、合伙经营、共享收益、共担风险,并对合伙企业债务承担无限连带责任的营利性组织(该企业形式的个人连带责任风险仅次于个人独资企业形式)。

根据法律规定,设立合伙企业应当具备以下五个条件:

(1)有两个以上的合伙人,且都是依法承担无限责任者;(2)有书面的合伙协议;(3)有各合伙人实际缴付的出资;(4)有合伙企业的名称;(5)有经营场所和从事合伙经营的必要条件。

法律、法规禁止从事营利性活动的人,不得成为合伙企业的合伙人,如国家公务员,机关、学校、医院、部队等机构的人员。

合伙人可以用货币、实物、土地使用权、知识产权或者其他财产权利出资。对货币以外的出资需要评估作价的,可以由全体合伙人协商确定,也可以由全体合伙人委托法定评估机构进行评估。经全体合伙人协商一致,合伙人也可以用劳务出资,其评估办法由全体合伙人协商确定。

合伙协议是合伙企业成立的依据,也是合伙人权利和义务的法律依据,必须以书面形式订立,且经过全体合伙人签名、盖章方能生效。合伙协议应载明以下事项:(1)合伙企业的名称、主要经营场所的地点;(2)合伙的目的和合伙企业的经营范围;(3)合伙人的姓名及其住所;(4)合伙人的出资方式、数额和缴付出资的期限;(5)利润分配和亏损分担办法;(6)合伙企业事务的执行;(7)入伙和退伙;(8)合伙企业的解散和清算等事项;(9)违约责任。除此之外,合伙协议还可以载明合伙企业的经营期限和合伙人产生争议的解决方式等。合伙协议的修改或补充需经全体合伙人协商一致。

公司企业

按照《中华人民共和国公司法》,公司是指在中国境内设立的有限责任公司和股份有限公司,两者都是企业法人。

有限责任公司 有限责任公司是指股东以其出资额为限对公司承担责任,公司以其全部资产对公司的债务承担责任的企业法人。

设立有限责任公司,应当具备下列条件:

(1)股东符合法定人数(有限责任公司由五十个以下股东出资设立);

(2)股东出资达到法定资本最低限额(注册资本应由股东一次全部缴足);

(3)股东共同制定公司章程;

(4)有公司名称,建立符合有限责任公司要求的组织机构;有公司住所。

一人有限责任公司 公司法规定的一人有限责任公司,是指只有一个自然人股东或者一个法人股东的有限责任公司。显然,一人有限责任公司既大大降低了连带责任风险,又避免了合伙人之间的纠纷,有利于大学生自主创业的需要。

设立一人有限责任公司,除上述条件外,还应当具备下列条件:

(1)注册资本最低限额为人民币十万元,股东一次足额缴纳公司章程规定的出资额;

(2)一个自然人只能投资设立一个一人有限责任公司,该一人有限责任公司不能投资设立新的一人有限责任公司;

(3)在公司登记中注明自然人独资或者法人独资,并在公司营业执照中载明;

(4)一人有限责任公司章程由股东制定;

(5)每一会计年度终了时编制财务会计报告,并经会计师事务所审计;

有限责任公司(包括一人有限责任公司)章程是注册登记的必备法律文件,应当载明下列事项:公司名称和住所;公司经营范围;公司注册资本;股东的姓名或者名称;股东的出资方式、出资额和出资时间;公司的机构及其产生办法、职权、议事规则;公司法定代表人;股东会会议认为需要规定的其他事项。股东在公司章程上签名、盖章。一人有限责任公司章程由股东制定并签名、盖章。

股份有限公司 股份有限公司是指依照《中华人民共和国公司法》设立,其全部资本分成等额股份,股东以其所持股份为限对公司承担责任(而不以其私人的全部财产对公司债务负责),公司以其全部资产对公司的债务承担责任的企业法人。

股份有限公司的设立可以采取发起设立和募集设立的方式。发起设立即所有股份均由发起人认购,不得向社会公开招募;招募设立即发起人只认购股份的一部分,其余部分向社会公开招募。

股份有限公司的设立须具备以下条件：

(1)发起人符合法定人数，应当有二人以上二百人以下，其中须有过半数的发起人在中国境内有住所；

(2)发起人认购和募集的股本达到法定资本最低限额，股份有限公司注册资本的最低限额为500万元人民币；

(3)股份发行、筹办事项符合法律规定，发行公司债券须报请经国务院授权的部门核准；

(4)发起人制定公司章程，采用募集方式设立的须经创立大会通过；

(5)有公司名称，建立符合股份有限公司要求的组织机构，股份有限公司必须设立董事会和监事会，董事会的成员为五人至十九人，监事会成员不得少于三人；

(6)有公司住所。

选择不同的法律形式注册公司，其注册成本和运行成本及其企业能力是不同的。请利用表9-17所列的企业法律形式的优势和劣势，选择和确定创办企业的法律形式。

表9-17　　企业法律形式的优势和劣势分析表

企业法律形式	优　势	劣　势
个人独资企业	(1)企业设立、转让和解散等手续简便，仅需向登记机关登记即可； (2)业主独自经营，制约因素较少，经营方式灵活，市场反应快； (3)利润归业主所有，不需要与其他人进行再分配； (4)在技术和经营方面易于保密，保护其竞争地位； (5)企业成功的个人成就感强。	(1)当个人独资企业财产不足以清偿债务时，企业将依法承担无限责任，必须要以其个人的其他财产予以清偿，经营风险最大； (2)受信用限制，不易从外部获得资本，如果业主资本有限，或经营能力不强，企业经营规模难以扩大； (3)一旦业主发生意外，个人独资企业也随之不复存在。
合伙企业	(1)出资人较多，扩大了资本来源，相对于个人企业而言，合伙企业的信用和能力更高； (2)合伙人具有不同的专长和经验，易形成能力互补的经营管理团队； (3)资本实力和管理能力的提高，增强了企业的获利能力。	(1)在合伙企业存续期间，任一合伙人若转让自己在企业中的全部或部分财产份额时，必须经过其他合伙人的一致同意； (2)合伙企业以其财产清偿合伙企业债务时，不足部分，由各合伙人个人财产承担无限连带清偿责任，经营风险较大； (3)在经营决策中容易出现矛盾。

（续表）

企业法律形式	优　势	劣　势
有限责任公司（一人有限责任公司）	(1)股东只对公司承担其出资额为限的连带责任，与个人其他财产无关，股东风险小； (2)可实行所有权与经营管理权分离的体制，这一体制除非因经营不善导致破产或停业，公司不会因个别股东或高管人员的意外或离职而消失。	(1)一人有限责任公司注册资本最低限额为人民币十万元，相对个人独资企业和合伙企业费用要高； (2)公司设立的程序相对个人独资企业和合伙企业较为复杂； (3)相对个人独资企业和合伙企业，有限责任公司体制运行费用较高。
股份有限公司	(1)有限责任公司的各项优势； (2)股东可以通过自由转让股票而转移风险； (3)可以通过公开发行股票融资。	(1)有限责任公司的各项劣势； (2)公司设立的程序复杂，创办费用高； (3)按照相关法律要求，公司需要定期披露经营信息，公开财务数据，容易造成商业机密的外泄； (4)为保护利益相关者，政府对公司限制较多，法律法规的要求也较为严格。

...思考与练习...

1. 大学生创业更适合选择怎样的企业法律形式？
2. 合伙企业经营要注意什么问题？
3. 一人有限责任公司的特点是什么？

二、企业注册登记流程

根据《中华人民共和国公司法》的规定，设立公司应当依法向公司登记机关申请设立登记。依法设立的公司，由公司登记机关发给公司营业执照。公司营业执照应当载明公司的名称、住所、注册资本、实收资本、经营范围、法定代表人姓名等事项。

注册登记获得企业法人资格

大学生创业者向工商局注册公司的申请，经工商行政管理机关审核，准予登记注册，即取得企业法人资格。在我国，企业法人登记和营业登记是结合在一起的，对企业法人不另作营业登记。

大学生创业者获准成为企业法人，意味着一个通过从事生产、流通、科技等活动而获取盈利、增加积累和创造社会财富的营利性社会经济组织的诞生，意味着该组织依法成立，有必要的财产和经费以及自己的名称、组织机构和场所，能够独立承担民事责任，受法律保护。

注册登记的基本条件

注册成为企业法人的开业者要符合以下基本条件：

国家规定的开业条件　根据《工商企业登记管理条例实施细则》规定，工商企业申请登记时，应符合下列基本条件：有固定的生产经营场所和必要的设施；有固定的人员；有必要的资金；常年生产经营或季节性生产经营在3个月以上；有明确的生产经营范围并符合国家有关政策法令。

备齐相关的法律文件　相关法律文件包括：企业筹建人签署的申请登记书；政府部门或主管部门的批文；企业章程；企业主要负责人的名单和身份证明（并附照片）。

确定企业的法律形式　注册申请人在注册登记前首先要确定所成立企业的法律形式。可供选择的法律形式有：个人独资企业；合伙企业；有限责任公司；股份有限公司。

注册登记的基本流程

新建企业工商登记的流程如图9-4所示。

工商登记流程的主要步骤包括：

(1)领取并填写工商注册登记表；

(2)进行企业代码登记，刻公章，开设银行账号；

(3)到国税、地税局领取并填写《申请税务登记报告书》，领取税务登记证和各种发票；

(4)办理各种社会保险统筹及就业证。

以上只是一般企业登记程序，企业法律形式不同，开业登记需要的手续也不相同。

注册登记

申请设立企业，应由申请人或其委托的代理人向企业所在地的登记机关（如区工商局）提交设立申请书，委托代理人申请设立登记时，应当出具投资人的委托书和代理人的合法证明。

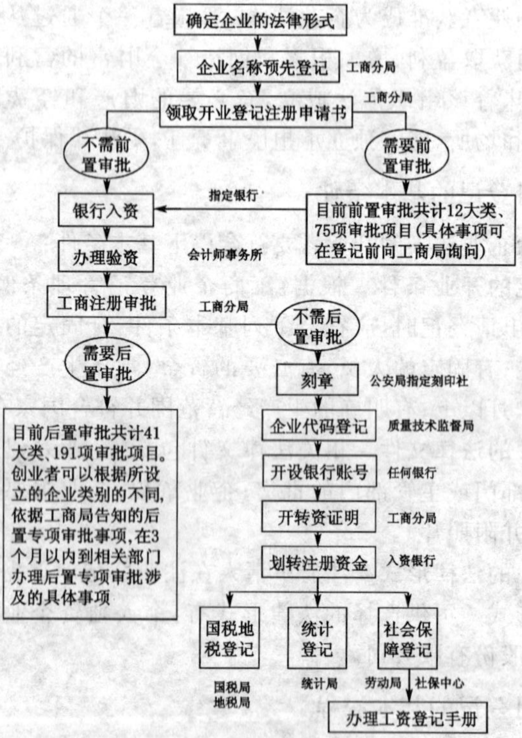

图 9-4 新建企业工商登记流程图

个人独资企业登记 个人独资企业设立登记事项包括:

(1)企业的名称和住所,其中名称应当与其责任形式及从事的营业内容相符合,不得出现“有限”和“有限责任”字样;投资人的姓名和住所;投资人的出资额和出资方式;经营范围。

(2)个人独资企业设立分支机构,应当由投资人或其委托的代理人向分支机构所在地登记机关申请登记,领取营业执照。

(3)分支机构经核准登记后,应将登记情况报该分支机构隶属的个人独资企业的登记机关备案。分支机构的民事责任由设立该分支机构的个人独资企业承担。

(4)个人独资企业应当依法设置会计账簿,进行会计核算;招用职工的,应当依法与职工签订劳动合同,保障职工的劳动安全,按时、足额发放职工工资;应当按照国家规定参加社会保险,为职工缴纳社会保险费;可以依法申请贷款，取得土地使用权，并享有法律、行政法规规定的其他权利。

登记机关收到设立申请文件之日起 15 日以内，对符合规定条件的，予以登记并发给营业执照，营业执照的签发日期为个人独资企业成立日期。

合伙企业的登记 合伙企业的登记事项包括：

合伙企业的名称和住所(其中名称中不得出现“有限”和“有限责任”字样)；合伙人的姓名、住所、出资额、出资方式；企业经营范围；企业经营方式。

申请设立合伙企业，应当向企业登记机关提交下列文件：

(1)全体合伙人签署的设立登记申请书；全体合伙人的身份证明；全体合伙人指定的代表或者共同委托的代理人的委托书；合伙人的书面协议；出资权属证明；经营场所证明；国务院工商行政管理部门规定提交的其他有关批准文件。

(2)合伙企业确定执行合伙企业事务的合伙人或者设立分支机构的，登记事项还应当包括执行合伙企业事务的合伙人或者分支机构的情况。

(3)合伙企业设立分支机构，应当向分支机构所在地的企业登记机关申请登记，领取营业执照。

(4)合伙企业的营业执照签发之日，为合伙企业的成立日期。合伙企业领取营业执照前，合伙人不得以合伙企业名义从事经营活动。

一人有限责任公司的登记 申请设立一人有限责任公司，应当向企业登记机关提交下列文件：

(1)创业者/股东签署的《公司设立登记申请书》；

(2)创业者/股东签署的《指定代表或者共同委托代理人的证明》；

(3) 创业者/股东签署的公司章程，提交证明创业者/股东自然人身份的身份证复印件；

(4)依法设立的验资机构出具的验资证明；

(5)创业者/股东首次出资为非货币财产的，提交已办理财产权转移手续的证明文件；

(6)法定代表人任职文件及身份证明复印件(提交股东签署的书面决定)；

(7)住所使用证明(有房产提交产权证复印件;租赁房屋提交租赁协议复印件以及出租方的房产证复印件;未取得房产证的,提交房地产管理部门的证明或者购房合同及房屋销售许可证复印件;出租方为宾馆、饭店的,提交宾馆、饭店的营业执照复印件);

(8)企业名称预先核准通知书;

(9)法律、行政法规和国务院决定规定设立一人有限责任公司必须报经批准的,提交有关的批准文件或者许可证书复印件;

(10)公司申请登记的经营范围中有法律、行政法规和国务院决定规定必须在登记前报经批准的项目,提交有关的批准文件或者许可证书复印件或许可证明。

有限责任公司的登记 设立有限责任公司,应提交如下文件:

(1)公司董事长签署的公司设立登记申请书;

(2)全体股东指定代表或共同委托代理人的证明;

(3)全体股东或其委托的代表签字的公司章程(一式两份);

(4)具有法定资格的验资机构出具的验资证明;

(5)股东的法人资格证明或自然人身份证明;

(6)载明公司董事、监事、经理姓名、住所的文件以及有关委派、选举或聘用证明;

(7)公司法定代表人任职文件和身份证明;

(8)企业名称预先核准通知书;

(9)公司住所证明;

(10)公司申请登记的经营范围中有法律、行政法规规定必须报经审批的项目的,应当在申请登记前报经国家有关部门审批,并向公司登记机关提交批准文件。

股份有限公司的登记 申请设立股份有限公司,除了提交上述有限责任公司的文件外,还应当提交下列文件:

(1)国务院授权部门或者省、自治区、直辖市人民政府的批准文件,募集设立的股份有限公司应当提交国务院证券管理部门的批准文件;

(2)创立大会的会议记录;筹办公司的财务审计报告;

(3)发起人的法人资格证明或者自然人身份证明;

《公司设立登记申请书》、《指定代表或者共同委托代理人的证明》可以通过国家工商行政管理总局“中国企业登记网”(http://qyj.saic.gov.cn)下载,或到各工商行政管理机关领取。

以上各项未注明提交复印件的,应当提交原件;提交复印件的,应当注明“与原件一致”并由股东加盖公章或签字。以上文件需股东签署的,股东为自然人的,由本人签字;自然人以外的股东加盖公章。

...思考与练习...

1. 我国企业法人还需要另作营业登记吗?
2. 企业注册登记的基本条件是什么?
3. 企业注册登记的流程是什么?
4. 企业注册登记需要准备哪些法律文件?
5. 办理企业登记大约需要多少天?
6. 到什么地方办理企业登记?
7. 一人有限责任公司需要多少注册资金?
8. 怎样进行注册资本金验资证明?

第六节 创业商务计划书

商务计划是通过一种国际通用的固定结构和规范语言,将创业者对创业活动的整体谋划、创业成功的可能性、创业的风险等加以分析和论证,用来说服自己和说服别人(特别是投资人)参与创业活动的商务文件。

撰写创业商务计划书最主要的目的是获得投资人的投资。因此,大学生创业者要从投资者的需要出发,思考创业商务计划的结构和撰写问题。

创业商务计划书的格式已经成为一种具有国际惯例的标准性商务文件。因此,大学生创业者要掌握这一商务文件的撰写方法。

一、创业商务计划撰写原则

撰写创业商务计划书要掌握以下原则:

商务原则

商务活动的基本原则就是求真务实。这一原则体现在创业商务计划书上就是:一、创业商务计划书中的内容是真实的,绝没有虚假成分。二、创业商务计划书是精练的,每一个字都是有用的,绝没有废话。

投资人原则

创业商务计划书的主要读者是投资人。撰写创业商务计划书最主要的目的是使投资人读了之后,愿意为该创业项目投资。因此,要从投资人的需要出发,考虑创业商务计划书的撰写。例如,投资人如果是商人,那么他最关心的是投资回报率和项目的可行性;如果投资人是风险投资商,那么他最关心的是创业项目的商机和成长性;如果投资人是政府,那么他可能更关心的是投资的社会效益。总之,要从说服投资人的角度(即便投资人是自己)来思考创业商务计划书的内容、重点、数字、附件,甚至是字号的大小。

数字原则

商务计划是一种商务文件,不是小说、散文或诗歌,不可以使用虚构、华丽的辞藻、模棱两可的句子或以埋下伏笔,最后"抖包袱"的方式来撰写。商务计划的语言是直截了当的,使用的句子是没有异议的。在撰写中,大学生创业者必须彻底放弃那种空洞无味的"学生腔",要学会用数字来说话,用利润、成本、销售额等数字表明创业项目的商务价值。

结构原则

创业商务计划书的结构是固定的,格式是统一的,已成为国际惯例,在撰写的过程中,不可以在文件的结构、格式上有所改变,否则可能造成沟通障碍。

保密原则

创业商务计划书的内容是商业机密,但这些内容又要以文字的方式写出来进行沟通,因此就有可能被散布,为别人所窃取。为防止此类事情的发生,一是要在创业商务计划书的首页上标有保密须知,为创业者寻求法律保护提供支持;二是要对核心机密(如技术路线、商业模式、价格等)进行风险规避。

...思考与练习...

1. 什么是商务计划？为什么要撰写商务计划？
2. 如果你是投资人，你需要怎样的商务计划？
3. 如何防止商务计划泄密？

二、创业商务计划书的格式

以下是创业商务计划书的基本格式，供大学生创业者参考。

(一)封面

封面标明公司或项目的名称、年月日；注明指定联系人、联系人职务、联系电话、传真、电子邮件、地址、邮政编码、网址等。

(二)保密须知

创业商务计划书的第一页要注明保密须知，格式如下：

本商务计划书属商业机密，所有权属于[你公司或项目的名称]。计划书所涉及的内容和资料只限于已签署投资意向的投资者使用。收到本计划书后，收件人应即刻确认，并遵守以下的规定：

◆ 若收件人不希望涉足本计划书所述项目，请按上述地址尽快将本计划书完整退回；

◆ 在没有取得[你公司或项目名称]的书面同意前，收件人不得将本计划书全部和/或部分地予以复制、传递、泄露或散布给他人；

◆ 应该以对待贵公司的机密资料一样的态度对待本计划书所提供的所有机密资料。

◆ 本商务计划书不可用作销售报价使用，也不可用作购买时的报价使用。

最后注明商务计划编号；授方签字；接收公司；接方签字；日期。

（三）目录（见表 9-18）

表 9-18

第一章	摘要	第五章	产品与服务
一、	宗旨与目标	一、	公司产品线介绍
二、	产品与需求	二、	公司产品开发规划
三、	商机与风险	三、	产品研发状况
四、	市场定位	四、	产品生产与储运
五、	企业竞争	五、	产品品牌与包装
六、	管理团队	六、	服务与支持
七、	资金需求	第六章	市场营销
八、	资金筹措方法	一、	产品策略
九、	财务预算	二、	价格策略
第二章	公司介绍	三、	销售渠道策略
一、	公司宗旨	四、	促销策略
二、	公司简介	第七章	财务预算
三、	公司战略	一、	预计收入
四、	公司核心资源	二、	公司创办费用预算
五、	创业项目价值评估	三、	公司盈亏平衡预算
六、	公司管理	四、	公司未来 5 年损益预算
七、	场地与设施	五、	公司未来 5 年现金流量预算
八、	公司运行风险预测	六、	公司未来 5 年资产负债预算
第三章	市场分析	七、	创业资金使用明细与偿还办法
一、	市场介绍	第八章	创业风险分析
二、	目标市场	一、	风险类型
三、	目标顾客购买行为分析	二、	规避的措施
四、	销售策略	三、	退出机制
第四章	竞争分析		
一、	竞争环境分析		
二、	竞争者分析		
三、	竞争策略		

案例

高调宣布开办公司,9天之后又高调宣布“破产”

2008年4月22日,某媒体以《8名大学生创业办公司 西洽会上受到副省长肯定》为题报道说:23岁的大学生郑某信心十足地与其他7名大学生共同创办的公司正式亮相了。在刚刚结束的第12届西洽会上,这名大学生带着公司代理的环保防水手电来到西洽会,给副省长等领导做了现场演示,得到了肯定,引来媒体记者的关注。

几天之后,另一家媒体又报道:4月29日,郑某一天没有吃饭,他拖着疲惫的身体跑学校、跑银行,但是没贷来款,“原因很简单,现在我没有房子、汽车做抵押,也没有公司当担保”。困境中,郑某作出决定,召开记者招待会,宣布公司“破产”。激情满怀的大学生开公司仅仅9天就因资金短缺而宣布破产。

(摘编自《中国青年报》)

点评

创业不是“过家家”,创业需要激情和胆识,但更需要具备创业的能力。而融资能力、预见风险并规避风险能力是其中重要的能力,案例中的郑某发现了商机,但却因为准备不足而失败,这是缺乏融资能力和规避风险能力所致。资金来源有多种渠道,如政府创业资金、风险投资、自行筹措等。大学生要充分认识到创业的艰巨性,在校期间要主动学习、积累相关知识,提高创办企业、发展企业的能力,为创业做好充分准备。

第十章

职业适应与职业发展

本章提要 同学们走上工作岗位，如何实现角色转换，如何适应新的环境，如何实现自我提升和事业顺利发展，这是本章重点介绍的内容。同时，本章还分析了职业流动的成因，提出了跳槽应把握的基本原则。希望通过本章的学习，对大学生的职业适应与发展有一些帮助和启迪。

第一节 角色转换与职业适应

对于大学生而言，告别校园、步入社会，是从“学校人”到“社会人”的转变，是人生过程中最重要的转折，是每一个毕业生都必须积极主动面对的客观现实。“纸上得来终觉浅，绝知此事要躬行”。完成这一转折，并非易事，甚至可能充满艰辛，需要在实践中不断摸索、感知与总结。适应社会、走向成功，不仅需要智慧，而且需要具有一种永不言败的勇气与执著。

一、学生角色与职业角色的转换

完成由学生角色到职业角色的转换，在人的一生中占有十分重要的位置，角色转换的成功与否直接影响着事业的成败。

(一)学生角色与职业角色

所谓角色，是指一定社会身份所要求的一般行为方式及其相应的内在心理状态。社会对于一个人的要求、期望，直接决定于他在社会结构中所处的位置和所担负的社会角色。一个人的态度、行为如果偏离了对他的角色期望，就可能会引起周围人的异议或反对。角色义务、角色权利和角色规范，构成了社会角色的三大要素。社会角色的功能是一定的角色通过履行角色义务来实现的。为了履行角色义务，角色必须拥有一定的权利，并按社会规定的行为规范来行动。人们总是同时担任着各种不同的角色，在一个人的角色中又有主次之分。

人的社会任务或职业生涯不断变化，角色也随之变化，从一个角色进入另一个角色，这个过程称为角色转换。角色转换的变化从根本上说是社会权利和义务的变化。大学生就业后的社会角色转换不是瞬间发生和完成的，而是要有一个过程。大学生初到一个新的工作岗位，对周围一切还比较陌生，只有在熟悉本单位工作制度、了解本职工作业务程序、建立了新的和谐的人际关系之后，才能积极主动地开展工作，完成就业后的角色转换。学生角色与职业角色的根本不同在于以下三点：

社会责任不同

学生角色的责任是受教育、储备知识、锻炼能力，力求全面发展；而职业角色的责任是以特定身份去履行自己的职责，依靠自己的本领或技能去工作。两种责任的履行所产生的后果也是有区别的。学生角色责任履行得如何，主要关系到个人知识掌握的多少和能力培养的程度；而职业责任履行得如何则影响较大。

角色规范不同

社会赋予角色的规范，就是社会提供的角色行为模式。社会赋予学生角色的规范多是从培养、教育角度出发，促使其以后能顺利成长为合格人才；社会赋予职业角色的规范则更为严格、具体，违背了这一规范就要承担一定的责任。

角色权利不同

学生角色的权利主要是依法接受教育，接受经济生活的保证和资助；职业角色的权利则是依法行使职权，开展工作，并在履行义务的同时取得报酬。

总之，学生角色与职业角色的不同点在于：一个是受教育，掌握本领，接受经济供给和资助，逐步完善自己的过程；一个是用自己掌握的本领，通过具体工作，独立为社会作出贡献，具有一定的权利和义务，以自己的行为承担责任的过程。

(二)正确认识角色转换

大学毕业生从学生角色到职业角色的转换，是一种社会必然，只有正确认识和对待这种转换，才能很快地融入社会。但是有些学生由于受各种主观因素的影响，还不能科学地、正确地认识这种角色转换。归纳起来主要有以下几种表现：

依恋性 刚走上工作岗位的大学生，在角色转换过程中怀旧情结浓，还常常会自觉不自觉地将自己置身于学生的角色位置，以学生角色来要求自己和对待工作，处理人与人之间的关系，以学生的眼光观察事物和处理问题。

畏缩性 有的学生面对陌生环境，没有老师的指导，不知工作应从何入手，缩手缩脚，怕担责任，缺乏年轻人的朝气和锐气，缺乏创新意识。

自傲性 一些毕业生自以为接受了正规的高等教育，学到了不少知识，已经是一个人才。因此，轻视实践，放不下架子，不愿从基层工作干起，好高骛远，期望值过高。

浮躁性 一些毕业生在角色转换过程中表现出工作不踏实、不稳定，缺乏敬业精神。

(三)角色转换的适应

对大学生自身来说，应从以下几个主要方面入手，主动适应角色的转换：

积极主动地适应新环境 大学生毕业后走上新的工作岗位，面临的首要问题是：一个新鲜和陌生的工作环境；一个新的集体和团队；陌生的面孔环绕着你，你要和许多从未打过交道的同事相处共事；不知道遇到的上司属于哪一类型，不知道同事是否欢迎自己；因不知道对新工作是否有能力做好而感到不安；不熟悉公司规章制度等。这些问题导致了毕业生对工作、生活、环境的不适应。面对这些问题，积极的态度应是：主动适应，尽快熟悉环境、了解情况、适应工作。例如，了解单位的历史、实力、现状、发展规划等，了解单位工作环境、文化、产品和服务、工作程序和流程，将自己融入本单位、本部门这个集体中，为自己今后的发展打下良好的基础。

正确认识自我，确定新的人生起跑点 “认识你自己”，这是古希腊伟大哲学家苏格拉底的传世箴言。在从“学校人”到“社会人”的转化中，大学生只有正确地认识自己、了解自己，才能发挥优势，取得成功。在学校期间学到了哪些专业知识，参加过什么社会实践活动，提高了哪些方面的知识和能力、技能等，在一定程度上决定了你的职业方向，了解自己的职业价值观则在很大程度上能够把握工作过程中的心态、动力以及最终效果，进行自我评价和了解他人对自己的评价有利于更好地把握自己。

在正确认识自我的基础上，确定新的人生起跑点，沿着预定的跑道前进。具体做到以下几点：第一，养成良好的品德修养。学生从进入社会的第一天起，就应该继续树立和培养正确的世界观、人生观、价值观、职业观；坚持正确的政治方向，树立崇高的理想和远大的目标。第二，立足新岗位，树立新意识。适应工作、适应环境，首先要树立新意识，最主要的是要树立角色意识。此外还要树立独立意识、主人翁意识、协作意识等。第三，不断学习，自我完善。适应环境、适应社会的过程是一个学习、适应，继续学习、不断适应的过程。现在正处于信息时代，科学技术发展日新月异，只有不断学习，才能跟上时代的步伐，才能更好地完成工作。第四，把握时机，适时调整。学生的首次就业，不一定就是终身的职业选择。随着社会的发展，根据自身的条件，已就业的毕业生完全可以适时调整自己的奋斗方向，把握好重新选择的机会，找到更适合自己的职业。

开放自我，走出封闭，培养群体意识 现代社会是一个开放性的社会，每个人都应置身于这个系统之中，开放自我，融入社会，培养群体意识。如何才能让自我走进社会，让他人了解自己呢？第一，要克服狭隘的“自我”观念，把自己看成是你所生活的群体中当然的一员。第二，培养自己多方面的兴趣、爱好，培养参与精神，如唱歌、跳舞、打球、参加集体活动等，通过各种活动把自己置身于社会之中，置身于群体、人群之中。第三，要克服自傲、超越自卑，善于与他人接触和交流。

培养独立意识 毕业生刚刚离开学校、离开老师、离开同学，在心理上往往会产生一些不安情绪。因此，对毕业生来说，培养独立意识很重要。只有具有独立、主动的意识，才能独当一面，发挥自己的聪明才智，创造出最好的业绩，为今后的事业打下坚实的基础。学生角色向职业角色转换的实现虽然表面上只是名词的不同，近在咫尺，但却是一个艰苦的过程，需要坚持不懈地努力。大学毕业生只有在新的环境中不断完善自己，用实际行动去努力承担并胜任这个职业角色，才能顺利度过适应期，完成角色转换，实现自己的人生理想。

二、职业角色的适应

学生角色向职业角色的转换，是一个相对漫长的过程，所谓“冰冻三尺，非一日之寒”，对此，毕业生应有充分的思想准备。在行动中，需要以积极的态度、坚持不懈的努力来实现职业角色。在适应过程中，应注意如下几点：

（一）摆正心态，树立信心

步入工作岗位，心态是很重要的，只有心态摆正，才能减少陌生感，才能发挥自己的聪明才智。而摆正心态首先要摆正自己的位置。摆正位置，就是要正确地认识评价自我，即自己是学生、徒弟、没有经验的新员工，把实践的过程看成是不断充实完善自己和增长才干的过程。充满信心就是不要因为在工作中遇到了困难而怀疑自己的一切，而要相信自己的能力，树立战胜困难的信念。当遇到困难或挫折时，要冷静地查找问题，分析原因。总之，只要摆正位置、充满信心，就能心态平衡，就能发挥出自己的最佳水平。

（二）善于观察，勤于思考

要进入职业角色，还要开动脑筋，善于观察，勤于思考。在工作中，不只是别人教的要学会，还要随时随地留心去看别人怎么做，悄悄地学。香港富豪李嘉诚，从前只是个连初中都没读完、为人端茶倒水的小学徒。最初，他辍学在茶楼当小伙计时，就跟一般人不一样。他边当伙计，边留心学习，敏锐地观察他人的习惯和需要，同时留心从茶客的谈话中学到做生意的诀窍。在旁人看来，在茶楼能学到什么？其实，观察也是一种技巧，聪明的人会从工作中观察别人，进而采取有效的措施提高自己，这是新人应该学会的一种本领。李嘉诚就是从中学会了察言观色，学会了如何做生意，为他以后的发展打下了坚实的基础。同样，在一个单位中，领导和同事们的言谈举止、接人待物、公务处理等，都是应该观察和思考的对象。只有善于观察，才能发现问题，并运用所学知识努力解决问题，才能掌握大量的第一手资料和规律。同时，只有勤于思考，才会有自己的见解，逐步具备独立开展工作的能力，更好地承担角色责任。

（三）学会沟通与尊重

在工作中要学会尊重他人，尊重同事，包括一些地位相对较低的人。别忘了见面打个招呼，离开道声“再见”。尤其要尊重你的领导，多请示、多请教，学会沟通与汇报，及时反馈工作进展情况，充分领会领导意图。在领会领导意图时，要记准、记全领导说的话，领会领导的语言暗示和肢体语言；请示汇报、反映情况时要真实、准确，及时、适时，简洁高效，注意沟通方式。

(四)第一件事要做好

做好第一件事是完善职业人格、实现事业成功的基础。要想以积极的态度快速地适应工作环境,那么,就必须以积极的态度把交给你的第一件事做好。领导往往会从你所做的第一件事来判断你的各方面能力,包括工作态度与品质,并以此作为今后任用你的依据。第一件事诸如第一次发言、第一次出差、第一次起草工作总结或计划等,都要认真准备,精心完成。再如,领导要求你组织一次会议,从落实会议地点、下发会议通知、准备会议材料,到接待、报到、安排食宿等,每一个环节你都要落实到位。其中有些你可能不熟悉,那就应该挑最棘手的几个问题请教同事。这既不会被看成是能力差,又可以确保工作不出差错,也显示出对老员工的尊重。领导能够从中看出你的各方面能力与素质,对你留下良好的印象。

三、职业环境的适应

刚刚走上工作岗位的大学毕业生,由相对轻松宁静的校园踏入较为复杂的社会,难免会产生种种的惶惑或不适应感。这就要求大学生尽快调整心态,积极适应新的社会环境。适应新的社会环境,首先要树立新的意识,最主要的是树立新的角色意识,除此之外,还应树立独立意识、责任意识、协作意识与个人职业品牌意识。

独立意识　学生在校学习,主要依靠教师讲授,生活来源主要靠家人供给,无形中养成了依赖心理。工作后,大学生要承担一定的社会责任,有些任务需要独立完成,人们也开始把大学生作为一个独立的社会人对待。这些客观要求都需要大学生强化自己的独立意识。

责任意识　例如,医生作为"白衣天使"要担当起救死扶伤的责任;教师作为"人类灵魂工程师"担当着传道、授业、解惑的责任等。没有责任心的人不可能对工作投入,也不可能受单位和社会的欢迎。因此,大学生要尽早树立和培养责任意识,积极适应新的社会环境。

协作意识　从某种意义上说,学生在校学习是一种单纯的个体活动。随着科技的高速发展,社会分工越来越细,部门与部门之间、个人和个人之间的协作关系日益密切。科研项目的完成、工程计划的实施、工作的组织管理等,都离不开协作意识,也就是团队精神。因此,刚刚走上工作岗位的大学生,要树立团结协作意识。

个人职业品牌意识 企业、产品需要在市场竞争中建立品牌，个人更需要在职场中建立个人职业品牌。美国管理学者华德士提出，21世纪的工作生存法则就是建立个人职业品牌。个人职业品牌最基本的特征是质量保障，它体现在两方面：一方面是个人业务技能上的高质量；另一方面是人品质量，也就是既要有才更要有德。一个人一旦建立了个人职业品牌，在工作中就会事半功倍。个人职业品牌的形成是一个循序渐进的培养和积累过程，一定要在日常工作中做到谦虚谨慎、言行一致、脚踏实地、严谨务实、勤奋好学、爱岗敬业。

案例

自以为是，纸上谈兵，不知虚心学习

“你给我的都是些什么人啊？”车间生产线的产品经理对着HR招聘主管Ann发了一肚子火。3个新进公司的大学生要进行入职培训，他负责带着他们去车间参观、体验，并希望通过参观和体验让他们对公司的产品线和产品有感性的认识。谁知，3个人到车间以后，一脸不情愿不说，还边看边议论：“这套设备看上去怎么这么陈旧啊？经理，公司为什么不从德国进口设备呢？德国的设备可是很有名的。”“我觉得公司应该舍得在设备上花钱，那样可以节约人力成本啊。”“经理，我觉得工人这样分组轮班的体制有问题，应该……”对公司设备、人员安排、资金配套等问题高谈阔论一番，而到了操作体验阶段，则敷衍了事，错误百出。听了产品经理的抱怨，Ann也是满肚子牢骚。让这些“小皇帝”下车间参观体验，她已经费尽口舌了。“我们又不是工人，参观一下就行了，还用体验么？”“与其让我们把时间浪费在参观体验上，还不如换成流程管理培训更有价值。”

点评

自以为是是大学生初到职场最容易犯的毛病之一，而其附带的毛病就是“眼高手低”。就像这几个大学生，本来参观生产线、体验操作是很好的经历，可以对公司的产品、制造流程有感性的认识和更深的体会。但是，他们却端着“知识分子”的 （转下页）

（接上页） 架子，觉得这不是他们该做的事。同时，对基层实际情况不了解就提出“高见”，纸上谈兵、指手画脚。难怪用人单位主管抱怨：“我这哪是雇人，简直是请来一个‘总’！”大学生这种积极参与企业经营和管理的热情很好，但是还是那句老话：“一屋不扫，何以扫天下？”所以，初入职场，最重要的是先把基础的事情做好。

资料

现代职业人应具备的职业素质

与传统职业人相比，现代职业人（Modern Business Employee）在职业素质上具有以下明显标志：

★ 健康的现代职业意识和职业观念。凡事知道应该往哪个方向走，思路清晰。不怨天尤人，不迷失方向，不走冤枉路，从观念上彻底解决职业生涯的方向问题。

★ 与岗位相适应的现代职业能力。善于与他人沟通，能知晓并控制自己的情绪，能够自律，善于推销自我和人际交往，懂得换位思维和赞扬他人，善于搜集信息，并进行科学有效的管理，不断提升自己。

★ 良好的职业道德。勤奋工作，业务熟练；忠于职守，爱岗敬业；诚实守信，公平公正；顾全大局，勇于让步；自觉控制成本，注重企业效益；做事认真专注，懂得责任的重要性，有职业信誉。

★ 完备的现代职业礼仪。能充分尊重他人和顾客，仪表优雅、大方，行为举止规范，谈吐健康得体，能清晰地展现自己的职业身份。

★ 现代职业精神。乐观、向上、自信、追求卓越；勇于开拓、创新、突破自我；胜不骄、败不馁，能从失败中汲取教训，有职业责任感。

（资料来源：《涉世之初·职业设计》）

第二节　职业发展

职业发展就是在自己选定的领域里，在自己能力所及的范围内，成为最好的“专家”。这里所说的“专家”，并不一定是研究开发人员或技术顾问，而是指在某一领域有深入和广泛的经验，对该领域有深刻而独到认知的人。职业发展是一个渐进的过程，良好的职业发展不仅指发展过程的顺利，也指发展目标所达到的高度。高效的时间管理能力和良好的情绪管理能力、积极有效的自我提升策略、在职业发展过程中发挥着至关重要的作用。

一、时间管理

作家伏尔泰曾经出过一则谜语：在世界上，什么东西是最长的又是最短的；是最快的又是最慢的；最能分割的又是最广大的；最不受重视的又是最受惋惜的；没有它什么事情都做不成；它使一切渺小的东西归于消灭，使一切伟大的东西生命不绝。

查第格做出了这样的回答：世界上最长的东西莫过于时间，因为它永无穷尽；最短的东西也莫过于时间，因为人们连计划都来不及完成；在等待的人看来，时间是最慢的；在作乐的人看来，时间是最快的；时间可以扩展到无穷大，也可以分割到无穷小；当时谁都不加重视，过后谁都表示惋惜；没有时间，什么事也做不成；不值得后世纪念的东西，时间会把它冲走；凡是伟大的东西，时间则把它凝固起来，永垂不朽。

时间是最稀有的资源，具有不可替代性、不可逆转性，它对每一个人都是公平的，每个人每天都是 24 小时。从某种意义上说，职业生涯规划的本质就是要我们更好地利用时间，使人生有效的时间变得更有价值、更有意义。

所以，我们需要为自己的每一项工作安排合适的时间，培养自己珍惜时间、高效生活的好习惯。在学习合理安排时间的技巧时，必须注意这样三件事：如何有效率地运用时间？如何根据目标的轻重缓急分配时间？制定计划后如何切实实行，并节省时间？

(一)树立时间观念

时间运筹是知识爆炸时代对成功者的要求。据统计,近10年来的发明创造比以往两千年的总和还多。而发达国家的大学毕业生在毕业4年后,其知识已经有50%过时,6年左右就全部过时。在这种情况下,如果不想被时代抛弃,能够把握自己的工作及生活,就必须不断学习和提高自己。而这就要求我们必须能够合理掌握、运用时间,才有可能在工作、家庭、学习之间取得平衡。与此同时,现在是一个讲效率、讲信用的时代,一个经常迟到,或者效率极低的人,往往代表能力低下、不尊重别人、责任感差等,必定与成功无缘。

(二)管理时间的方法

虽然我们每个人的时间都是每天24小时,但要运用得当,每天就能够获得28小时甚至32小时。发明家爱迪生相当注意时间的使用效率,因此在他79岁时,他说自己这么多年对于时间的使用相当于一个已活了135岁的人。所以,合理地运用、管理时间,就相当于增加我们的生命。我们可以用以下几种方式来提高自己的时间利用率:

制定工作计划和时间统计表

每周日晚上列出下一周的工作计划,每天晚上列出第二天的工作计划,并规定完成的时间,每天晚上检查工作计划的完成情况。我们可以自行设计一个时间统计表,将每天每个时间段所做的事填进去,可以将其精确到分钟。经过一段时间的记录,进行总结,可以发现自己时间使用的效率及所浪费的时间。长期进行统计,还能以此为依据来检验自己时间管理的效果。注意要经常回顾、修正自己的时间统计表,不断反馈使用效果,总结经验,然后使用更有效的时间管理模式。

提高工作效率,专注做最重要的事情

根据工作计划,将工作内容分为四种情况:重要紧急、紧急不重要、重要不紧急、不重要不紧急。这样我们就可以知道先做什么,后做什么,不至于手忙脚乱,从早忙到晚,该做的没做、不该做的倒先做了。意大利经济学家帕瑞托提出了“二八定律”,也称“帕瑞托原理”,他的理论可以总结为一句话:重要的少数和不重要的多数。这一理论认为,20%的目标具有80%的价值,而剩余的80%的目标只有20%的价值。为了有效地管理时

间，应当将时间投入到有较大意义的目标中。

养成良好的工作和生活习惯

我们每个人都会因寻找乱堆乱放的东西而浪费大量的时间。每年因东西摆放不整洁和无条理需要浪费20%的时间，因此在工作和生活场所，要保持整洁和有条理，管理好自己的物品。养成良好的生活和工作习惯，也就提高了个人价值和工作效率。

避免拖拉和等待

我们经常会这样想：这件事情可以等一会儿或者等明天再做；等我心情好的时候吧；等下个星期吧……事情就这样一天天拖了下去，其结果是可能你忘记了自己该做什么，或者根本来不及再做这件事。苏联教育学家苏霍姆林斯基曾经写信给他的儿子："要改掉某些坏习惯，我指的是：开始工作以前闲坐15分钟；毫无必要地翻阅那些明明知道不要阅读的书；睡醒了，在被窝里躲15分钟等等。"其实，一个成功者与不成功者之间的区别可能就在于成功者能够更好地控制住自己一些拖拖拉拉、做无意义的事情的冲动，而将每一分钟利用好。

学会利用零散时间

时间效率专家阿列斯·伯雷说："一天的时间就像一个大旅行箱，只要知道装东西的方法，就可以装两倍的东西。开始不要把东西扔到旅行箱的正中间，而是不留缝隙地往四个角和箱子的边缘填充，最后再向旅行箱的中间填。如果毫不浪费地使用了四个犄角旮旯的时间，你就可以把一天的时间当做两天用了。"我们每天都要花费大量时间等车、上下班、排队等，对于这些"边角料"的时间，如果能够加以合理利用，就等于多出了许多时间，日积月累会使你完成一项你认为不可能完成的事情。比如，随身带着收音机、杂志或者书籍、笔记本等，一旦遇到这类时间，就加以利用，甚至还可以做一下伸展运动，这样等待就不再无聊，而变成了享受。

二、情绪管理

情绪是以人的内在体验为载体而成为驱使人如何行动的动力，是人们悲欢离合、成功失败的心理标尺。它经常出现在人的心理生活的前沿，左右人的精神状态，驱使人们去行动。情绪是人的一种主观的状态，是人们自我意识的核心。

情绪管理就是通过有效的方法，合理地控制自己的情绪，使自己总是处于一种积极的状态。情绪就像人的影子一样，每天与人形影不离。如果人们能够在日常的工作、学习和生活中有效地进行情绪管理，就能时时刻刻体会到积极的情绪带来的心理和生理上的积极变化，不断提高自己的身心健康水平。

在实际生活中，人们都希望自己能有一个积极的状态，都有对自己的情绪进行有效调节的经验。但是，情绪管理实际上是一个比较复杂的系统工程，有效地管理好自己的情绪，应从以下方面着手：

（一）调整认知

情绪是指人对客观事物的态度和体验，也就是人们在生活中处理各种事物时的心理反应，而这种心理反应源自人们对客观事物的态度。同享一片蓝天，共聚一块土地，有人其乐融融，有人悲悲切切。面对同一件事情，会有不同的心态和反应，也有不同的做法和结果。这种差异的产生，均取决于人们对待客观事物截然不同的态度，取决于人们对已经发生的事件的认知。

对事物的不同认知可以导致情绪的极大不同。通过改变对事物的认知，可以达到调节情绪的目的。例如，当学生受到老师批评的时候，往往会有不同的反应。有些人认为老师是在和他作对，故意刁难他；而有些人认为老师是在教育他，帮助他。正是因为这些认识上的不同，人们才会产生不同的情绪。前一个学生会对老师产生厌恶甚至对立的情绪，而后一个学生会觉得和老师的关系更为亲密。所以，情绪的变化常常取决于人对事物的看法。

（二）控制情绪

现代人要学会驾驭自己的情绪。喜怒哀乐是人之常情，愤怒是一种激烈的情绪的表现。常听人说："他真把我惹火了！"殊不知，并非别人惹火了你，而是你对这件事情的态度惹自己生气，是你把情绪的开关拱手交给了别人。正如哲学家康德所说："生气是用别人的错误惩罚自己。"

当然，把情绪的宣泄作为达到某种目的的手段，把情绪开关捏在自己手里，是更胜一筹的高手。赫鲁晓夫曾拿靴子敲联合国的讲台，成为国际笑谈，作为苏联的主要领导，却如此有失体统。其实，这正是赫氏的高明之处，通过照片人们发现，赫氏两脚均穿着鞋，这第三只鞋是上讲台前拿别人的，是为强化表演效果而专备的道具，是借此告诉全世界：以靴子击联合国的讲台还是小菜儿一碟，惹恼了我，我出手的就是核武器！

（三）释放压力

压力太大时，可以适当地宣泄，用语言、行为来发泄心中的不良情绪，保持心态平衡，这是非常必要和有益的。例如，一个人可到大海边，面对辽阔的大海放声高歌，宣泄心情。此外，找信得过、说得来的亲朋好友倾诉，也是宣泄的好途径。美国的化学家希鲁纳西和生物学家弗雷经过研究发现，因负面情绪而流的眼泪与因洋葱刺激而流的眼泪，其化学成分不同。痛苦和悲伤的泪水中含有能引起心律不齐、高血压、消化不良的化学物质。故在痛苦悲伤时，不宜“男儿有泪不轻弹”。如果抑制了眼泪，也就堵住了排毒的通道。如有不良情绪产生时，就该顺其自然适度宣泄，不要憋在心里。但是，关键在于适度，过度则适得其反。

（四）平衡心理

要保持心理的平衡，首先就要比较好地控制情绪。这方面，心理学家已经提出了简单易行的方法，这就是“心理平衡的10条要诀”：

(1)对自己不苛求，把目标定在自己能力范围之内；(2)对别人期望不要过高；(3)不要处处与人争斗；(4)暂离困境，去做你喜欢做的事；(5)大原则要坚持，在非原则问题上适当让步；(6)对人表示善意；(7)找人倾诉烦恼；(8)帮助别人做事；(9)适当娱乐；(10)宠辱不惊，知足常乐。

（五）放松身心

在生存压力日益沉重的今天，“生命在于运动”比起“生命在于调节”已略显逊色，但仍不失其光彩，仍为现代人的座右铭。文体娱乐活动是情绪调控的利器，体能锻炼是减轻压力、变负向情绪为正向情绪、达到身心和谐统一的有效手段。

名家大师的著名乐曲也是情绪调控的妙方，德彪西的管弦乐组曲《大海》、巴赫的《幻想曲和赋曲》、贝多芬的《第五命运交响曲》、莫扎特的《第40交响曲》等都对各种负面情绪有着不同的缓解作用。甚至，音乐也走进了医院，成为治疗的手段，有的医院就赫然挂出“音乐治疗中心”的牌子，且治疗效果令人满意。参加各种户外活动，尤其是到远离都市的大自然中放飞心情，会达到无可比拟的效果。

三、自我提升策略

大学生走上工作岗位，便开始了职业发展的旅程，因此应尽早明确自己的职业发展目标，不断提升自己的工作能力，以期取得更好的职业发展成就。

（一）制定职业发展的目标

大凡事业有成的人，都有两个共同特点：一是明确地知道自己事业的目标；二是不断地朝着目标前进。目标的意义不仅仅是目标本身，它更是我们行动的依据、信念的基础、力量的源泉、专注的核心、追求的境界。

在工作中，往往有些人失去目标，而使工作变得乏味，使生活失去意义。有目标的人在工作中总是能够创造更大的价值，获得更长足的发展。

大学生参加工作后，首先应立足本职，结合自身的实际情况，拟订一个经过一段时间努力就可以实现的职业发展目标，争取立足岗位成才。

目标的重要性

曾经有研究机构做过一个实验，组织三组人，让他们分别向 10 公里以外不同方向的三个村子步行：

> 第一组的人不知道村庄的名字，也不知道路程有多远，只告诉他们跟着向导走就是。第二组的人知道村庄的名字和路程，但路边没有里程碑，他们只能凭经验估计行程时间和距离。第三组的人不仅知道村庄的名字、路程，而且公路上每一公里就有一块里程碑。结果是第一组刚走了两三公里就有人叫苦，走了一半时有人几乎愤怒了，越往后走他们的情绪越低落。第二组走到一半的时候，大多数人都想知道他们已经走了多远，比较有经验的人说："大概走了一半的路程"，于是大家又簇拥着向前走。当走到全程的四分之三时，大家情绪低落，觉得疲惫不堪，而路程似乎还很长，当有人说"快到了"，大家又振作起来加快了步伐。第三组所走的道路很泥泞，路很不好走，但人们边走边看里程碑，每缩短一公里大家便有一小阵儿的快乐。行程中他们情绪一直很高涨，克服了困难，很快就到达了目的地。

通过以上实验我们可以看出，当人们的行动有明确的目标，并且把自己的行动与目标不断加以对照，清楚地知道自己的行进速度与目标的距离时，行动的动机就会得到维持和加强，就会自觉地克服一切困难，努力达到目标。

目标制定的SMART原则

工作目标包括职务目标、工作内容目标、经济目标、工作地点目标和工作环境目标、工作能力目标、工作成果目标。为了使目标切实可行，目标制定应遵循SMART原则，SMART是5个英文单词首字母的缩写：

(1)目标必须是具体的(specific)；

(2)目标必须是可以衡量的(measurable)；

(3)目标必须是可以达到的(attainable)；

(4)目标必须和其他目标具有相关性(relevant)；

(5)目标必须具有明确的截止期限(time-based)。

(二)提升社会适应能力

提高社会适应能力应注重培养适应职业需要的实践能力。就业竞争说到底是知识与能力的竞争。知识与能力是一种辩证关系，在一定意义上说，能力往往比知识更重要。提升适应能力，应注重增强以下几方面的能力：

表达能力

表达能力是指应用语言或文字阐明自己的观点、意见或抒发自己思想的能力，包括口头表达能力、书面表达能力、数字表达能力、图示表达能力等几种形式。例如，初到一个单位，小到跟客户打电话，跟同事交接工作，大到跟领导汇报工作，策划撰写业务文案等，都是对一个人表达能力的检验。一个表达能力很差的人难以在工作中处理好各种各样的关系，适应能力自然较低。

动手能力

动手能力也是实际操作能力，它是人的智力转化为物质力量的关键，是专业工作者必须具备的基本实践能力。毕业生实际水平的高低主要体现在其操作的速度、准确和灵活三个方面。大学生要多看、多练，提高动手操作能力和技巧。特别值得一提的是，计算机是现代社会的基础办公工具，计算机应用能力是现代职业人必备的基本能力，计算机应用水平高的毕业生会受到用人单位的青睐。

人际交往能力

人际交往能力实际上就是与他人相处的能力。人际交往是一种普遍的社会现象，是人与人之间心灵沟通的一种方式。正确、有效地处理、协调好职业生活中人与人的各种关系，不仅影响一个人对环境的适应状况，而且也影响着他的工作效能、心理健康、生活质量和事业的成败。培养良好的人际关系能力要做到三条：一是要积极大胆地竞争；二是诚实守信；三是平等待人。

组织管理能力

尽管不是每个毕业生都会从事管理工作，但是每个人在将来的工作中都会不同程度地需要组织管理才能，这是现代社会对人才的要求。毕业生要积极主动，抓住机遇，争取锻炼的机会，善于取人之长、补己之短，要善于学习组织管理的相关知识，提升自己的管理能力。

创新能力

创新能力是各种智力因素和能力品质在新的层面上融为一体，相互制约形成的一种合力。它是在多种能力发展的基础上，利用已知信息，创造新颖、独特、具有社会价值的新思维、新产品的能力。用人单位欣赏和需要具有开拓创新能力的人才。因此，毕业生要培养自己的好奇心、想象力和观察力，大胆设想、勇于探索，创造性地解决工作中遇到的问题。

（三）制定工作后的职业生涯规划

人们的职业生涯并非是一条平坦的直线，而是周期性的、曲线型的、呈一种螺旋式上升的轨迹，就像正弦曲线一样，从波峰到波谷，又从波谷到波峰。职业生涯发展的关键在于以下五个阶段，通过这五个阶段，职业人可实现完成角色转换、适应社会、重新评估自我、晋升和调整发展方向的五个目标。

“职业探索”阶段

工作 1～3 年是职业生涯“探索”的阶段。毕业生逐渐变得成熟，但还不能独当一面。这个阶段仍然处于迷茫状态，主要任务还是明确“我是谁”、“我能做什么”，迷茫的主要原因是缺乏自信和社会经验。这段时间也是跳槽的多发期，但也是积累知识和工作技能的关键期。

“职业适应”阶段

工作3～5年，毕业生逐渐步入“职业适应”阶段，逐渐熟悉组织文化，了解组织内情，建立初步的人际关系网。职业性格特点逐渐凸显出来，对自己的优势和不足逐渐清晰，于是开始进入职业适应阶段，对职业方向进行合理调整和适应。可以尝试到单位不同的岗位工作，既能开阔视野，增添新鲜感，还能了解自己究竟最适合做什么工种。

“职业锁定”阶段

工作5～10年，随着对自身优、劣势及性格特点的日渐清晰和不断的实践锻炼，毕业生渐渐走向了“职业锁定”阶段，基本确定自己的职业发展领域，并结合自己的经验和阅历，开始承担重要工作，发挥并发展自己的能力。而有的人仍然处于迷茫状态，没有职业认同感，不知道如何锁定自己的职业生涯。这时候如果你依然愿意从事这份工作，就应该首先端正态度，绝不能怨天尤人，而应该积极投入工作，在工作中快速磨炼和探索，不断修正下一步的工作流程和发展方向。

“事业开拓”阶段

工作10～15年，“职业”将成为终身的“事业”，开始从前期“职业阶段”中的技能、经验及资金积累，走向人生事业的开拓历程。在这个阶段，仍然保持着原来的“职业”状态，仍然是每天在为“老板的事业”而奔波，但年龄和阅历已经将你推向了事业发展的起跑线。并且，你跑也得跑，不跑也得跑，你要为自己而跑，你的家庭开始逼迫你为他们着想，你的事业心和成就感都决定了你要开始考虑自我了。

这个阶段可能会遇到的主要疑问是：“接下去的岁月，应该做些什么?”人到中年，很多人在机会面前不敢贸然决定，因为从心理上已经理解了人生的有限，而自己也开始重新衡量事业和家庭生活的价值。在35岁到45岁之间，会发生职业生涯危机。

“事业平稳”阶段

工作15年以后，有些人已经步入“不惑之年”，前期“职业锁定”阶段和“事业开拓”阶段已经留下了许多积淀。在这个阶段，你所需要的是如何使你的事业在平稳的过程中持续上升。这期间你还要不断地去观察市场、了解市场，不能有丝毫松懈，所以你可能会感觉很累、很辛苦，不过你见得多了，承受压力的能力也增强了，于是你也就能游刃有余了。

你曾经的一切豪言壮语和海誓山盟在这个阶段变为现实，你被推上了事业的巅峰，不过这一切美妙结果的前提就是你先要在前面的几个阶段表现都很努力，也很用心，这就是“世间自有公道，付出定有回报”的道理。

资料

高效时间管理的40项准则

“不善于支配时间的人，经常会感到时间不够用”。这一句话具有相当的真实性。但是，怎么样才能善用时间呢？这是过去十几年来时间管理专家试图解答的一个问题。下面是一份自我测验表上的40道题目，所有这些题目的正面答复皆表示时间管理专家所倡议的“有效的时间管理准则”，而它们的反面答复则表示时间管理专家所力图劝阻的行为。

1. 你是否应制定一套明确的远期、中期和近期目标？

2. 对于下星期要做的工作你是否已有清晰的概念？

3. 在一个工作日开始之前，你是否已编妥该工作日之工作次序？

4. 你是否以事实之重要性而非以其紧迫性作为编排行事优先次序的依据？

5. 你是否把注意力集中于目标而非集中于程序？又是否以绩效而非以活动量作为自我考核之依据？

6. 你是否在富于效率的时间内做重要的事？

7. 你今天是否会为达成远期、中期或近期目标做某些事？

8. 你是否每天都保留少量的时间做计划，并思考与自己的工作有关的问题？

9. 你是否善用上下班的时间？

10. 你是否故意减少中午的食量，以免在下午打瞌睡？

11. 你是否对自己的作息时间做适当的安排，以令自己拥有时间应付突发的危机及意外事件？

12. 你是否尽量将工作授权他人处理？

13. 你是否将具挑战性的工作以及具例行性的工作都授权

给他人处理？

14. 你是否根据“权责相称”之原则从事授权？

15. 你是否一意遏止下属对他们感到困难或不耐烦的工作进行“反授权”？

16. 你是否有效地利用下属的协助以令自己对时间进行较佳的利用，而同时避免令自己成为浪费下属时间的瓶颈？

17. 你是否采取某些步骤以防止一些无用的资料及刊物摆置在自己的办公桌上并占用你的时间？

18. 当你有所选择时，你是否尝试以电话或亲身到访的形式去处理事情，而只有在不可避免的情况下才利用书面的形式沟通？

19. 除了在特殊情况下，你是否尝试在下班后把工作置之不理？

20. 倘若有需要加班，而且可自由选择加班时间，你是否宁可提早上班也不延迟下班？

21. 你是否迫使自己迅速地作出一些微小的决策？

22. 你是否在获致关键性资料的第一时间即从事决策之制定？

23. 应对循环性的危机，你是否经常保持警觉，并采取遏止之行动？

24. 你是否经常为自己及他人定下工作的完成时限？

25. 最近你是否终止任何毫无益处的经常性工作或例行性活动？

26. 你是否在口袋中或手提包中携带一些物件，利用偶然空余时间（如在排队时、在等候室中、在火车上或在飞机上）处理？

27. 当你面对许多需要解决的问题时，你是否应用“二八定律”（即只掌握20%的重要问题，而不受80%的不重要的问题所羁绊）来解决？

28. 你是否真正能够控制自己的时间？你的行动是否取决于自己，而非取决于环境，或他人之优先次序？

29. 你是否试图对每一种文件只作一次处理？

30. 你是否积极地设法避免常见的、经常妨碍你每天工作的干扰（如访客、会议、电话等）？

31. 你是否尝试面对现实，思考现在需要做的事情，而非缅怀过去的成败或担心未来的一切？

32.你是否将时间的货币价值铭记于心中?

33.你是否腾出一些时间为下属提供训练?

34.你是否尽量将电话集中在一起?在打电话之前是否先准备好有关的资料?

35.你是否拥有一套处置各类文件的系统?

36.你是否有时采取“门户封闭”政策以免工作受到他人之干扰?

37.在一天工作结束时你是否自问:哪些工作无法按原定计划进行?无法按原定计划进行的原因何在?以后要如何补救?

38.在你筹备会议之前,你是否先探寻取代会议的各种可行途径?

39.开会时你是否讲求技巧以增进会议的效率与效能?

40.你是否定期检视自己的时间支配方式?

(资料来源:职业通路网站)

第三节 职业流动

职业流动是劳动者转换劳动角色的过程,是指从一种职业或职位到另一种职业或职位的变更,现在我们通常称为“跳槽”。随着市场经济的发展,社会职业流动现象日渐突出,大学生职业流动更不足为怪。

一、职业流动

(一)职业流动的原因——寻找新的天地

从经济学的角度看,作为已经就业的人,可能会因为种种原因调换职业,作出经济生活的重新选择,完成自身资源的再配置。用民间的语言表述,即“人往高处走,水往低处流”,这就是说,进行职业流动,追求自身的发展,寻求自己的价值是客观规律。

一个人在某个职业岗位上处境不好,可能有多种原因:或许大材小用,不能施展自己的才能;或许自己才疏学浅,不能胜任工作;或许二者兼而有之，虽在所处的本职岗位上表现能力差，但同时具有从事别的职业的优异才能，这实际上只是岗位与个人条件不匹配，而并不是个人能力差的问题。我国著名的数学家、解决世界数学难题“哥德巴赫猜想”的中国科学院研究员陈景润，在大学毕业以后，曾在一所中学教数学，却教不好简简单单的中学数学课。陈景润的母校——厦门大学校长王亚南先生闻此消息，把他接回学校，并送他到中国科学院专门从事数学理论研究，最后终于取得了举世瞩目的重大科研成果。

由此说来，一个人的职业处境不好，不能说一定是个人的责任；恰恰相反，往往是因为其特有的才能、专长、潜力在这个岗位上未能发挥，而且也不可能发挥，必须靠“调换职业”才能解决。离开处境不佳、没有前途的职业，到广阔的职业世界中去寻觅、去开拓，才能找到适合自己的新天地。

（二）职业流动的实施——决策过程分析

我国著名作家柳青说，人生的道路虽然漫长，但关键之处往往只有几步。第一次就业是人生的重大决策，在具有一定的工作知识、技能、阅历、职业资源以后的职业流动，往往也是人生的重大决策，其重要性甚至可能超过第一次就业。要做好职业流动，必须以科学的职业生涯规划为基础，通过科学的决策手段来予以保证。

古人说“良禽择木而栖，贤臣择主而事”。要调换职业，必须对新的职业目标有所选择，对新的职业岗位有深入的了解，有所比较，慎重而果断地作出决策。一般来说，人的职业流动决策程序可以分为六个步骤：

明确职业流动的目标

职业流动决策的首要问题是确定自己要选择某种新职业所追求的是什么，这就是职业流动的目标。一个人在职业流动时决定要去某个工作单位，他看重的是这个自己愿意考虑的单位能给自己提供哪些优于原单位的条件，诸如工资薪酬、住房、职位、发展机会、科研条件等。这些就是人们进行职业流动的倾向性目标。一个人的职业目标状况如何，从根本上取决于自己的职业价值观。

选取适宜的用人单位

职业流动者按照自己的条件，衡量可供自己考虑的工作单位，看其是否符合自己的要求。与此同时，这些单位也要选择职业流动者，看职业流动者的条件是否符合自己的要求（如专业、年龄、性别、工作阅历、专长等）。这个“选取单位”阶段，与一般的职业选择过程中双方的互相挑选是相同的。职业流动者在这一阶段，要花费很大的时间、精力，才能顺利完成这一过程。

接收单位的现实性分析

当一个人初步确定符合职业流动方向的单位后，还要详细了解和分析这个单位有无发展前途、企业文化，能否发挥自己的专长，与原单位之间有无竞争等各方面的情况。而一个人能否被某个单位真正接收，还要确定进入这个单位的手续（例如编制、户口）等方面有无问题。

由原单位调离的可能性

一个人准备流动，其所在单位是否同意其辞职、调离；采取什么方式和交换条件进行挽留；是否存在流动障碍，这也是一个人能否顺利实现职业流动的现实因素。我国现在仍然处于体制转轨期，市场经济环境尚未完全具备。从个人和家庭生活的角度看，职业流动以后会出现能否解决住房、子女上学等方面的问题，这些都是关系着职业顺利流动与否的重要因素。有时，虽然接收单位落实了，但所在单位方面存在的问题也会成为人们职业生涯转换的“拦路虎”。

“流动”与“维持现状”的比较

当一个人准备流动，并且具备新单位能接收、本单位能调出的条件时，还要对“流动到新单位”和“在原单位维持”两种情况进行比较，分析各自的利弊，从而判断流动以后对个人生涯的发展究竟有什么益处、有多大益处，最后作出流动与否的判断和决策。这时，还应当对“自己在原单位究竟有何转机；有无新的机遇”等进行深思甚至付出努力。这不是职业生涯选择中过度谨慎的胆小行为，恰恰相反，这正是积极改善职业生涯并且有效地达到目标的聪明之举。在对“流动”和“维持现状”两种情况进行比较、作出决策时，还应当注意，这种选择一定要符合自己的职业价值观，并且要再一次对“流动”和“维持现状”进行比较。最终，还要再一次验证流入新单位的现实性。

完成流动

经过慎重分析，在“流动”明显好于“维持”的情况下，就正式向原单位提出辞职申请，然后办理相应手续。在实现流动后，一般就能走上“柳暗花明又一村”的职业生涯新路。当然，有时前期工作已经做好，新职业前程远大，但因一些具体问题原单位不允许流动。这时，有的人就采取“不辞而别”的策略，或下海，或赴外地“销声匿迹”。这种做法是不合理、不恰当的，随着中国经济的全面市场化与劳动人事关系的逐步规范，“不辞而别”的做法将会逐步减少。

(三)目前大学生职业流动的原因剖析

大学毕业生频繁跳槽已经成为用人单位的心病。毕业后三年的跳槽率达到 70% ，一场招聘会上四成以上的应聘者是前一年的毕业生，这是近几年来毕业生就业市场调查的基本情况，社会上更是以此指责大学毕业生缺乏诚信。其实大学毕业生跳槽也很无奈，有一些直接的社会原因。一般来讲，大学毕业生的“职业流动——跳槽”也分为主动和被动两种情况。

主动跳槽主要有以下原因：

先就业再择业，形成惯性，顺势跳槽 面对越来越严峻的就业形势，很多毕业生选择了先就业再择业的方式，以解决暂时的生存问题。因此，在大学毕业生的潜意识中，第一次就业只是暂时的，以后要伺机而动，条件差不多就动，这成为大学毕业生跳槽频繁的主要原因。

适应企业要求，积累经验，主动跳槽 很多用人单位招聘时需要有经验的应聘者，刚毕业的大学生往往没有工作经验。他们为适应企业的要求，不得不先到小企业锻炼，积累经验，然后再拿着写有“经验”的履历到大企业去应聘。

相互攀比，满足虚荣心，盲目跳槽 刚刚涉足职场的大学毕业生，往往乐于和自己的同学比。他们往往好面子，都希望自己的单位条件优越、加班少、工资高、福利好，于是越说越夸张，越传越失衡，最后决定自己也去寻找那美好的地方，盲目跳槽。

当然，也有一些毕业生跳槽属于“迫不得已”，即被动跳槽：

心理预期与现实比较，落差大，愤然跳槽 大学毕业生刚工作时，一般都满怀希望、充满信心、锐意进取，然而工作一段时间以后，因环境不尽如人意，工作不能完全胜任，人际关系生疏复杂，工作待遇不够理想，社会舆论偏见，单位领导关心不够等，有些人便会出现心理逆转，这是大学毕业生跳槽的直接诱因。

用人单位缺乏诚信，不履行承诺，无奈跳槽 有些用人单位招聘时说得很好，到了单位却不是那么回事。毕业后应聘到公司，当时公司承诺颇具诱惑力，但到公司干了好长时间，公司却不能履行承诺。有的公司是家庭企业，大学毕业生根本就享受不到平等待遇，更别提升职了，没办法，他们只能选择跳槽。

二、"跳槽"应把握的原则

已经就业的毕业生在考虑跳槽问题时，首先应该对自己有一个审慎的内省，需要仔细考察自己的个性特点、兴趣爱好、价值取向、知识和技能储备，分析自身优劣势、个人理想、对职业发展的预期和愿望是什么。通过诸多方面的分析，对自己有一个清晰、完整的了解之后，才可以下决定：自己是否喜欢目前的职业？到底适合什么样的工作？在"跳槽"的决策过程中，一定要注意到以下两个方面的问题：

(一)摆正心态，正确认识跳槽的目的和意义

"跳槽"并非否定毕业生自身的价值，也并非是"这山望着那山高"，而是让毕业生在职业生涯中合理定位，以科学的态度为以后的发展谋取更好的机会。例如，对于刚工作不久的毕业生，还不知道什么行业、什么职位是自己喜欢的，可以利用两三年的时间，通过快速"跳槽"，尽可能多地实践各种行业和职位，尽快积累适应各行业的可转换技能，并确定自己的最终期望行业和职位。在具备了一定工作经验的基础上，则有机会跳往更热门、更有发展的行业，或者在同一行业同一级别的公司中，位置有升迁，或薪水有50%的提升，或在同一行业跳往更高级别的公司，这都是无可厚非的职业生涯历程。

但是对于其他因素应该慎重，例如，你的上司经常批评你，暂时不受重用，不喜欢同事，看不到发展前景等，因为你不会永远在某一个职位停留，这只是职业生涯中的一个驿站，重要的是学没学到你该学的东西，你不可能改变这些环境，你要学会适应它，否则，换一个地方也可能毫无改观。

(二)跳槽应注意的问题

在考虑转行的时候，必须冷静分析自己的具体情况，是什么原因促使你作出这样的决定。必须全方位地了解"目标行业"。首先，应该了解该行业的发展前景；其次，还要主动去了解"目标行业"的各种信息，包括升迁制度、薪资状况等各个方面，总之多多益善；第三要分析自己与新行业是否匹配，即与现在的工作进行比较，寻找两个行业的共同点。一般来

说，知识技能、面对客户群、工作模式三方面中有一方面具有共同点，那么转行就比较容易了。比如，都是做销售的，原来是做房地产销售，如果改做汽车销售，虽然行业变动了，但是面对的客户群却没有发生变化，工作起来就比较容易进入角色。

一般来讲，科学的"跳槽"可遵循以下七个原则：

长远眼光原则

长远的眼光就是抛开眼前的小利益，看清楚自己的职业生涯将如何发展，你的眼光需要瞄准你的"职业生涯目标"。现有职位可能有着诸多不满意，但如果这份工作能积累经验，为你将来的职业发展增加砝码，那跳槽时就要三思。当然，前提是你必须清楚自己适合做什么，即职业定位一定要清晰。

机会原则

人们称"跳槽"为"骑驴找马"，在你没找到"马"之前贸然离职，是一件不太明智的事情。即使你确实能力很强，也不代表在你离职后一定有企业赏识你的才华。离开老东家，而新东家还没着落，又要寻寻觅觅一通，可能彼时的你冷冷清清，心里不免后悔。因此，应尽量在得到新公司上班通知函后再递交辞职信。

情感原则

"跳槽"时最难以割舍的就是情感。第一，你对原单位的人和环境都很熟悉；第二，你对工作毕竟付出了心血。而且，当你要离开熟悉的环境到一个新的环境时，面对一些你不认识的人，面对未来注定会有恐惧和不确定因素时，会增强"跳槽"时难以割舍的情感，所以在决定跳槽时应该考虑情感因素。同时要做到行动坚决果断，只要认为转换行业方向是正确的，对自己未来的发展更有好处，就不要再犹豫。

善始善终原则

作为合格的职业人，即使准备"跳槽"，也要有对原单位善始善终的精神，特别是核心骨干，最忌"闪电离职"又"闪电就职"或刚出东家门就进西家院。无论如何一定要做好交接工作，保证原单位的工作正常运行。

离职谈话把握分寸原则

中国人都比较含蓄，讲究一切尽在不言中。一般而言，真正的原因是不会放在桌面上说的，而且离职时往往是只谈自己的原因。领导一般会借此让跳槽人士谈谈对公司的看法或建议，此时应该把握好分寸，客观地提些建议便可。

合理利用资源原则

资源需合理利用，如果能整合和共同开发这些资源则更好。所以到新单位后，关键是对原有资源如何进行有效重组，使原有资源添加更多的附加值。当然，整合新旧资源的前提是不能损害双方（老单位和新单位）的利益，最好是实现共赢。

"好马不吃回头草"原则

现实当中，离职后又回原企业的例子确实不少，也确实有很多人都不信"好马不吃回头草"这个理儿。但事实上，"回头"成功的几率不多，因为"吃回头草"背后存在着一系列难解的问题：如今回头，是否证明了你当初的离开是不正确的？而化解这个难题的途径无非是原单位换老板了，或者是请你去当老板。否则，"回头"后的矛盾很可能是成倍增加的，这里既有你作为"新人"的矛盾，还有你作为"老臣"的积怨，而且"回头"还经常要面对很多人际关系的问题，当这种双重的矛盾交织在一起时，失败的几率就更大了。所以，既然跳槽了，就尽量不要回头。

案例

不适当跳槽后有多少蝴蝶效应

跳槽跳进"蝴蝶效应"

蝴蝶效应是气象学家洛伦兹提出来的，说的是南美洲亚马逊河流域热带雨林中的一只蝴蝶，偶尔扇动几下翅膀，可能在两周后引起美国得克萨斯的一场龙卷风。其原因在于：蝴蝶翅膀的运动，导致其身边的空气系统发生变化，并引起微弱气流的产生，而微弱气流的产生又会引起它四周空气或其他系统产生相应的变化，由此引起连锁反应，最后发生不可预知的结果。职场中其实也存在着"蝴蝶效应"，比如跳槽。一次不适当的跳槽很可能引发后续整个职业生涯发展的颓败。

王伦是一家汽车公司的经理，在公司颇受器重，前途一片光明。就在他事业蒸蒸日上的时候，他准备跳槽，因为他觉得凭自己的能力，该有更好的发展。很快，王伦就得到了一家热门行业公司的青睐，开出的条件也比较诱人，王伦没有犹豫，很快便跳到了新公司。

到了新公司，“蜜月期”还没过完，王伦就陷入了困境：热门专业与自己的专长相距较远，原来以为没什么关系，现在才知道，并没有那么简单；老板对这个高薪请来的人才期望很高，数次交给他“不可能完成的任务”；由于业绩不佳，下属也因为王伦没有像他们预期的那样出色而少了尊重……一段原本美好的“姻缘”很快便走向了末路。在一次较大的决策失误后，压力之下，王伦黯然离职。

点评

职场专家认为，王伦因为一次不合适的跳槽，随后导致了后续一系列的问题。当初，他不了解新公司的环境、不清楚自己的长处就盲目跳槽，结果导致了入职后难以适应新环境和新工作；他误判了工作难度，结果应付不了老板的要求，但是他又碍于面子没有向老板说明，结果老板把更重的任务压在他的头上，最后直接导致了他在重大项目上出现大的失误，最后被迫离职。这次的被动离职势必对王伦今后的职业发展有很大的影响，严重影响王伦的职业信心……而这一切的一切，起因只是因为当初王伦做了一个不太恰当的跳槽决策！这似乎正应了一句西方谚语：丢失一个钉子，坏了一只蹄铁；坏了一只蹄铁，折了一匹战马；折了一匹战马，伤了一位骑士；伤了一位骑士，输了一场战斗；输了一场战斗，亡了一个帝国。在职业生涯发展上，这就是典型的“蝴蝶效应”。

资料

引发"蝴蝶效应"的三类跳槽事件

事件之一：面对热门行业诱惑，没有仔细考虑华丽表面的背后

有些人跳槽时只认准了一个热门行业，却忽视了自己的兴趣和专业背景，结果也往往会导致失败，最终得不偿失。加入了一家热门行业的公司，并不是成功的关键，适合自己的才是最好的选择。比如有些热门企业薪水很高，但是天下没有免费的午餐，天下也没有白给的高薪。你想要拿那么多钱，就要能为公司赚更多的钱，义务永远是与责任挂钩的。你究竟有没有这个能力拿这个钱，你能不能适应这种工作的生活状态，这些问题看看是微小的问题，很多人不去考虑，只想着能争取到这个职位。然而，小问题却能造成致命伤，就是职场"蝴蝶效应"的一种起源。

事件之二：只看职位高低，忽视新公司的环境和文化

有些人只看跳槽后的职位高低，却不去考察新公司的环境和文化。由于事先不了解所跳槽的新公司的环境和文化，对公司心里没有底，最后很有可能新公司的环境完全不利于其发展。个体与环境之间的相互适应对一个人的发展非常重要，跳槽者在跳槽之前应充分了解新公司的环境和文化，有一定的思想准备再去应聘。如果很多人不去事先做好功课就跳槽到另一个公司，很有可能今后感觉在这条道路上走得并不顺畅。也是那么小一件事情，做不做可以让你的现在与未来不可同日而语。这也是我们应该注意的可能产生蝴蝶效应的事件。

事件之三：面对高薪诱惑，忘记多一些思考

高薪常常是跳槽中的一大诱惑。也有不少人因为追求高薪，而忘记了多一些思考。跳槽并不是目的，而是我们接近个人职业目标的方法之一。当你跳槽的时候，首先必须了解，自己想要的究竟是什么，应该怎么去追求自己想得到的，每一步应该怎么走，这一次跳槽是否是一个很好的跳板，跳向你幸福的未来？

没有明确的目的就胡乱地跳来跳去会让你在今后的职业生涯中发生停滞。

职业规划师支招

观点：跳槽莫忽视细节

对于前面案例中的王伦来说，首先要做的就是在职业规划师的帮助下重建信心。王伦接受了职业兴趣、职业倾向等方面的一系列专业测试，渐渐地了解自己的性格、兴趣和价值观，了解自己究竟想要什么样的职业，适合什么样的职业，并且了解了许多跳槽之前应该做的准备。在职业规划师的协助下，王伦得以重拾信心，并取得了更好的职业发展。

从王伦的案例中我们可以发现，在跳槽的时候，要注意一些细小的环节，因为他们很有可能对你今后的职场生涯产生非常大的影响。职业生涯规划专家提醒，跳槽时千万要注意那些看似微小的事物，因为，一不小心，它们就会引发“蝴蝶效应”。因此，跳槽之前请务必慎重决策。

（资料来源：中国管理传播网）

学习与思考

1. 大学毕业生应怎样适应职业角色？
2. 大学毕业生怎样才能管理好自己的情绪？
3. 大学毕业生“跳槽”应注意哪些问题？

参考文献

[1] 辽宁省教育厅. 就业与创业概论. 2版. 沈阳:辽宁大学出版社,2007
[2] 尹忠泽. 大学生职业生涯规划. 长春:吉林大学出版社,2007
[3] 张雯. 从学生角色到职业角色——论大学毕业生的角色转换与适应. 赣南师范学院学报,1997(2)
[4] 北京大学社会学系社会学理论教研室《社会学教程》编写组. 社会学教程. 北京:北京大学出版社,1986
[5] 全教生,戴激波,左双文,李建华. 大学通. 长沙:湖南地图出版社,1993
[6] 黄希庭,郑涌. 心理学十五讲. 北京:北京大学出版社,2005
[7] 叶任高. 健康快乐秘诀. 北京:人民军医出版社,2005
[8] 张弘,许倩. 心理透视镜子. 北京:中国城市出版社,2002
[9] 师曙光. 情绪管理浅析. 太原大学学报,2006
[10] 姚裕群. 职业问题面面观. 北京:中华工商联合出版社,1995
[11] 袁畅,马凌军. 我国当代大学生职业流动分析. 黄冈职业技术学院学报,2007
[12] 赵北平. 大学生职业生涯规划教程. 武汉:武汉理工大学出版社,2007
[13] 榕汀. 你的降落伞为什么打不开. 福州:海峡文艺出版社,2002
[14] 巴人. 名企面试最看重什么. 中国大学生就业,2003(2/3)
[15] 宿春礼,邢群麟. 世界500强面试成功指南. 北京:中国和平出版社,2006
[16] 吉林大学就业指导教研室. 大学生就业指导. 长春:吉林科学技术出版社,2004
[17] 王辉. 走向成功之路. 沈阳:东北大学出版社,2007
[18] 肖建中. 职业规划与就业指导. 北京:北京大学出版社,2006
[19] 陆国民,陆祖庆. 职业生涯规划. 北京:化学工业出版社,2006
[20] 曹随. 中国大众创业学. 北京:中国经济出版社,2004
[21] 邓曦东,吴立生. 大学生就业指导. 北京:中国国际广播出版社,2004
[22] 章达友. 职业生涯规划与管理. 厦门:厦门大学出版社,2005
[23] 卜欣欣,陆爱平. 个人职业生涯规划. 北京:中国时代经济出版社,2004
[24] 杨梅. 世界500强求职全攻略. 上海:学林出版社,2005

[25] 吴松强. 强化毕业生就业权益的自我保护. 中国大学生就业,2005(2):50-53
[26] 闵辉. 毕业生就业协议探析——兼谈毕业生就业权益保护. 思想理论教育,2006(1):63-66
[27] 蒋梅. 大学生就业权益及其法律保护. 高等教育研究,2006(10):77-81
[28] 解廷民,王家启. 就业协议签订时的合法权益保护. 中国大学生就业,2005(6):53-55
[29] 李静. 成功创业教程. 北京:中国市场出版社,2006
[30] 石建勋,等. 职业规划与创业管理. 北京:机械工业出版社,2006
[31] 郑健仕. 创业学与商业计划. 北京:科学出版社,2006
[32] 常建坤,李时椿. 创业教程. 北京:清华大学出版社,2006
[33] 辽宁省教育厅. 大学生自主创业典型案例(实践篇). 大连:大连理工大学出版社,2006
[34] 郁义鸿,等. 创业学. 上海:复旦大学出版社,2000
[35] 罗三桂. 精英与大众化:大学毕业生就业特征比较分析. 清华大学教育研究,2005(4)
[36] 李家华. 我国创业教育发展状况. 中国大学生就业,2008(2)
[37] 杨柏芳. 大学生创业问题探析. 中国大学生就业,2007(22)
[38] 戴育滨,张日新,张光辉. 大学生创业者的内涵、分类与能力特征分析. 科技创业月刊,2006(10)
[39] 周川. 专业散论. 高等教育研究,1992(1)
[40] 薛国仁,赵文华. 高等教育学理论体系的中介概念. 上海高教研究,1997(4)
[41] 马建富. 大众化高等教育质量观及质量保障体系的建立. 河北职业技术师范学院学报(社会科学版),2002(6)
[42] 冯向东. 学科、专业建设与人才培养. 高等教育研究,2002,23(3)
[43] 柴福洪. 高职院校院、系设置研究. 十堰职业技术学院学报,2007(2):6-9
[44] 姜大源. 职业教育学研究新论. 北京:教育科学出版社,2007
[45] 孙天祥. 大学生职业发展与就业指导读本. 北京:高等教育出版社,2008

后记

为切实提高大学生就业竞争力，积极应对当前严峻的就业形势，省教育厅积极组织开展调研，召开专家座谈会，研讨如何结合新形势、新变化，完善就业指导教材内容，提高指导效果。何晓淳主任督学要求：开展有效的就业指导是提高大学生就业创业能力的重要方式，要继续加强就业指导教材建设工作，按照科学性、系统性、针对性和操作性原则，对教材进行修编。省高校毕业生就业指导中心认真贯彻落实教育厅领导指示，召开会议，研讨教材修编工作。

在本书编辑过程中，何晓淳主任督学对全书进行了细致的审阅，提出多项修改意见，并为本书作序。省高校毕业生就业指导中心主任刘铸、党委书记刘万芳对教材编写的总体思路、提纲设计和组织编写等各个环节都提出了具体要求。教材编写组成员兢兢业业，结合新形势，按照反馈意见，认真地修改完善。范龙副主任对全书进行了统稿。

本书由何晓淳、刘铸、刘万芳、范龙担任主编，由尹琦、江远、杨玉凯、梁茵、李军华、于泽勇、白文龙、马荣华、高云、郑虹、孙忠华、宋志海、李海琮、李颖、王宪明、刘桂荣担任副主编。

参加本书修编的人员，第一章：孙忠华；第二章：梁茵；第三章：李海琮；第四章：郑虹；第五章：刘慧；第六章：江远；第七章：杨玉凯；第八章：李军华；第九章：尹琦；第十章：刘彦。

参加统稿的人员有：刘铸、刘万芳、范龙、宋志海、闫锋，最后由范龙统稿、定稿。

本书的出版得到了大连理工大学出版社的大力支持，同时在编写过程中，参考了国内外专家、学者的著作和研究成果，借鉴了部分网站的相关资料和案例，在此一并表示感谢。由于我们的水平有限，疏漏之处在所难免，敬请读者批评指正。

所有意见和建议请发往：byb_xkjsb@126.com

欢迎访问我们的网站：http://www.lnjy.com.cn/

编　者

2010 年 8 月